新媒体创新人才培养
系列丛书

新媒体
营销与策划

赵轶◎主编

New Media
Marketing and Planning

人民邮电出版社

北　京

图书在版编目（CIP）数据

新媒体营销与策划 / 赵轶主编. -- 北京：人民邮
电出版社，2020.10
（新媒体创新人才培养系列丛书）
ISBN 978-7-115-54771-2

Ⅰ．①新… Ⅱ．①赵… Ⅲ．①网络营销 Ⅳ.
①F713.365.2

中国版本图书馆CIP数据核字(2020)第162933号

内 容 提 要

    本书是中国特色高水平高职学校建设项目成果之一，全书贯彻《国家职业教育改革实施方案》《关于实施中国特色高水平高职学校和专业建设计划的意见》等文件精神，进一步密切结合产教融合，在与行业领先企业合作进行课程开发的过程中，融入新技术、新工艺、新规范，借鉴"学习领域"课程理论，搭建起"工作过程导向"特征的"理实一体化"素材框架，对经济管理类专业课程模块化实施进行了探索。

    本书设计了 10 项工作任务，包括新媒体营销认知、新媒体营销准备、微博营销、微信营销、社群营销、网络视频营销、自媒体营销、知识平台营销、娱乐媒体平台营销和新媒体营销写作。本书完整介绍了新媒体营销工作的内容，适合应用型本科院校、高职院校、中职院校经济管理类专业以及相关专业教学使用，也可作为"1+X"资格等级证书考试、企业相关人员工作实践的参考书。

◆ 主　编　赵　轶
　　责任编辑　刘　尉
　　责任印制　王　郁　焦志炜

◆ 人民邮电出版社出版发行　　北京市丰台区成寿寺路 11 号
　　邮编　100164　电子邮件　315@ptpress.com.cn
　　网址　https://www.ptpress.com.cn
　　山东华立印务有限公司印刷

◆ 开本：787×1092　1/16
　　印张：16.5　　　　　　　　　2020 年 10 月第 1 版
　　字数：323 千字　　　　　　2025 年 1 月山东第 9 次印刷

定价：52.00 元

读者服务热线：(010)81055256　印装质量热线：(010)81055316
反盗版热线：(010)81055315
广告经营许可证：京东市监广登字 20170147 号

POREWORD   前　言

　　《国家职业教育改革实施方案》在强调"三教"改革的基础上，进一步明确了职业教育的类型定位，为职业教育专业建设、课程改革奠定了坚实的宏观基础。作为中国特色高水平高职学校建设单位的院校，需要在全面贯彻党的二十大精神，落实立德树人根本任务，深化专业、课程、教材改革，实现职业技能和职业精神培养高度融合等方面做出积极探索。

　　高等职业教育培养的学生是中小企业的一线业务人员或基层管理者，课程内容开发不能机械地照搬本科教育，也不能将缺乏科学界定的"必须、够用"作为建设目标。必须从职业实际出发，分析高职毕业生对应职业工作岗位任务的要求，有针对性地进行归纳选择。既不能把新媒体营销总监的工作内容一股脑地塞给学生，也不能将课程知识零散地提供给学生。我们应该既能清晰地界定高职学生对应职业岗位的技能要求，还应该为学生提供一个职业工作内容整合的框架，使其能够看到适合自身的"完整意义上的职业工作整体"。这样，学生的学习难度才会降低，目的性、积极性才会增强。

　　作为中国特色高水平高职学校建设项目阶段性成果，本书在整体设计与定位方面具有以下特点。

　　1. 建立起知识内容与职业工作之间的有机联系

　　本书设计了"学习目标""营销密语""任务解析""课前阅读""重要名词""重要信息""营销案例"等栏目，让学生在提升学习兴趣的同时，具备一定的新媒体营销职业活动素养，并根据职业活动的需要，学习理论知识，"让知识在恰当的地方出现"，并且使学生在阶段性的学习总结中，能够非常自然地建立起知识内容与职业工作之间的直观联系，增强学习的目的性和指向性。

　　2. 内化了职业分析结果与教材内容的对应关系

　　根据职业分析成果，对照教材内容标准，以高度概括的职业工作任务为载体，组织课程内容，形成以工作任务为中心、以实践操作为主线、以理论知识为背景的课程内容结构，实现了课程内容由学科结构向工作结构的转变。同时避开了艰深的专业语言叙说，选编了一些与学生日常生活密切相关的内容，在顺应职业教育认知规律的基础上，增强了教材的可读性。

3．引申了工学结合理念，凸显"理实一体化"教学

针对财经管理类专业的特点和工学结合要素短缺的现状，我们认为，应从课程设计的角度为"工学结合"的切入创造条件。为此，针对任务内容与职业工作实践的对应关系，本书运用职业教育技术，进一步完善了以实践为线索、理论为服务的"理实一体化"教材框架，实现了由传统意义上的"教师讲学生听"的学生被动学习行为逐步向学生的主动探索行为（完成某项活动）的转变。

4．明确了学生进行自我学习检测的载体与思路

高职教育教学中应鼓励学生的自主性学习。为此，本书除了每节设置 "营销案例"等固有栏目外，还在每个任务的最后设计了教学做一体化训练、同步实训和学生自我学习总结等栏目。这些栏目在提升学生学习兴趣的同时，也为学生进行自我检测提供了基本参照。

本书建议参考学时为 54 学时，各任务参考学时分配见下表。

新媒体营销与策划学时分配表

任务序号	课程内容	学时分配（54）	
		讲授	实训
任务 1	新媒体营销认知	3	2
任务 2	新媒体营销准备	3	3
任务 3	微博营销	2	2
任务 4	微信营销	4	3
任务 5	社群营销	3	4
任务 6	网络视频营销	3	3
任务 7	自媒体营销	3	2
任务 8	知识平台营销	2	3
任务 9	娱乐媒体平台营销	2	3
任务 10	新媒体营销写作	2	2
学时小计		27	27

本书由中国特色高水平高职学校建设项目组组长赵轶担任主编，专业人士韩建东、王雪花参与了本书课程开发、框架研讨及内容的确定。在编写中，我们参阅了国内外一些专家学者的研究成果及相关文献，多家新媒体营销咨询公司为课程开发、横向课题的研发提供了实践的便利，我们在此表示衷心的感谢。

高职教育课程建设如火如荼，中国高职教育教材建设又向前迈出了新的步伐。作为一种探索，尽管我们力求完美，但在网络营销职业活动的认识、理解和分析方面难免存在不足，敬请读者不吝赐教。

编 者

2023 年 6 月

CONTENTS
目 录

任务 1

新媒体营销认知

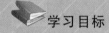

学习目标

1. 知识目标

能认知新媒体的含义

能认知新媒体营销的含义

能认知新媒体营销职业岗位

2. 能力要求

能形成新媒体营销观念

能说明新媒体营销的主要策略

能够对新媒体营销形成整体认知

营销密语

随着互联网的发展，新媒体营销应运而生。作为初学者，首先应该了解什么是新媒体营销，新媒体营销与传统市场营销之间有什么联系，在此基础上，进一步认知新媒体营销职业是什么，工作内容有什么，与传统营销的差别表现在什么地方。与此同时，初学者需要形成新媒体营销观念，并能联系实际，对新媒体营销发展现状做出自己的判断。"互联网+"给一些传统行业发展插上了"翅膀"，也促进了新媒体营销行业的大发展。与此同时，市场的变革、市场竞争及营销观念与策略的转变也成为初学者面临的课题。

 **任务解析**

根据新媒体营销职业学习活动顺序，这一学习任务可以分解为以下子任务。

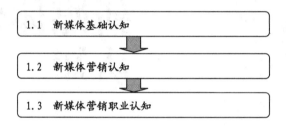

| 1.1　新媒体基础认知 |
| 1.2　新媒体营销认知 |
| 1.3　新媒体营销职业认知 |

 **课前阅读**

在 2019 年的"五一"小长假里，记者连续在西安饭庄、老孙家、德发长等几家西安当地的老字号走访发现，无论外地游客还是本地市民，不少人都边吃边拍，对于美食的传播似乎已经成了习惯。

"我们从 2017 年开始通过新媒体平台来做宣传，算是老字号里做得比较早的，新媒体营销和以前的传统营销模式有很大的不同。"西安饭庄的宣传负责人说，这种全新的宣传推广方式给老字号带来的是客源结构逐渐年轻化："进店的年轻人比以前明显多了，尤其是在节假日里。所以我们也思考，推出适合年轻人的菜品，如八宝葫芦鸡、盆栽酸奶等；我们的服务员也会讲故事，介绍老字号的菜品、老字号的文化等。"和西安饭庄一样，西安很多老字号已经在转变思路，学习使用当下非常流行的宣传营销方式。

"做新媒体营销的前提，一定是美食本身的品质要过硬，老字号一定要坚守住初心。"在陕菜大师樊建国看来，老字号还要重视自己的管理团队、研发团队等的人才培养，"要学会用年轻的团队，用年轻化的思维去创新，要有想法，不管是菜品的研发还是营销的策划，都应该走在市场的前沿。"

"2018 年以来，我们以'丝绸之路'陕菜国际美食节为契机，以打造西安'国际美食之都'新 IP 为引擎，利用抖音、头条、微博、微信等新媒体平台大力宣传西安商业和美食，打造了不少网红美食。"记者从西安市商务部门了解到，在新媒体营销方面，政府也创造了很多机会，搭建了平台，例如，在抖音平台上推送《新时代新时尚新消费》《大西安美食之都》两部一分钟宣传片；围绕"时尚商圈、特色美食、老字号、特色街区、文化娱乐"的宣传主题，在抖音里搭建"吃在西安、购在西安、乐在西安"和"古城美食 DOU 起来"挑战赛，鼓励全市所有商贸企业参与"美食、购物、娱乐"话题挑战，吸引全国网民关注，并对话题进行热度评选和打榜；特别是"古城美食 DOU 起来"挑战赛话题参与人数达 1.3 亿人次，话题引发的"爆点效应"提升了西安商业和美食的"西引力"与美誉度。

从 2018 年开始，西安市已先后采取"制作美食宣传片、画美食地图、讲美食故事"、新媒体营销培训等方法，持续利用抖音、微博、微信等新媒体平台对特色美食、老字号等不同业态进行宣传推广，取得了非常好的效果。

读后问题：

（1）你有转发美食体验的经历吗？

（2）你在传播美食时是怎样的心态？

（3）你习惯使用抖音还是其他平台？

（4）你怎样评价老字号的这一系列营销活动？

课前阅读

1.1 新媒体基础认知

进入互联网时代，企业纷纷借助网络平台提升品牌形象，进行产品营销和品牌运营。特别是随着移动互联网的普及，企业能够更加便捷地通过新媒体平台（微博、微信、直播平台等），把产品功能、价值等信息推送给目标群体。那么，新媒体是什么？新媒体有哪些主要类型呢？

在"80 后"和"90 后"群体的童年时代，报刊、广播、电视等传统媒体大行其道，而随着互联网时代智能终端的普及，微博、微信、抖音、快手、小红书、一点资讯等新媒体也纷纷进入了人们的生活。网上购物、美食分享、移动端视频聊天、发微博、看直播……新媒体在丰富人们生活的同时，也悄然改变着人们的行为方式。

1.1.1 新媒体的解读

新媒体是一个相对的概念。所谓"新"，是与传统相对而言的。对于新媒体含义的解读，专家学者们众说纷纭。美国《连线》杂志对新媒体的定义是："所有人对所有人的传播。"联合国教科文组织对新媒体的定义是："以数字技术为基础，以网络为载体进行信息传播的媒介。"清华大学新闻与传播学院彭兰教授认为，"新媒体"主要是指基于数字技术、网络技术及其他现代信息技术或通信技术的，具有互动性、融合性的媒介形态和平台。那么，新媒体究竟是什么呢？

1. 新媒体的概念

在互联网普及初期，新媒体主要以互联网为媒介、以网络媒体为主流形式。随着时间的推移，大数据、云计算、人工智能、VR/AR、物联网、移动终端等新技术、新手段层出不穷、不断演变，人类社会已然进入了"万物皆媒"的新阶段。毫不夸张地讲，当前的新媒体已经涵盖了所有数字化的媒体形式，包括所有数字化的传统媒体、网络媒体、移动端媒体等。可见，"新媒体"也是一个时间概念。

综合多家媒体、组织和多位专家学者的观点，以及不同时期新媒体的表现形式，我们将新媒体的概念概括为以下内容。

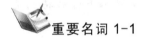

重要名词 1-1

新媒体

新媒体是在现代信息技术支撑体系下出现的媒体形态，一般泛指利用数字技术、网络技术，通过互联网、宽带局域网、无线通信网和卫星等渠道，以电视、计算机和手机为终端，向用户提供视频、音频、语音数据服务，以及远程教育等交互式信息和娱乐服务，以获取经济利益的一种传播形式或媒体形态。

显然，新媒体首先是从传播的角度来定义的。从内容来看，新媒体既可以传播文字，也可以传播声音和图像；从过程来看，新媒体既可以通过流媒体方式进行线性传播，也可以通过存储、读取方式进行非线性传播。这样，原有的以材质、样式、符号系统等物理形态对媒体所进行的分类和定义，已经不再适用，"媒体"这个概念的外延已经大大扩展。

新媒体还是一个发展的概念。数字化时代，科学技术在不断发展，人们的生活方式也在发生深刻的变化。在移动互联网和网络融合大势的促推下，新媒体用户持续增长，新媒体普及程度进一步提高，新媒体应用也会不断推陈出新，新媒体产业更加活跃，新媒体的发展必将迎来巨大的提升空间。

2. 新媒体的特征

与传统媒体相比，新媒体不仅具有信息载体功能，还具有信息识别、信息处理功能，在信息传播方向、接收方式、传播行为、传播速度、传播内容等方面具有鲜明的特征。

（1）传播方向双向化。传统媒体信息传播的方式是单向的、线性的、不可选择的，表现为在特定的时间内由信息的发布者向用户发布信息，用户被动接收信息，缺少信息的反馈。这种静态的传播使信息流畅性弱，传播效果不佳。而新媒体信息传播的方式是双向的，打破了传统媒体"自上而下""点对面"的单向传播体系，改变了传统媒体"传播者单向发布，用户被动接受"的状态，每个用户既是信息的接受者，同样也是信息的传播者，信息传播者、接受者、媒体之间可以形成无门槛式的互动，传播效果明显增强。

（2）接收方式移动化。传统媒体需要用户在固定的时间和地点，被动地接收信息；无线移动技术的发展使新媒体具备移动性的特点，新媒体通过无线移动技术，使得用手机浏览网页、看电视等实现动态化，不局限于固定场所。用户可以自由地通过随身携带的手机和其他移动设备，随时随地利用新媒体获取、接收信息，并且这种行为习惯带有移动化、碎片化的特性，即用户在移动端通常会利用闲散时间来搜索信息、阅读文章或收看节目，在快节奏的生活状态下，享受片刻轻松时光。

（3）传播行为个性化。传统的媒体如报纸、杂志、广播、电视等，主要针对某一用户群体的需求而进行信息传播。而新媒体的传播方式是针对精准化用户的需求，使每一个用户都可以定制自己喜欢的节目、文章等，充分满足了不同用户千差万别的喜好。微博、微信、博客等新的传播方式，使每一个人不管是作为信息的传播者还是接收者，都可以表达自己的观点，传播自己关注的信息。新媒体的传播方式一方面让用户拥有了通过发布信息与他人互动的快感，另一方面也带来了传播内容良莠不齐、个人隐私泄露等问题，为信息管理和监控带来了挑战，也对用户信息选择能力提出了更高的要求。

（4）传播形态实时化。报纸、电视、广播等传统媒体发布的内容都需要通过专业的记者及时发现新闻、撰写文稿、编辑剪接、排版审查，然后在固定时段发行或播出，才能让用户看到。在信息技术的支持下，新媒体信息传播速度更快，甚至还可以实现实时接收信息、并立刻为用户做出相应的反馈。每个新媒体用户都成了"记者"，在第一时间发布在现场的所见所感，信息的接收者也可以随时查看、阅读或收看第一手信息，并对信息发表自己的观点。

（5）传播内容多元化。传统媒体中，报纸主要以文字、图片的形式进行信息传播，广播和电视分别以影像为主进行信息传播；新媒体在进行内容传播时，可以做到将文字、图片、视频等同时传播，呈现出多元化、融合化的特点。随着技术的发展，可穿戴设备等移动智能终端也普及起来，用户接收信息的方式也将更加多样化。新媒体传播内容的多元化不仅增加了传播内容的信息量，也在一定程度上扩大了传播内容的深度和广度。新媒体时代下的不同国家和地区的用户通过互联网融合起来，可以随时了解来自世界其他地方的信息，丰富了信息的来源。

1.1.2 新媒体的类型

大数据时代是媒体融合并存的时代。所谓"新"与"旧"都是相比较而言的，随着信息技术的发展，每一个时代有每一个时代的"新媒体"，媒体形态的不断发展变化也使媒体种类日益丰富。

从发展演进的时间顺序看，新媒体大致可以分为如下 3 种类型。

1．数字新媒体

数字新媒体并非真正意义上的媒体新类别，而是指传统媒体经数字化技术改造之后的新形式。20 世纪 90 年代以来，随着数字化技术的快速发展，大众传播领域的数字化进程日益加速，越来越多的数字媒体开始走进人们的日常生活；传统的三类媒体：纸质平面媒体、广播、电视已不再坚持传统的、固有的传播方式，而是加快了数字化进程，走上与互联网媒体、移动互联网媒体融合发展的道路，经过融合创新后升级换代为数字新媒体。如模拟信号电视经过数字化机顶盒改造后成了数字电视，人们可以自主地选择喜爱的节目；手机不仅可以通话，还可以用来收看视频、阅读文章；数字电影、数字广播让人们真切地获得高清晰度、便捷等高品质的体验。

2．网络新媒体

宽带技术的发展为互联网的普及与应用插上了腾飞的翅膀，网络新媒体应运而生。极速宽带技术使互联网如虎添翼，也为人类信息交流创造了全新的模式，使信息瞬间便可传播到全世界。

互联网在全球的迅速扩展，标志着网络环境的形成与信息社会的来临。在互联网环境下，一个互联网用户可以连接网上任意一个用户，实现网络信息资源共享，用户之间可以进行无障碍沟通交流。新媒体的用户不仅是信息的接收者，同时也是信息的传播者，每一个用户都可以生成自己的内容并将这些内容进行传播、交流与共享。用户主导、用户参与、用户分享、用户创造成为网络新媒体的重要特点。随着 5G 技术逐渐深入人们的生活，网络速度会越来越快，信息传播效率也会越来越高，网络新媒体必将有更多的迭代与更新。

3．移动新媒体

移动新媒体是指移动网络的无线增值服务。它是基于无线通信技术，通过以手机为代表的各种移动视听终端，传播和展示即时信息内容的个性化媒体。移动新媒体除具备网络新媒体不受时间、空间限制的优点外，还具有覆盖人群广的特点。2020 年 4 月 28 日，中国互联网络信息中心（CNNIC）在北京发布第 45 次《中国互联网络发展状况统计报告》，数据显示，截至 2020 年 3 月，我国手机网民规模达 8.97 亿人，网民通过手机接入互联网的比例高达 99.3%。在移动互联网时代，智能手机几乎人手一部，用户行为习惯发生了显著的变化，移动化、碎片化、交互式体验逐渐成为常态，新的渠道与工具更是层出不穷，无论是"草根网红"，还是"大 V"，每个人都有可能成为流量中心。

显然，移动互联网所塑造的社会生活形态在进一步加强。智能手机因其普及、快捷、方便等特点，成为移动新媒体的典型代表。因此，移动新媒体也成了未来非常有潜力的新媒体类型。常见的新媒体平台如表 1-1 所示。

表 1-1 常见的新媒体平台

平台	渠道形式
微信	公众号、订阅号、微信群、朋友圈等
微博	腾讯微博、新浪微博等
问答	知乎、分答、360 问答、悟空问答、搜狗问答等
百科	百度百科、360 百科、互动百科等
直播	映客、花椒、熊猫、斗鱼、YY、哔哩哔哩（B 站）、来疯、虎牙、熊猫、龙珠、一直播等
视频	抖音、快手、美拍、秒拍、优酷、小咖秀、小影等
音频	喜马拉雅、荔枝 FM、蜻蜓 FM、企鹅 FM 等
自媒体	今日头条、百家号、大鱼号、一点号、网易号、简书、搜狐自媒体等
社区	豆瓣、百度贴吧、天涯社区、小红书等

1.1.3 新媒体的发展趋势

在大数据、云计算、人工智能等技术推动下，新媒体领域呈现出前所未有的巨大变化。面对迭代变迁，只有清楚地认识与把握新媒体的变化趋势与发展特点，才能充分地运用新技术、新应用去创新传播方式。

1. 新媒体形式：从视频化到直播化

在线视频服务的兴起，极大地改变了人们尤其是年轻人群的媒体消费习惯。中国互联网络信息中心（CNNIC）发布的第 45 次《中国互联网络发展状况统计报告》显示，截至 2020 年 3 月，我国网络视频（含短视频）用户规模达 8.5 亿人，较 2018 年年底增长 1.26 亿人，占网民整体的 94.1%。其中短视频用户规模为 7.73 亿人，较 2018 年年底增长 1.25 亿人，占网民整体的 85.6%。2020 年年初，随着线上办公、线上娱乐等的兴起，网络视频应用的用户规模、使用时长均有较大幅度提升，如图 1-1 所示。

在线视频服务的内容也实现了迭代式发展，从早期的电视节目在线收看，到原创视频发布，再到目前流行的网络直播，这种自下而上的互动社交方式，帮助普通用户获得了更多的话语权。然而，视频直播的弊端也很快暴露出来，诸如突发事件现场记录、知识性直播等真正有价值的直播内容仅占少数，大多数直播平台都以生活化、娱乐化内容为主，日常生活的直播不可避免地出现了同质化倾向，这为直播平台和视频发布的管理带来了一定的挑战。

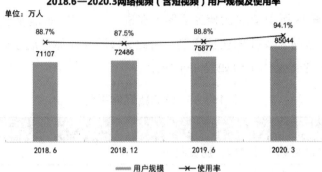

图 1-1 | 2018 年 6 月—2020 年 3 月中国网络视频用户规模情况

2. 新媒体内容：从移动社交到移动新闻

移动互联网的出现带来了信息传播方式的颠覆性变革。如今，不仅信息接收者可以随时随地获取信息，信息发布者也已实现了随时随地地上传信息（这里的信息是集合了文字、图像、音视频的多媒体信息），整个社会已经进入移动传播时代。从初期的移动化社交，发展到移动阅读、移动音视频，再到移动化新闻资讯，移动媒体已经完成了从即时通信工具向新闻发布平台身份的转变，成为人们获取新闻信息的重要来源。传播方式的变革必然给人们的信息使用行为带来极大的影响，关于用户在移动媒体平台的消费特征的研究，对新媒体产业的发展具有重要启示。

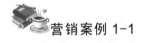营销案例 1-1

移动新媒体——"掌中九江"

2015 年，九江日报社创建新媒体中心，自主研发手机新闻客户端"掌中九江"，迈出了推进传统媒体与新兴媒体深度融合的重要一步，并通过流程再造、架构重组，构建起"三报一网一端"的立体传播体系。

截至 2018 年 7 月，"掌中九江"App 用户下载量达 27 万次，在省、市新闻客户端排名中遥遥领先，其单条新闻阅读量最高突破 50 万次，是江西省唯一进入全国新闻 App 传播力 50 强的新媒体平台，成为九江地区影响力最大的掌上移动新闻资讯平台。此外，报社还开通了九江 E 媒体、九江经济微信公众号，形成了"两微一端"新媒体传播矩阵。各平台差异化定位、各有分工，在移动互联网上抱团发展、互相呼应，与传统媒体一起构建传播矩阵，形成强大的传播合力。

评析：媒体融合是大势所趋。"掌中九江"平台紧跟形势，以最快的速度传播最权威的声音，成为传统媒体的有益补充，充分发挥了党的媒体在移动互联网时代弘扬主旋律、传播正能量和引导社会舆论、传达党政信息的重要作用。

3．新媒体用户：从年轻化到全年龄化

伴随着移动设备成为人们日常获取信息的主要手段，中老年人也开始加入这股新媒体使用浪潮之中。2018年以前的数据反复证明年轻群体是新兴媒体普及过程中的主力军，2018年以来的数据却显示出中老年群体使用新媒体的强烈意愿与行为。QuestMobile发布的《中国移动互联网2019春季大报告》数据显示，2019年3月，18岁以下及46岁以上用户的同比增速更为亮眼，且移动互联网对高龄用户的渗透逐渐加深，46岁以上用户使用新媒体平台的时长增速明显高于其他年龄段，如图1-2所示。

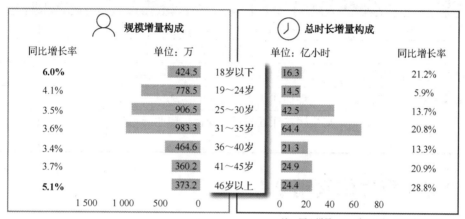

Souuce：**QuestMobile** GROWTH用户画像标签数据库 2019年3月

注：同比增量=2019年3月值−2018年3月值
同比增长率=2019年3月值/2018年3月值−1

图 1-2｜2019 年 3 月中国移动互联网用户的规模增量构成及总时长增量构成

4．新媒体技术：从移动化到智能化

当人工智能、物联网等新技术的爆发式发展与媒体信息的爆炸式增长相结合，"智媒"应运而生，机器写作、个性化推送、传感器新闻等都成为"智媒时代"的重要产物。尤其是人工智能，它被认为是人类历史上神奇、伟大、有发展前途，却又难以准确预料后果的颠覆性技术。对人工智能技术的研究与应用不仅在传媒业，更在全社会成为热议焦点。从某种意义上讲，移动互联网已经进入下半场，智能移动互联网正在蓄势待发。未来已到，我们有必要做好准备。

5．新媒体服务：从个性化到多渠道

个性化信息服务的兴起，也是"智媒时代"的重要标志之一。在年轻一代的用户群体中，越来越多的人开始基于个人兴趣来进行信息内容的消费。这种兴趣导向的用户内容偏好成为算法推荐的重要发展动力，今日头条、天天快报等基于算法推荐的个性化新闻App的人均使用时长逐年攀升，企鹅智酷《2019—2020年内容产业趋势报告》预测，未来对用户的需求与兴趣识别，将会演化到颗粒度更细、维度更立体的时代，用户的每一个显性和隐性的内容需求都可以被识别，并在合适的场景中予以高效率的满足。

虽然个性化信息推送能够帮助用户在纷繁复杂的多元化信息中快速取舍，但是算法

技术的发展水平与用户的主观性，仍然会制约个性化推送的匹配精准度与用户满意度。此外，社交媒体自身的传播属性，决定了以情感为导向的主观信息比中立严肃的客观报道更能引起共鸣。因此，在个性化信息推送的过程中，难免会存在为迎合目标用户口味而改变原内容、增加倾向性信息的行为。于是，许多用户开始从多个渠道获取信息，以保证信息的可信度。

课堂测评

测评要素	表现要求	已达要求	未达要求
知识点	能掌握新媒体的含义与特征		
技能点	能初步认识新媒体的划分方式		
任务内容整体认识程度	能概述新媒体与信息技术的关系		
与职业实践相关联的程度	能描述新媒体应用的实践意义		
其他	能描述本课程与其他课程、职业活动等的联系		

1.2　新媒体营销认知

新媒体营销应用已经深入各行各业，企业已经将其当作未来制胜的利器。那么，什么是新媒体营销？新媒体营销的工作内容又是什么？在现实应用中，新媒体营销与传统营销相比，有哪些独特的地方？企业又是如何利用新媒体营销达成其目标的呢？

1.2.1　新媒体营销的解读

从农耕时代到工业时代，再到今天的信息时代，技术力量不断推动人类创造新的世界。时下，互联网正以改变一切的力量，在全球范围内掀起一场影响人类所有层面的深刻变革。众多的企业看到了其中的商机，纷纷改变营销思维，更加注重用户体验，开始利用互联网向更高的营销目标发起冲击，新媒体营销应运而生。

1. 新媒体营销的含义

随着互联网经济的快速发展，新媒体营销活动呈现出蓬勃发展的态势。越来越多的企业借助新媒体收集、分析目标用户信息，打造自己的品牌，推广产品或服务，从局部市场走向了世界。与此同时，企业的营销观念与营销战略也随之出现了巨大的变革。新媒体营销已经不单单是一种营销手段，更是一种信息化社会的新文化。那么，什么是新媒体营销呢？

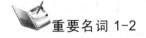

重要名词 1-2

新媒体营销

新媒体营销是指企业或个人利用新媒体平台的功能、特性，精心策划具有高度传播性的内容和线上活动，通过向用户广泛、精准地推送消息，以提高品牌知名度和用户参与度，从而达到相应的营销目的。简单来讲，新媒体营销是利用新媒体平台开展的营销活动。

与传统营销相比，新媒体营销避免了单向追求"覆盖量"而无法探测用户接收信息后的反应的弊端，是基于特定产品的概念诉求与问题分析，对用户进行有针对性的心理引导的一种营销模式。从本质上来说，新媒体营销是企业软性渗透的商业策略在新媒体形式上的实现，通常借助媒体表达与舆论传播使用户认同某种概念与观点，从而达到企业品牌宣传、产品销售等目的。

从企业的角度来看，新媒体营销是指企业借助各种新媒体平台，将产品或服务信息，以潜移默化的方式发布出去，在目标用户中形成广泛且深入的信息传播，让目标用户参与到具体的营销活动中，最终实现企业品牌形象的树立、产品销售等目标。

从用户的角度来看，新媒体营销可以帮助用户迅速找到其想要的产品或服务，通过新媒体平台，用户不仅可以享受企业提供的各种优质产品和服务，满足自己的个性化需求，还可以及时与他人分享自己的感受，与企业之间形成良好的互动合作关系。

2. 新媒体营销的优势

新媒体营销作为新的营销方式与手段，与传统营销有很大的不同，其区别主要体现在新媒体营销更注重"关系"与"情感"，给用户的感觉是"深度参与、身在其中"，而非"生拉硬拽"。与传统营销模式相比，新媒体营销的优势主要体现在以下几个方面。

（1）新媒体营销让用户参与其中。在新媒体之前，传统营销方式是硬性推广，而新媒体营销则不同，新媒体使企业与用户沟通的互动性增强，有利于取得更有效的传播效果。企业要做的就是让目标用户参与到新媒体营销活动中，将品牌融入用户的互动活动中、融入口碑中，形成另一种传播源，不断扩散。这样，营销活动效果将事半功倍。相反，如果让用户置身事外，他们将永远无法体味个中滋味，更无法成为营销的"病毒载体"。在网络时代，过度泛滥的信息让人们的决策成本空前提高，简单的信息告知传播已经无法满足企业的营销期望。新媒体营销能够让用户成为企业营销计划中的一部分，成长为营销的"病毒载体"，在营销活动中，企业能够与用户进行更多互动，也可以收集到更多的反馈信息。

显然，新媒体营销让用户占据了主导地位，在这个崇尚体验、参与和个性化消费的时代，其个性化需求更容易得到满足。

（2）新媒体营销降低了企业的营销成本。新媒体营销主要基于几大固定平台进行，不需要企业自己创建营销平台，从而减少了企业的固定资金投入。如以前很多企业花巨资建一个官方网站，定期或不定期发布一些企业动态和产品信息，不间断建设新网站、进行推广，但效果往往并不理想。而新媒体提供了更多免费的开放平台，并具有资源共享的功能，如可以在微信上开通公众号账户、在豆瓣上建立兴趣小组、在天涯上建立品牌空间、在新浪微博上建立官方微博、在百度百科上建立品牌词条、在 QQ 上建立用户群、在自己的官方网站上设立互动栏目等。

新媒体不仅有低成本的平台可供利用，而且提供了低成本的传播方式。在传统媒体时代，很多企业需要花巨资去做推广，而在新媒体时代，只要企业的内容有创意，网民觉得有趣或有价值，就会主动传播，形成"一传十、十传百"的效果。此外，新媒体营销的技术成本也不是非常高，以微博为例，微博营销对技术性支持的要求相对较弱，具体表现为企业微博的注册、认证、信息发布和回复操作简单明了，易于上手。

（3）新媒体营销为广告创意提供了新空间。传统媒体广告创意日趋枯竭，呈现出雷同化趋势，难以吸引用户的注意力。新媒体的不断发展催生了病毒式营销、社群营销、口碑营销、事件营销、软文营销等不同的营销方法，在这些方法的运用过程中，企业在与用户互动、沟通的同时，实现了广告的焦点渗透与精准营销。

在新媒体营销中，广告创意就是企业的灵丹妙药。一旦企业拥有了好的创意，借助新媒体平台，并通过用户的参与，其整个营销活动的效果就会有极大的提升。新媒体不断拓展新的营销传播方式和手段，将更多创造性的元素融入整合营销传播当中，只要创造出恰当的话题，再将话题发送到用户群体中，广大用户就会在话题原始形态和构成上，自由发挥、创造，不断扩充其内容，推动其传播。

（4）新媒体营销能让用户帮助企业创造产品。新媒体能引导用户创造产品，并分享利润。苹果公司的 App Store 就是个典型的例子。苹果公司允许用户在 App Store 上上传自己编写的应用程序，并由平台来统一销售，应用程序每成功出售一次，程序作者便会得到一定比例的分成。于是，苹果公司和应用程序作者实现了让人难以想象的共赢。短短几年光景，App Store 中经过认证的应用程序就接近 20 万个，总下载次数超过 15 亿次，其中，收费的应用程序平均价格约为 2.85 美元。正是凭借 App Store 中大量的应用程序和作者们自发的推广，苹果公司的移动设备销售量也得到了迅速的增长。

让用户创造内容或产品，企业提供销售平台，与用户共同分享利润，在保证了产品的多元化和创造力的同时，也拥有了大量忠实、可靠的宣传者。这些宣传者热情且希望得到旁人的认可，更加希望能够把自己的作品向全世界公开。于是，能够展示其作品的平台或终端会倍受他们的推崇，口口相传之下，企业成了最大的受惠者。

（5）新媒体营销使企业掌握的用户定位信息更精准。在新媒体营销中，不管是门户网站的按钮广告，还是搜索引擎的关键词广告，相对于传统媒体来说，都更有针对性。如用户在微博谈论购买体育用品，那么系统会认定用户有这样的需求。而过一段时间，系统有可能会为用户推送耐克、阿迪达斯或李宁等品牌信息。在这个营销过程中，一切都基于人、账户以及关系网，所以一切需求和潜在消费欲望都可以被记录、被计算和被推理。

未来的用户是越来越强调个性的，用户会主动选择自己喜欢的方式，在喜欢的时间和地点获得自己喜欢的产品或服务,而移动互联网时代的各种工具能让企业清楚地知道用户的需求。如 5G 高额套餐的用户会是一位经常出差的高端商务人士;微博上经常显示今天又买了什么衣服的人,一定是一位追求时尚的用户……把握住这些信息的企业就可以精准地找到自己的目标用户。

(6)新媒体营销为企业提供了巨大的营销数据库。在新媒体营销活动中,企业可以轻而易举地得到数量巨大的用户信息。在用户看来,自己的信息只不过是人际交往时必要的谈资;但在新媒体营销平台看来,用户就是精准的潜在目标。目前,许多电商网站常常会根据用户的基础信息和实时交流内容,通过语境和语义的分析,推算出用户在哪方面有需求或有消费潜力。

在移动互联网迅猛发展的背景下,用户的网络活动所产生的海量数据,将会对用户和企业的行为带来诸多的改变。一方面,用户的个性化需求不断凸显,已成为企业商业行为的主导因素;另一方面,企业对用户的特征偏好不再陌生,将日益聚焦于挖掘海量数据背后的价值。

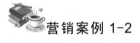

营销案例 1-2

招商银行:番茄炒蛋

2017 年 11 月 1 日,一则名为《世界再大,大不过一盘番茄炒蛋》的广告突然在朋友圈刷屏。转发的网友们纷纷表示:"看到飙泪,不知不觉就泪目了"。故事内容是一位出国在外的留学生,想在同学面前露一手,于是向大洋彼岸的母亲求助,最后留学生做出了令人满意的番茄炒蛋,然而让留学生忽略的是,由于时间差,留学生的母亲是在深夜与儿子进行视频教与学的,这一点触动了很多网友。

该广告是招商银行为推广其留学生信用卡而推出的广告,不过随着广告的刷屏,其微信指数当天暴增 68 倍,达到 2 445 万,远超房价等关键词。当然,也有网友们提出了质疑,认为广告内容存在过度煽情嫌疑,与品牌相关度差等。

评析: 新媒体时代,用户注意力已经成为最为稀缺的资源。只有大量获取用户注意力,才能获得用户的青睐。对营销人员来说,最怕的是其策划的营销活动根本没有人讨论,这样营销活动就很难真正成为具有传播力的事件。

1.2.2 新媒体营销的形式

根据新媒体的不同类别,新媒体营销的应用形式有很多,主要有以下几种。

1. 微信营销

微信营销是指企业或个人使用微信的基本功能,实现建立个人品牌、宣传产品信息、发布促销活动、开展产品销售、维护客户关系等目标的一系列的精准营销活动。微信营销是网络经济时代企业或个人营销模式的一种方式。使用微信不存在距离的限制,用户注册微信后，可与已注册微信的"朋友"形成一种联系，并且可以订阅自己需要的信息。企业通过提供用户需要的信息，推广自己的产品，从而实现点对点的营销。

2. 微博营销

微博营销是指企业或个人通过微博平台，发现并满足用户的各类需求，从而为企业或个人等创造价值的一种营销行为。微博营销以微博作为营销平台，每一个用户都是潜在的营销对象，企业利用更新自己的微博内容向用户传播企业信息、产品信息，树立良好的企业形象和产品形象。该营销方式注重价值的传递、内容的互动、系统的布局、准确的定位，微博的火热发展也使其营销效果尤为显著。

3. 社群营销

社群营销是指企业或个人在网络服务平台上将有相同或相似兴趣爱好的网友聚集起来，与目标用户群体构建长期沟通渠道，通过向目标用户群体提供产品或服务满足其需求的社会化营销过程。这个网络服务平台早期有 BBS、论坛，当前主要有贴吧、博客、小红书等。

4. 网络视频营销

网络视频营销是指企业或个人以内容为核心，以创意为导向，利用精心策划的视频内容，实现产品销售与品牌传播的营销活动。网络视频营销兼具"视频"和"互联网"二者的优点，不仅感染力强、形式和内容多样、创意新颖，而且互动性强、传播速度快、成本低廉。当前网络视频营销的呈现形式越来越多样化，有电视广告、宣传片、直播、H5 动态海报、微电影、短视频等多种方式。

5. 自媒体营销

自媒体营销就是利用社会化网络、在线社区、博客、播客或其他互联网协作平台和媒体来发布和传播资讯，从而形成的营销、销售、公共关系处理和客户关系维护及开拓的一种方式。

6. 知识平台营销

知识平台营销是指企业通过有效的知识传播方法和途径，将企业所拥有的对用户有价值的知识（包括产品知识、专业研究成果、经营理念、管理思想，以及优秀的企业文化等）传递给潜在用户，并逐渐让潜在用户形成对企业品牌和产品的认知，将潜在用户最终转化为现实用户的各种营销行为及过程。

新媒体问答平台、百科平台都是以传播、互动、分享知识见长的平台，一些小企业往往可以利用这些平台，将潜在用户转化为现实用户。

7. 娱乐媒体平台营销

娱乐媒体平台营销是指个人或企业通过直播平台、微电影、网络音频，利用文字、图片、语音、视频等多种表现形式，实现与特定目标群体之间全方位沟通的线上、线下互动营销的方式。

1.2.3　新媒体营销的现状与趋势

快速发展和普及的新媒体技术，构成了当今世界新科技浪潮的重要内容，在人们的经济生活和社会生活中扮演着重要角色。新媒体营销作为一种新兴、快捷、经济、高效的营销方式，引起了企业的普遍关注，并一直保持着快速发展的势头。

1.新媒体营销现状

中国互联网络信息中心（CNNIC）发布的第 45 次《中国互联网络发展状况统计报告》显示，2013 至 2018 年间，我国电子商务交易额从 10.40 万亿元增长到 31.63 万亿元，年均复合增长率为 24.9%，2019 年仍然保持稳健增长态势。一是在消费电商市场，2019 年全国网上零售额为 106324 亿元，比上年增长 16.5%。其中，实物商品网上零售额为 85239 亿元，同比增长 19.5%，占社会消费品零售总额的比重为 20.7%。二是在产业电商市场，2018 年中国产业电商市场营业收入规模达 4742.6 亿元，增速为 21.8%。2019 年，产业互联网的兴起带动产业电商继续快速发展。电子商务作为数字经济的主要组成部分，成为我国经济发展重要的内驱动力。

（1）网络广告产业发展状况。

2019 年，我国网络广告市场规模达 4341 亿元，同比增长 16.8%，增速较 2018 年有所放缓，如图 1-3 所示。

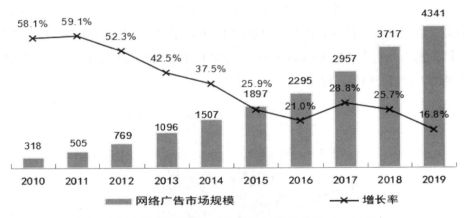

图 1-3｜2019 年我国网络广告发展状况（单位：亿元）

2019 年我国网络广告产业发展主要呈现以下特点：一是从平台类型来看，电商、搜索平台依然是最主流的广告渠道，其中电商平台广告收入保持较快增速。随着电商平台与短视频、社交等领域的融合，个性化场景的精准推荐与多样化的广告形式显著提升了广告触达率，带动电商广告市场持续增长。二是从市场竞争格局来看，部分企业广告收入迅速增长，推动行业竞争加剧。字节跳动、美团点评等企业依靠创新的业务模式、产品和技术优势，聚合用户流量，吸引广告主投放，市场占比进一步扩大。三是从营销模式来看，网络红人营销渐成趋势，其商业价值得到市场认可。尤其在美妆、服饰、食品、珠宝、数码家电等行业，越来越多的品牌通过与网络红人合作实现销量的大幅增长。

（2）互联网上市企业类型状况。

截至 2019 年 12 月，在互联网上市企业中，网络游戏类企业数量仍持续领先，占总体的 23.9%；其次是文化娱乐类企业，占比为 17.9%；电子商务、网络金融、工具软件和网络媒体类企业紧随其后，占比分别为 14.9%、10.4%、8.2% 和 6.0%，如图 1-4 所示。

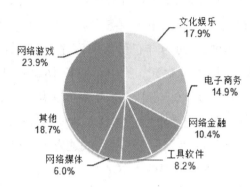

图 1-4｜我国互联网上市企业类型分布

（3）网信独角兽企业行业分布状况。

截至 2019 年 12 月，从行业分布来看，全国 50% 以上的网信独角兽企业集中在企业服务、汽车交通、电子商务、金融科技和文娱媒体等五个行业。截至 2019 年 12 月，企业服务类企业组成第一梯队，占企业总数的 15.5%；汽车交通类和电子商务类企业组成第二梯队，占比分别为 12.3% 和 11.8%；金融科技类和文娱媒体类企业组成第三梯队，占比分别为 9.6% 和 9.1%，如图 1-5 所示。

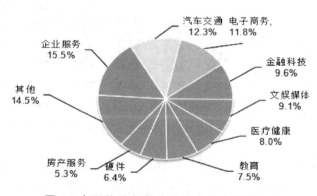

图 1-5｜网信独角兽企业行业分布状况

2. 新媒体营销发展趋势

新媒体的快速发展，不仅深刻改变了用户的媒体使用习惯与消费观念，也推动了企业的营销理念与营销模式的创新。随着数字技术与通信技术的发展，新媒体营销越来越呈现出以下趋势。

（1）新媒体广告对创意的要求更高，内容营销更受欢迎。在电商、广告、增值服务三种互联网商业模式下，企业对新媒体广告创意的需求越来越大，已经开始借助第三方广告平台如微播易、城外圈等进行转化。这类资源聚合型的媒体平台企业将自媒体和广告主连接起来，让前者得以变现，让后者获取资源，两者各取所需。同时，越来越多的企业热衷于"讲故事"，一个好的营销案例就是一个好故事！自媒体时代，没人爱听大道理，但喜欢听小故事；没人喜欢生拉硬拽的广告，但人们并不反感各种故事植入，甚至是以故事为名的"广告"。

（2）社交媒体营销成为主战场。清华大学新闻与传播学院彭兰教授将社交媒体定义为"基于用户社会关系的内容生产与交换平台"，认为其主要特征在于：第一，它是内容生产与社交的结合；第二，社交平台上的主角是用户，而不是网站的运营者。研究机构 CIC 将下列媒体划入社交媒体的范畴：微博、社交网站（Social Networking Services，SNS）、即时通信、电子商务、视频、音乐、论坛、消费评论、分类信息、签到与位置服务、社会化电子商务、社交游戏、社会化内容聚合、档案分享、博客、在线百科、在线旅游、婚恋交友网络、轻博客、商务社交、私密社交等。

由上述分类可知，绝大多数网络营销方式其实都属于社交媒体营销的范畴，在当前的实际应用中，社交媒体营销已经成为网络营销的主力，成为新媒体营销的主战场。

社交媒体充分利用了用户之间的社会关系，同时使媒体平台上的用户群体从内容的使用者转变成内容的生产者。因为在社交媒体平台上所开展的营销活动具有全新的信息传播方式和营销模式，所以企业必须转变营销思路和策略，借助社交媒体的优势，根据不同人群在不同社群中的行为特点，进行创意策划，实现品牌营销和客户服务的目标。

（3）视频、短视频将成为新媒体的新增长点。好的内容能够引起用户的聚焦和讨论，但是如果企业将话题内容制作成视频的话，视频就会像病毒一样疯狂地传播，从而有效地实现营销目标。视频营销结合了"视频"与"互联网"的优点，以其感染力强、互动性强、传播迅速、成本相对低廉等优势，赢得了企业的青睐。

短视频作为社会化媒体，能够很好地向用户传递社会与社交圈的信息，满足了用户对于人际交往的需求；同时，随着碎片化时代的到来，人们的注意力也越来越稀缺，短小精练的短视频满足了人们对碎片化阅读的需求，比较容易得到用户的传播。

（4）公众平台成为新媒体营销的主要渠道。随着移动互联网时代的到来，移动应用成为用户流量的主要入口。尤其是以微信为代表的公众平台，更是成为承载移动网络用户的重要载体。不仅如此，公众平台具有的简单方便、用户精准、覆盖面广的优势让越来越多的企业看到了公众平台的价值，企业纷纷转向移动互联网市场，在公众平台上开展网络营销活动，公众平台更是成了企业广告信息传播的主要阵地。

除此之外，作为时下企业开展新媒体营销的主要模式——"公众平台+社群"在未来将被应用到更多的企业新媒体营销中。特别是对于直接面向用户的中小企业，"公众平台"和"社群"相结合的互动营销方法，对提高用户口碑和推广企业品牌有天然的优势。

课堂测评

测评要素	表现要求	已达要求	未达要求
知识点	能掌握新媒体营销概念及其他术语的含义		
技能点	能初步认识新媒体营销操作活动		
任务内容整体认识的程度	能概述新媒体营销与市场营销活动的关系		
与职业实践相关联的程度	能描述新媒体营销的主要类型		
其他	能描述本课程与其他课程、职业活动等的联系		

 # 1.3 新媒体营销职业认知

新媒体营销作为新兴的技术，是电子商务行业重要的一部分。随着大量传统企业积极开展电子商务，新媒体营销也成为一个热门的职业。那么，新媒体营销职业有哪些岗位？这些岗位又有哪些要求？这些岗位的长期职业规划是什么样的呢？

1.3.1 新媒体营销岗位认知

在互联网用户数量日益激增的背景下，越来越多的企业尤其是中小企业，也开始重视互联网市场。与此同时，企业对新媒体营销岗位的设置也越来越普遍。目前，新媒体营销人员主要参与的部门有技术部、市场部、运营部等，根据地区经济发展、行业、企业规模的不同，新媒体营销人员所属岗位也有所不同。归纳起来，主流的新媒体营销岗位主要包括新媒体推广专员、微营销专员/新媒体营销专员、新媒体营销运营专员、新媒体营销经理/运营经理、新媒体营销总监/运营总监等岗位。

1. 初级新媒体营销岗位

（1）新媒体推广专员。新媒体推广专员岗位说明如表1-2所示。

表1-2　新媒体推广专员岗位说明

岗位名称	新媒体推广专员
岗位描述	负责企业的线上免费推广和付费推广工作，利用新媒体推广方式，提升品牌网络曝光度、知名度和美誉度，并对推广效果进行分析和总结，对有效流量负责

岗位名称	新媒体推广专员
岗位职责	①整合线上各种渠道（如微博、微信、社区、博客、新闻、资讯、论坛等）推广企业的产品和服务。②负责企业自有新媒体宣传平台（官方网站、官方博客、官方微博、官方网店、官方 App，简称"企业五官"）的管理和维护。③熟悉网站排名、流量原理，了解搜索引擎优化、外部链接、网站检测等相关知识。④跟踪新媒体网络营销推广效果，分析数据并反馈，总结经验
岗位要求	①熟练掌握各种新媒体营销工具，包括第三方网络平台（微博、微信及公众平台、博客等）、网络视频剪辑软件、网络监控及统计软件等。②了解各种新媒体网络营销方法、手段、流程，并有一定实操经验。③具备优秀的文案写作能力，能撰写各种不同的方案、文案。④对网络文化、网络特性、网民心理具有深刻洞察和敏锐感知的能力

（2）微营销专员/新媒体营销专员。微营销专员/新媒体营销专员岗位说明如表 1-3 所示。

表 1-3　微营销专员/新媒体营销专员岗位说明

岗位名称	微营销专员/新媒体营销专员
岗位描述	负责企业微信、微博、微网站、App 等营销工具的日常内容维护，并利用上述工具策划、执行微营销活动，撰写优质原创文案并进行传播
岗位职责	①负责微博、微信、微网站、App 等运营推广工作，负责策划并执行日常活动，以及后续的追踪、维护。②挖掘和分析用户的使用习惯、情感及体验感受，及时掌握新闻热点，与用户进行互动。③提高企业用户活跃度并与用户互动，并对微营销运营现状进行分析和总结
岗位要求	①深入了解互联网，尤其是微营销工具的特点及资源，有效运用相关资源。②热爱并擅长新媒体推广工作，具备创新精神、学习精神、严谨态度和良好沟通能力。③具有创造性思维，文笔好，书面和口头沟通能力强，熟悉网络语言写作特点。④学习能力强，兴趣广泛，关注时事

（3）新媒体营销运营专员。新媒体营销运营专员岗位说明如表 1-4 所示。

表 1-4　新媒体营销运营专员岗位说明

岗位名称	新媒体营销运营专员
岗位描述	负责新媒体运营部产品文案、品牌文案、深度专题的策划文案、创意文案、推广文案的撰写工作，能帮助迅速提高企业在新媒体平台上的综合排名和访问量，协助业务部门进行产品方案的推广，帮助业务团队有效提升产品销售额
岗位职责	①负责产品文案、品牌文案、深度专题的策划文案、创意文案、推广文案的撰写工作，对新媒体销售力和传播力负责。②从事新媒体营销研究、分析与服务工作，评估与产品相关的关键词。③负责推广方案和推广渠道的开发。④制订新媒体总体及阶段性推广计划，完成阶段性推广任务。⑤负责执行企业新媒体网站的规划。⑥协助部门经理筹划建立部门管理体系，协助员工招聘、考核、管理工作，协助部门规划、总结工作

续表

岗位名称	新媒体营销运营专员
岗位要求	①具备项目管理、营销策划、品牌策划、网络营销等理论知识和一定的实践经验。②具有优秀的网络营销数据分析能力和丰富的分析经验。③具备一定的文案撰写能力和活动策划能力，对用户体验有深刻认识和独特领悟。④对新媒体营销活动全流程具备一定认知和执行能力

2. 新媒体营销晋升岗位

（1）新媒体营销经理／运营经理。新媒体营销经理／运营经理岗位说明如表 1-5 所示。

表 1-5　新媒体营销经理／运营经理岗位说明

岗位名称	新媒体营销经理／运营经理
岗位描述	负责本部门整体运营工作，对新媒体营销策划、内容、推广等业务进行指导及负责部门员工的工作指导、监督、管理、考核
岗位职责	①负责新媒体营销项目总策划，对战略方向规划、商业全流程的规划和监督控制负责，对部门绩效目标的达成负责。②负责新媒体方案的策划指导和监督执行。③负责对新媒体产品文案、品牌文案、资讯内容、专题内容等内容的撰写进行指导和相关方案的监督执行。④负责新媒体推广策略制定、执行指导和监督管理工作。⑤负责新媒体运营数据分析，提升成效。⑥负责本部门的筹划建立，员工招聘、考核、管理，部门规划、总结
岗位要求	①具有 5 年以上电子商务／新媒体营销工作经验，3 年以上项目策划、运营经验。②具备项目管理、营销策划、品牌策划、网络营销等系统的理论知识和丰富的实践经验。③具备优秀的电子商务／新媒体营销项目策划、运营能力，熟悉网络文化及其特性，对各种新媒体营销推广手段都有实操经验。④具备卓越的策略思维和创意发散能力，具备扎实的策划功底。⑤具备优秀的文案能力，能撰写各种不同的方案、文案。⑥对新媒体营销商业全流程具备管控能力。⑦具备丰富的业务管理经验、优秀的团队管理能力

（2）新媒体营销总监／运营总监。新媒体营销总监／运营总监岗位说明如表 1-6 所示。

表 1-6　新媒体营销总监／运营总监岗位说明

岗位名称	新媒体营销总监／运营总监
岗位描述	负责企业官网、App 及第三方新媒体平台的整体规划和运营管理，包括产品市场定位和推广方案、产品功能及卖点的策划，并组织落实；根据企业平台运营模式，组建并管理运营团队
岗位职责	①制定官网、App 和第三方新媒体平台的年度经营目标，预算及年度、季度、月度计划（销售额、成交转化率、广告投入、利润率等）。②制定官网、App 和第三方新媒体平台的整体规划和运营管理目标，包括产品市场定位和推广方案、产品功能及卖点策划，并组织落实。③组建并管理运营团队。④掌握官网、App 和第三方新媒体平台各项销售指标、运营指标的预测与达成情况，对网站排名、流量点击情况进行详细系统的分析，策划、组织网站推广活动，并对其进行分析和效果评估。⑤通过新媒体渠道和媒介资源进行宣传推广工作。⑥负责内部团队整体建设及专业能力的提升，优化业务流程，合理配置人力资源，开发和培养员工能力。⑦负责工作方案的落地执行质量。⑧加强团队绩效管理，提升部门工作效率

岗位名称	新媒体营销总监／运营总监
岗位要求	①具有本科以上学历，5 年以上电商、平台运营经验，2 年以上管理经验。②熟悉官方商城和第三方新媒体平台的开店流程、建店模式、产品销售模式、合作模式、实际操作模式。③具备优秀的沟通能力，勇于创新，不拘一格，注重团队凝聚力和执行力的打造

1.3.2 新媒体营销职业规划

近年来，企业对新媒体营销岗位的需求呈爆发性增长态势，新媒体营销岗位也成为时下最热门的岗位之一。

1. 新媒体营销职业现状

中国互联网协会发布的《中国互联网发展报告（2019）》显示，为顺应互联网大发展、大融合、大变革的演进规律，互联网企业和传统企业纷纷强化"互联网+"战略布局，在结合已有业务和资源、加快推进互联网融合创新的同时，积极发展互联网新技术、新模式和新业态。

互联网应用范围不断扩大，与各行业的跨界融合不断加深，新业态、新模式大量涌现。互联网与服务业各领域的融合创新最为突出。比较典型的是我国电子商务呈现了多年爆发式增长，"互联网+"商贸服务令国民消费潜力得到极大释放。有关数据显示，2019年国内网络零售市场交易规模达 10.63 万亿元，较 2018 年的 8.56 万亿元，同比增长20.56%。电商平台拼多多、京东、阿里巴巴等向低线城市的扩张及国际化步伐的迈进，促进交易规模的增长。在规模增长的同时，新旧动能转换进一步加快，线上线下融合、业态模式创新、质量服务提升等新动能加速形成。

当前，人工智能、虚拟现实（Virtual Reality，VR）等新一代信息技术已经跨越了启蒙阶段，成了行业发展应用热点，吸引了互联网企业和传统企业纷纷加快在该领域的布局，以获取技术红利。小米公司宣布建立探索实验室，重点关注 VR 和智能机器人新方向，同时投资大朋 VR 公司，依托各自优势共建虚拟现实生态；各大电商平台在"双11"期间结合移动端全景、VR、大数据分析等技术，通过娱乐、游戏、智慧的购物方式呈现出新的购物场景，带来了新的购物乐趣。未来，更多企业将紧跟互联网新技术发展潮流，继续加大前沿新技术的投资力度，持续研究人工智能、VR 等新技术与自身业务的融合创新发展，驱动"互联网+"商业领域新应用不断涌现。新媒体营销职业领域的发展将迎来更高、更新的境界。

2. 新媒体营销岗位职业规划

企业在经营活动中，一般将新媒体营销人员的岗位分为新媒体营销专员、新媒体营销主管、新媒体营销经理及新媒体营销总监 4 个层级。从组织结构的角度看，新媒体营销人员的岗位层级也会随着企业规模而有所不同。在 1 000 人以上的企业，4 个层级基本都存在；在 500 人以上的企业，主要为新媒体营销专员、新媒体营销主管或新媒体营销经理、新媒体营销总监 3 个层级；在 500 人以下的企业，主要为新媒体营销专员和新媒体营销经理两个层级，甚至部分企业的网络营销业务较少，企业只设置新媒体营销专员一职。

新媒体营销岗位层级的晋升，一方面对新媒体营销人员专业知识和能力的要求有所提升；另一方面，其工作内容也从简单的新媒体营销推广，到新媒体营销策划，最终到新媒体营销的整体项目运作。

由腾讯科技与企鹅智酷联合 63 位互联网行业领袖与专家共同打造的《中国科技&互联网创新趋势白皮书（2017）》融合全平台数据、资源和智力，对中国科技产业未来的发展做出了系统分析、趋势判断和数据洞察。报告认为，新媒体营销已经进入"下半场"，"分水岭"已经来临。中国互联网络信息中心（CNNIC）发布第 45 次《中国互联网络发展状况统计报告》，截至 2020 年 3 月，我国网民为 9.04 亿人，互联网普及率达64.5%，较 2018 年年底提升 4.9 个百分点。网民增长率为个位数，意味着新媒体营销增长触及了天花板。与此同时，截至 2020 年 3 月，我国手机网民达 8.97 亿人，网民通过手机接入互联网的比例高达 99.3%。这些数据的变化，既反映了用户的行为特征，也对新媒体营销职业提出了新的挑战。以人工智能、大数据应用、云计算为代表的新"技术+商业"窗口即将打开，新媒体营销岗位也面临着进一步提升技能、重新定位的局面。

3. 新媒体营销职业能力要求

从事新媒体营销的人员应符合一定的基本职业能力要求，主要包括以下几个方面。

（1）了解新媒体。作为新媒体营销人员，要对新媒体本身有一定的了解，包括其含义、特点、类型等；同时也要了解新媒体行业的相关岗位要求，这样才能更好地开展工作。

（2）擅长文案写作。作为新媒体营销人员，必须会写文案。高质量的文案要求有可读性，内容有趣味、有吸引力。另外，新媒体营销人员还要具备"网感"，能够抓住网络热点，具备信息搜集、数据分析等能力。

（3）运营公众号。作为新媒体营销人员，主要的工作就是负责企业两微——微信和微博的运营工作。这里的微信主要指的是：企业订阅号、企业服务号和企业小程序号。一般来说，订阅号主要用来宣传企业形象，为用户提供信息；服务号主要用来为用户提供服务，满足用户的个性化需求；小程序号主要用于企业与员工或上下游供应链之间的沟通服务。另外，公众号的营销主要有广告主（属于付费营销腾讯广点通）、H5 制作、微信公众号第三方营销活动（微商城、微官网、微投票等）、微信小程序运用等。微博现在更多的是作为一款社交工具，但对于企业来讲，微博是非常重要的营销工具。

（4）熟悉自媒体。在如今的自媒体时代，主流的自媒体平台有头条号、百家号、搜狐号、网易号、大鱼号、企鹅号、快传号等。企业在这些自媒体平台上可以开设企业号，新媒体营销人员必须能够运营这些平台。

（5）熟悉视频剪辑、图片处理、H5 制作软件。新媒体营销活动的开展离不开图片、视频，新媒体营销人员一定要懂得基础的视频剪辑和图片处理。目前，视频剪辑功能比较强大的是 Adobe Premiere，其次是会声会影。此外，还有爱剪辑和优酷 IDO。图片处理功能强大的软件是 Adobe Photoshop，此外还可以使用美图秀秀或光影魔术手。音频软件方面功能强大的软件是 Adobe Audition。

（6）具备数据分析能力。数据分析能力是长期培养的结果，数据分析工具使用较多的是百度指数、阿里指数、微指数等。

课堂测评

测评要素	表现要求	已达要求	未达要求
重点知识	能掌握新媒体营销岗位的要求		
重点技能	能初步认识新媒体营销岗位设置的实践意义		
任务整体认识程度	能概述新媒体营销岗位与不同规模企业的关系		
与实践相关联的程度	能描述新媒体营销职业的现状与未来		
其他	能描述本课程与其他课程、职业活动等的联系		

任务 1　小结

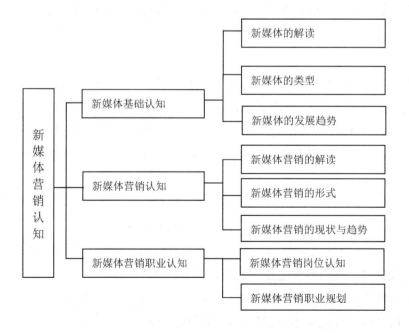

核心提示

教学做一体化训练

重要名词

新媒体　新媒体营销

课后自测

一、单项选择题

1. 新媒体是指区别于报纸、杂志、广播、电视等传统媒体之外的媒体，这个概念是一个（　　　）的概念。

    A. 时间　　　　　　B. 相对　　　　　　C. 变化　　　　　　D. 发展

2. 传统媒体是一种（　　　）传播。

    A. 单向　　　　　　B. 双向　　　　　　C. 货币　　　　　　D. 服务

3. 新媒体的本质在于：人人都可以是生产者，也可以是（　　　）。

    A. 观赏者　　　　　B. 传播者　　　　　C. 制造者　　　　　D. 复制者

4. 手机博客、手机微博、各种社交媒体手机版、移动社交媒体等构成了（　　　）。

    A. 传统媒体　　　B. 社交新媒体　　　C. 报纸、杂志　　　D. 广播、电视

5. （　　　）因其普及、快捷、方便等特点，成为移动新媒体的典型代表。

    A. 网站　　　　　　B. 广告　　　　　　C. 促销　　　　　　D. 智能手机

二、多项选择题

1. 与传统媒体相比，新媒体不仅具有信息载体功能，还具有（　　　）功能。

    A. 信息识别　　　B. 信息处理　　　C. 信息制作　　　D. 信息需求

2. 从发展演进时间顺序看，新媒体大致可以分为（　　　）几种类型。

    A. 数字新媒体　　B. 网络新媒体　　C. 移动新媒体　　D. 第一媒体

3. 在移动互联网时代，几乎人手一部智能手机，用户行为习惯发生了显著变化，（　　　）渐成常态。

    A. 移动化　　　　B. 碎片化　　　　C. 交互式体验　　D. 社会利益

4. 微博营销方式注重（　　　），这使其营销效果尤为显著。

    A. 价值的传递　　B. 内容的互动　　C. 系统的布局　　D. 准确的定位

5. 网络视频营销结合了"视频"与"互联网"的优点，以其（　　　）等优势，赢得了企业的青睐。

    A. 感染力强　　　　　　　　　　　　B. 互动性强

    C. 传播迅速　　　　　　　　　　　　D. 成本相对较低廉

三、判断题

1. 新媒体营销职业的工作内容就是推销和打广告。（　　　）

2. 新媒体营销不属于市场营销的范畴。（　　　）

3. 传统市场营销思想已经完全不能指导新媒体营销活动。（　　　）

4. 新媒体营销就是市场营销简单的网络化。(　　)

5. 移动端营销是未来新媒体营销的主要阵地。(　　)

四、简答题

1. 什么是新媒体？

2. 传统媒体与新媒体的主要区别有哪些？

3. 什么是新媒体营销？

4. 新媒体营销有哪些形式？

5. 新媒体营销职业的能力要求有哪些？

五、案例分析题

江小白是一款有自己卡通人物形象的白酒品牌，它说自己是"当下热爱生活的文艺青年的代表"。一些用户觉得"江小白"在醇香度上还有很大欠缺。但是，它的文化营销策略促成了它的畅销。江小白提倡直面青春的情绪，不回避、不惧怕，与其让情绪煎熬压抑，不如任其释放。这个宣言直接决定了"江小白"的市场定位——年轻群体。2012 年才进入市场的江小白，瓶身营销策略一度被业内奉为经典。它的每一句语录都抓住了痛点，说到了年轻人的心坎里。"我是江小白"这句话原本是江小白的一个品牌口号，现在也成了都市年轻群体的集体宣言。因江小白品牌个性鲜明，营销手段独特，富有时代感和文艺气息，颇受青年群体的热捧和喜爱。

外在形象颠覆传统。江小白的形象经常让人眼前一亮：磨砂小玻璃瓶，印一个"我是江小白"的标识和一个年轻小伙子的卡通形象，以及类似于"关于明天的事，我们后天就知道了"的江小白语录，使这款产品更像是新推出的饮料品牌，而不是白酒。

品牌形象娱乐化。江小白走的是与传统白酒"高大"形象截然不同的路线——"文艺范"路线。"这是一种文艺青年的态度、娱乐生活的态度。"江小白企业 CEO 陶石泉正是以这种态度为基调，铸造了江小白的品牌形象。"江小白是一个娱乐品牌，娱乐大众，而不是说教。"

探索与用户沟通的新方式。在互联网的影响下，人们的社交方式也在改变。陶石泉已经摸索出一套行之有效的方法，如通过线上或线下的关系，找到一两个意见领袖，通过他们进行产品信息的传播。同时，江小白积极参加多个社交圈的活动，"要把自己混成像他们一样的人。"于是，江小白在"玩"的同时，也一并完成了用户的初次体验工作及口碑传播工作。

互联网时代，企业形象塑造最怕的就是没有话题，没有新闻点。显然，江小白充分借用了话题性。无论是意见领袖，线下活动，还是江小白品牌，以及创始人陶石泉本身，都具有话题性。有了话题，便有了关注度。这样，营销活动效果自然就事半功倍。

阅读以上材料，回答下面的问题。

1. 江小白企业运用了哪些新媒体营销手段?

2. 请概括总结案例里面的新媒体营销策略。

同步实训

实训名称：新媒体营销认知

实训目的： 认识新媒体营销活动，理解其实际意义。

实训安排：

1. 学生分组，选择一些著名企业、旅游城市、风景名胜区开展新媒体营销活动的经典案例，并讨论分析，总结概括出这些企业吸引人们注意力的具体措施。

2. 学生分组，收集身边的一些企业关于开展新媒体营销的具体措施，选取一个企业作为案例，分析讨论，并概括其营销效果。

3. 分组将讨论成果做成 PPT 进行展示，并组织全班讨论与评析。

实训总结： 学生小组交流不同企业、行业的分析结果，教师根据讨论成果、PPT 演示、讨论分享中的表现分别给每组进行评价打分。

学生自我学习总结

通过完成任务 1 新媒体营销认知，我能够做如下总结。

一、主要知识

> 概括本任务的主要知识点：
>
> 1.
>
> 2.

二、主要技能

> 概括本任务的主要技能：
>
> 1.
>
> 2.

三、主要原理

> 你认为，新媒体营销与市场营销的关系是：
>
> 1.
>
> 2.

四、相关知识与技能

你在完成本任务中用到的知识与技能：

1. 新媒体营销出现的原因有：

2. 新媒体营销的变化趋势有：

3. 新媒体营销未来发展方向是：

五、成果检验

你完成本任务的成果：

1. 完成本任务的意义有：

2. 学到的知识或技能有：

3. 自悟的知识或技能有：

4. 你对新媒体营销的初步看法是：

任务 2

新媒体营销准备

 **学习目标**

1. 知识目标

能认知新媒体用户分析的含义

能认知新媒体内容的含义

能认知新媒体内容营销的含义

2. 能力要求

能形成新媒体内容创作思路

能说明新媒体营销数据的来源

能够对新媒体数据分析形成整体认识

 营销密语

随着互联网的发展，新媒体营销活动应运而生。作为初学者，首先应该了解在开展新媒体营销活动之前要做哪些准备工作，新媒体营销用户是谁，他们有什么样的特征，在此基础上，营销人员应进一步认知新媒体的内容定位，即运营的方向在哪里、主要的领域是什么，这样才能够有效吸引大量用户。在平台运营中，内容的好坏至关重要，营销人员必须养成新媒体营销观念，并能联系实际，在新媒体运营数据分析的基础上，对新媒体营销发展现状做出自己的判断。

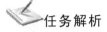 **任务解析**

根据新媒体营销职业学习活动顺序，这一学习任务可以分解为以下子任务。

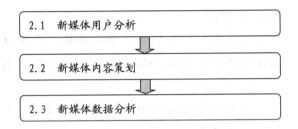

课前阅读

易观调查显示，2016 年是视频直播行业快速发展的一年，那么，直播平台用户是哪些人呢？易观调查报告给出了答案。

（1）用户属性：直播用户以男性居多，偏年轻化、低收入，主要集中于一、二线城市，学生和自由职业者等群体是主力（见下图）。

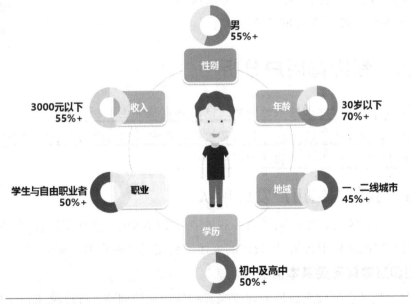

© Analysys 易观

（2）与移动网络用户整体比较：初中及高中等"95后"学生、一、二线城市及低收入人群更倾向于使用直播平台。

（3）性别特征：男性是秀场直播、游戏直播的绝对主力，全民直播对女性用户较有吸引力。

（4）年龄特征："90后"热衷游戏直播，30岁以上用户更加偏好电视/赛事直播。直播是年轻人的主场，在各个直播领域中，30岁以下的用户均占到五成以上，在游戏直播中"90后"接近八成。

（5）地域特征：游戏直播用户有一半以上来自省会城市，县级用户更偏好电视/赛事直播。有半数以上的直播用户集中于一二线城市，其中游戏直播和全民直播的用户在一二线城市占比超过60%。

（6）学历特征：游戏直播用户学历偏高，秀场直播用户学历偏低。游戏直播和全民直播中大专及以上学历的用户超过50%，秀场直播用户中高中及以下学历的用户占比达70%以上。

（7）职业特征：学生占据游戏直播半壁江山，其他领域中也以学生和自由职业者居多，自由支配时间较多使其有更多闲暇来观看直播。

（8）收入特征：直播用户整体收入偏低，高收入用户更偏好电视/赛事直播。直播用户主要以低收入群体为主，其中游戏直播半数以上用户收入低于1 000元，这与直播中有较多的学生群体有关。

读后问题：

（1）你有视频直播的经历吗？

（2）你觉得上文所述直播用户分析准确吗？

（3）直播平台用户分析有什么意义？

课前阅读

 2.1　新媒体用户分析

新媒体营销与运营活动越来越频繁，同时其复杂性也不断增加。企业要把握市场，必须正确分析新媒体用户的特点及其消费过程，明确影响用户购买行为的主要因素。在实践中，新媒体用户分析也是非常重要的工作之一。

2.1.1　我国网络用户发展现状

2020年4月28日，中国互联网络信息中心（CNNIC）在北京发布第45次《中国互联网络发展状况统计报告》，比较详细记述了我国网络用户的发展现状。

1. 我国互联网网民基本情况

2019年，我国已建成全球最大规模光纤和移动通信网络，行政村通光纤和4G比例均超过98%。数字企业通过商业模式创新，加快数字技术应用，不断提升供应链数字化水平，为产业转型升级提供了重要支撑。

（1）我国网络用户规模及互联网普及率。截至 2020 年 3 月，我国网民为 9.04 亿人，较 2018 年年底新增网民 7 508 万人，互联网普及率达 64.5%，较 2018 年年底提高 4.9%，如图 2-1 所示。

图 2-1 | 中国网民规模和互联网普及率

（2）我国手机网民规模及其所占比例。截至 2020 年 3 月，我国手机网民达 8.97 亿人，全年新增手机网民 7 992 万人；网民中使用手机上网的比例为 99.3%，较 2018 年年底提高 0.7%，如图 2-2 所示。

图 2-2 | 我国手机网民规模及其占网民比例

（3）网民互联网接入设备使用情况。截至 2020 年 3 月，我国网民使用手机上网的比例达 99.3%，较 2018 年年底提高 0.7 个百分点；网民使用电视上网的比例为 32.0%，较 2018 年年底提高 0.9 个百分点；使用台式计算机上网、笔记本电脑上网、平板电脑上网的比例分别为 42.7%、35.1%和 29.0%，台式计算机使用比例下降较为明显，如图 2-3 所示。

（4）移动应用程序（App）在架数量规模。2019 年 12 月，手机网民经常使用的各类 App 中，即时通信类 App 的使用时间最长，占比为 14.8%；网络视频（不含短视频）、短视频、网络音频、网络音乐和网络文学类应用的使用时长占比分列第二到六位，依次为 13.9%、11.0%、9.0%、8.9%和 7.2%。短视频应用使用时长占比同比增加 2.8 个百分点，增长明显，如图 2-4 所示。

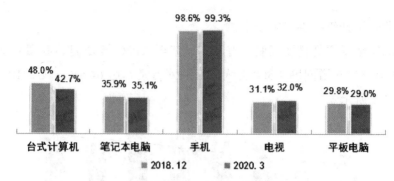

图 2-3｜网民互联网接入设备使用情况

各类应用使用时长占比

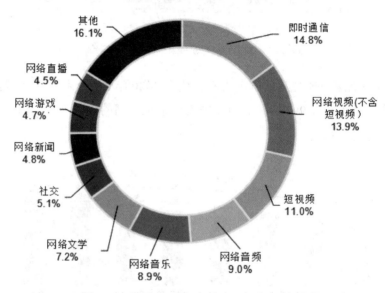

图 2-4｜移动应用程序（App）在架数量

2. 我国网民互联网主要应用情况

2019 至 2020 年年初，我国个人互联网应用保持良好发展势头。除了一些主要应用持续增长外，网络外卖、在线教育成了新的亮点。

（1）搜索引擎应用持续增长。截至 2020 年 3 月，我国搜索引擎用户达 7.50 亿人，较 2018 年年底增长 6883 万人，占网民整体的 83.0%；手机搜索引擎用户达 7.45 亿人，较 2018 年年底增长 9140 万人，占手机网民的 83.1%。信息流广告为搜索引擎收入增长提供了新动力，正在成为业务收入的重要部分，如图 2-5 所示。

（2）网络新闻媒体用户逐步增加。截至 2020 年 3 月，我国网络新闻用户达 7.31 亿人，较 2018 年年底增加 5598 万人，占网民整体的 80.9%；手机网络新闻用户达 7.26 亿人，较 2018 年年底增加 7356 万人，占手机网民的 81.0%，如图 2-6 所示。

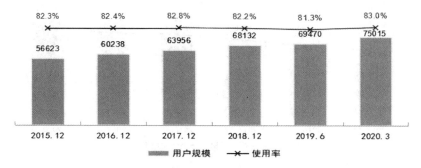

图 2-5｜我国搜索引擎用户规模及使用率 （单位：万人）

图 2-6｜我国网络新闻用户规模及使用率 （单位：万人）

（3）社交应用商业模式不断成熟。截至 2020 年 3 月，微信朋友圈、微博使用率分别为 85.1%、42.5%，较 2018 年年底分别上升 1.7 个、0.2 个百分点；QQ 空间使用率为 47.6%。社交应用商业模式不断成熟，一方面，广告依然是社交平台变现的主要方式；另一方面，内容生产者能通过社交平台实现商业变现，如图 2-7 所示。

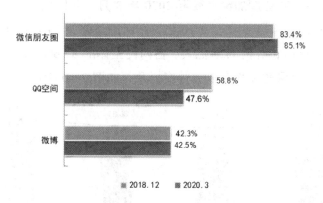

图 2-7｜我国典型社交应用使用率

（4）网络购物保持升级态势。截至 2020 年 3 月，我国网络购物用户达 7.10 亿人，较 2018 年年底增长 1.00 亿人，占网民整体的 78.6%；手机网络购物用户达 7.07 亿人，较 2018 年年底增长 1.16 亿人，占手机网民的 78.9%，如图 2-8 所示。

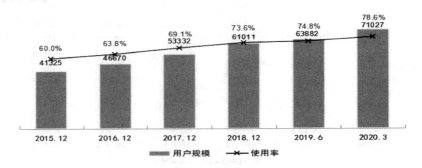

图 2-8 | 我国网络购物用户规模及使用率（单位：万人）

（5）网络支付场景不断延伸。截至 2020 年 3 月，我国网络支付用户达 7.68 亿人，较 2018 年年底增长 1.68 亿人，占网民整体的 85.0%；手机网络支付用户达 7.65 亿人，较 2018 年年底增长 1.82 亿人，占手机网民的 85.3%，如图 2-9 所示。

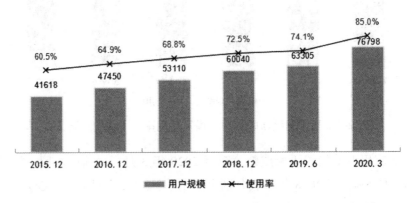

图 2-9 | 我国网络支付规模及使用率（单位：万人）

（6）网络视频生产专业度加深。截至 2020 年 3 月，我国网络视频（含短视频）用户达 8.50 亿人，较 2018 年年底增长 1.26 亿，占网民整体的 94.1%。其中短视频用户为 7.73 亿人，较 2018 年年底增长 1.25 亿人，占网民整体的 85.6%。2020 年年初，网络视频应用的用户规模、使用时长均有较大幅度提升，如图 2-10 所示。

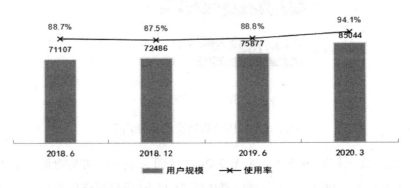

图 2-10 | 我国网络视频用户规模及使用率（单位：万人）

（7）网上外卖用户规模继续扩大。截至 2020 年 3 月，我国网上外卖用户达 3.98 亿人，占网民整体的 44.0%；手机网上外卖用户达 3.97 亿人，占手机网民的 44.2%，如图 2-11 所示。

图 2-11 | 2015 年 12 月—2020 年 3 月中国手机网上外卖用户规模及使用率（单位：万人）

（8）在线教育用户规模快速增长。截至 2020 年 3 月，我国在线教育用户达 4.23 亿人，较 2018 年年底增长 2.22 亿，占网民整体的 46.8%；手机在线教育用户达 4.20 亿人，较 2018 年年底增长 2.26 亿人，占手机网民的 46.9%。线上教育热潮推动在线教育用户规模快速增长，如图 2-12 所示。

图 2-12 | 2015 年 12 月—2020 年 3 月中国在线教育用户规模及使用率（单位：万人）

2.1.2　我国新媒体用户行为特征

随着新媒体行业的发展愈加成熟，企业新媒体营销逻辑已经从早期的依靠优质内容吸引用户、带动传播，到如今形成内容运营、用户运营、商业化运营、品牌运营的完整体系。新媒体用户对内容质量和互动形式的要求在不断提高的同时，也表现出了以下特征。

1. 新媒体用户数量大幅增加

新媒体逐步取代传统媒体成为用户使用率最高的媒体形态。在中投顾问产业研究中心 2016 年 5 月发布的《2016—2020 年中国新媒体产业投资分析及前景预测报告》中显示，新媒体用户最常使用的媒体形态中，使用视频类网站/App 的新媒体用户从五年前的 24.7%，提高到报告发布前三个月的 64.9%；新闻客户端从五年前的 15.1%提高到报告发布前三月的 58.6%；互联网电视和音频类网站/App 也有相似的趋势。相比之下，报纸、杂志、电视、广播电台等传统媒体的用户使用比例下跌明显。新媒体用户的媒体选择分布如图 2-13 所示。

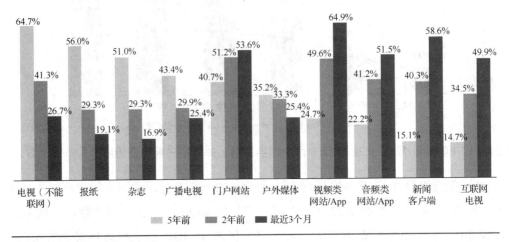

数据来源：中投顾问产业研究中心

图 2-13 ┃ 新媒体用户的媒体选择分布

2. 互联网电视用户超越传统电视用户

我国新媒体终端普及程度已经较高，新媒体用户群体使用多种新媒体终端设备和跨屏使用行为也较高。《2016—2020 年中国新媒体产业投资分析及前景预测报告》数据显示，新媒体用户互联网电视拥有率达 48.9%，高于传统电视拥有率 47.3%，智能手机仍然是拥有率最高的新媒体终端。68.5%的新媒体用户在观看视频的同时"玩手机"，38.5%的新媒体用户选择使用笔记本电脑或台式计算机。新媒体用户观看视频的伴随行为如图 2-14 所示。看电视时"多任务"现象普遍存在，在观看视频的同时，互联网用户会用其他设备进行社交网络交流。

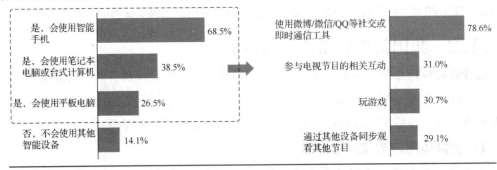

数据来源：中投顾问产业研究中心

图 2-14 ┃ 新媒体用户观看视频的伴随行为

3．社交媒体、新闻客户端成为用户获取资讯的重要通道

《2016—2020 年中国新媒体产业投资分析及前景预测报告》显示，在截至报告发布前的三个月里，60.8%的新媒体用户将微信、微博等社交媒体作为获取新闻资讯的主要方式，用户日益养成依赖社交媒体获取信息及表达诉求的习惯；同时 58.9%的用户将手机新闻客户端作为获取新闻资讯的主要方式；42.6%的用户将电视新闻作为获取新闻资讯的主要方式。新媒体用户获取新闻资讯的方式统计如图 2-15 所示。

与传统的单向传播媒体相比，社交网络信息碎片化、海量化、速度快、互动性强，适合资讯的流通。此外，在人们传统观念的影响下，社交媒体的强关系互动加强了这些平台资讯的可信度，使社交媒体成为重要资讯通道。

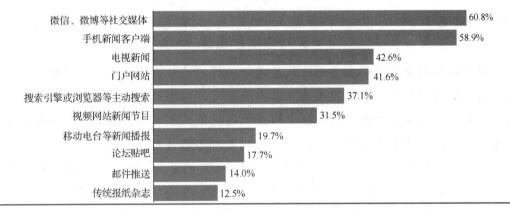

数据来源：中投顾问产业研究中心

图 2-15 │ 新媒体用户获取新闻资讯的方式统计

4．新媒体用户付费习惯逐步养成

《2016—2020 年中国新媒体产业投资分析及前景预测报告》显示，截至报告发布前，33.8%的新媒体用户产生过对新媒体内容付费的行为，还有 15.6%的用户有进行付费的意愿但还没有产生付费的行为，50.6%的新媒体用户不愿意也不打算为新媒体内容付费。新媒体用户付费习惯与意愿统计如图 2-16 所示。

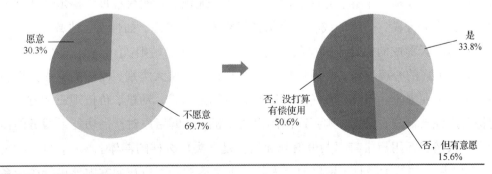

数据来源：中投顾问产业研究中心

图 2-16 │ 新媒体用户付费习惯与意愿统计

由于用户的传统免费观看和阅读习惯，及很多行业的知识产权意识相对薄弱，很多用户对除游戏产品外的互联网产品的付费意愿一直不积极。如今，有近半用户已产生付费行为或打算付费，新媒体用户对付费内容的态度有所改观，其付费习惯也在逐步养成。

2.1.3　我国新媒体用户分析

在互联网大数据时代，得用户者得天下。以庞大的用户数据为依托，进行持续的用户分析，借助其标签化、信息化、可视化的属性，构建一整套完善的用户画像，是企业实现个性化推荐和精准营销的基本前提。

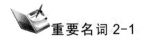

重要名词 2-1

新媒体用户画像

用户画像是企业营销人员通过收集与分析用户的社会属性、生活习惯、消费行为等主要信息的数据之后，完美地抽象出一个用户的商业全貌，它可以看作企业应用大数据技术的基本方式。用户画像为企业提供了足够的信息基础，能够帮助企业快速找到精准用户群体及用户需求等更为广泛的反馈信息。

企业营销人员通过用户调研了解用户，根据他们的需求、行为和观点的差异，将他们区分为不同的类型，然后从每种类型中抽取出典型特征，赋予名字、照片、人口统计学要素、场景等描述，这样就形成了一个用户画像。简单来讲，用户画像就是将用户标签化，以便能够有针对性地为其提供个性化服务。

1. 新媒体用户分析的要素

企业营销人员要进行精准的用户画像分析，需根据不同要素对用户进行多维度划分。用户分析的要素主要包括以下内容。

（1）用户的人口属性。人口属性标签是用户基础的信息要素，通常自成标签，不需要企业过多建模，它构成用户画像的基本框架。人口属性包括人的自然属性和社会属性特征：姓名、性别、年龄、身高、体重、职业、地域、受教育程度、婚姻、血型……自然属性具有先天性，一经形成将一直保持稳定不变的状态，如性别、地域、血型；社会属性则是后天形成的，处于相对稳定的状态，如职业、婚姻。

（2）用户的心理现象。心理现象包括心理和个性两大类别，同样具有先天性和后天性。对于企业来说，研究用户的心理现象，特别是需求、动机、价值观三大方面，可以窥探用户注册账户，使用、购买产品的深层动机；了解用户对产品功能或服务的需求是什么；认清目标用户带有哪些价值观标签，是一类什么样的群体。

（3）用户的行为属性。用户的行为属性主要指的是用户在网站内外进行的一系列操作行为。常见的行为包括搜索、浏览、注册、评论、点赞、收藏、打分、加入购物车、购买、使用优惠券等。在不同的时间里、不同的场景中，这些行为不断发生着变化，它们都属于动态的信息。企业通过捕捉用户的行为数据（浏览次数、是否进行深度评论），可以对用户进行深浅度归类，区分活跃/不活跃用户。

（4）用户的社交属性。社交属性主要是指发生在虚拟的社交软件平台（微博、微信、论坛、社群、贴吧）上面的一系列用户行为，包括基本的访问行为（搜索、注册、登录等）、社交行为（邀请/添加/取关好友、加入群、新建群等）、信息发布行为（添加、发布、删除、留言、分享、收藏等）。

给用户贴上不同的行为标签，可以获取到大量的网络行为数据、网站行为数据、用户内容偏好数据、用户交易数据。这些数据进一步填充了用户信息，与静态的标签一起构成完整的立体用户画像。

2. 新媒体用户分析的方法

企业营销人员除了可以根据自身业务线进行用户分析定位之外，还可以借助以下几种方法进行用户分析。

（1）大数据分析。大数据分析主要是指营销人员利用后台进行用户分析。公众号后台存在大量的相关数据，如用户增长量、增长率、用户属性分析、用户的分享爱好等。用户增长量指的是用户增长的数量，这个数据可以让我们了解到用户的增长情况，据此我们可以调查出，公众号后台为什么存在突然的用户新增，是不是基于某篇文章的阅读量暴增，这样的选题是不是更加适合用户阅读。用户属性分析主要是指性别、语言、省份、城市，通过后台这四类基本用户属性可以分析出用户的消费水平和支付能力，进而分析适合用户的选题角度。

（2）小样本分析。小样本分析主要强调的是语言环境特征，如通过消息管理、留言管理、个人微信、微信群、QQ 群等渠道进行采样分析。通过小样本分析，可以清晰了解某一用户的具体标签。如在后台的消息管理选项中，可以了解用户经常会问什么样的问题，需要满足用户的哪些需求；留言管理则更多的是了解用户对这一篇文章（即服务）的认可、争议、讨论等；营销人员通过个人微信可以尝试小范围与人聊天；还可以利用微信群、QQ 群等。

（3）抽样调查分析。抽样调查分析的前提是不刻意进行这项工作，如可以在某一篇文章中设置投票，越来越多的平台会在其预售前采用此种方式测试用户对该商品的兴趣点；另外还有调查问卷，企业可以随机发送调查问卷，了解用户对公众号的需求和看法；此外还有线上线下活动等。

（4）综合分析。综合分析是指在新媒体用户分析中，综合运用以上三种方法进行用户分析，从而得出更为精准的结论。

课堂测评

测评要素	表现要求	已达要求	未达要求
知识点	能掌握网络用户的发展现状与趋势		
技能点	能初步分析新媒体用户的主要表现		
任务内容整体认识程度	能概述新媒体用户分析与营销活动的关系		
与职业实践相关联的程度	能描述新媒体用户分析的实际意义		
其他	能描述本课程与其他课程、职业活动等的联系		

2.2 新媒体内容策划

进行新媒体营销，内容是重中之重。如何让新媒体内容更加吸引用户，是每个新媒体营销人员都在思考的问题。

2.2.1 新媒体内容解读

在分析用户的基础上，新媒体营销人员首先应该考虑哪些方面的内容更能够吸引用户。这也是新媒体营销活动的基本逻辑，即在用户分析的基础上进行用户定位，再提供优质的内容吸引用户、带动传播，进而形成内容营销与运营。

1. 新媒体内容

完成新媒体用户分析工作后，营销人员即开始策划内容，而内容的核心首先应该围绕满足用户的好奇心、自我表达、身份认同及自我社交分享的需要进行。核心内容即与用户强关联、与"我"高度相关的内容。内容是流量转化的强有力武器，可以让用户走近企业，了解企业，认识企业，最终转化为企业的忠实粉丝。

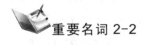

重要名词 2-2

新媒体内容

新媒体内容是指企业营销人员利用新媒体渠道，向用户传递与企业有关的文字、图片、音频或视频等数字信息。

内容是一切用户行为的入口，同时也是获取用户信任的第一步，在社交化的今天，每个个体都是一个媒体，一个传播源，无论是阅读量达到 10W+ 还是 100W+ 的文章，都是由多个媒体进行传播累积的成果。优质的内容不仅能快速形成强黏性的流量池，还可以打造企业品牌或个人 IP，成为品牌和 IP 进行快速裂变强有力的工具。

2. 新媒体内容营销

内容营销并不是什么新鲜事物，我们肯定在很多地方听过"广告即内容，内容即广告"之类的话。在企业经营活动中，从博客文章和信息图表，再到头条视频与品牌直播，许许多多的企业都在利用越来越多的内容和讲故事的形式传播其品牌或产品的信息。那么，什么是内容营销呢？

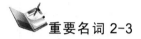 **重要名词 2-3**

新媒体内容营销

新媒体内容营销是指企业营销人员利用新媒体渠道，以文字、图片、音频或视频等形式将与企业有关的信息友好地呈现在用户面前，并激发用户参与、分享、传播的完整活动过程。

显然，理解内容营销活动，可以对比传统经典营销模式。我们可以将传统营销称之为"目的式营销"，即目的在于将用户已有的需求转化为实际购买行为。而内容营销正好相反，一开始用户并没有购买欲望，通过接触内容而产生了购买冲动，最终形成了实际的购买行为，最典型的就是网红经济。由于用户的购买冲动是受内容刺激的，这就决定了用户更加感性，对价格和商品参数的敏感度更低。

我们还可以从以下几个方面进一步理解内容营销的含义。

（1）内容营销提供解决方案，解决实际问题。不同于传统营销的做法，内容营销会先提供解决方案，帮助用户解决实际问题，培养用户信任。当用户信任值达到一定水平时，用户会自发地要求从企业购买产品。

（2）内容营销通过构建场景，传递产品独特价值。传统购物场景中，存在着大量同质化产品供用户挑选，此时，价格高低，有无促销，在用户的购买决策中起到很大作用。而在新媒体迅速发展的环境下，出现了新型购物场景：用户悠闲地刷着朋友圈，突然被一个新颖的标题吸引，打开文章后，发现文章制作精良、图文并茂、内容翔实，顿时好感大增。在新的购物场景中，内容营销即通过有趣的标题，更好地吸引用户的注意力，继而通过场景搭建，强化用户对产品价值的关注，弱化用户对价格的关注，促使其产生感性消费。

（3）内容营销依赖企业自媒体而非传统媒体。在传统媒体时代，内容制造及传播渠道被少数主流媒体把控，企业营销推广不得不依赖主流媒体。而在新媒体时代，信息网状交互传播，人人都可生产内容，自成媒体。对于企业来说，不是开通几个公众号，每天发布几条与企业或产品相关的资讯，就算完成搭建品牌自媒体的工作了。在运营过程中，要持续稳定地生产满足用户需求的内容，吸引用户，并构建一套切实可行的有别于传统销售的营利模式。

（4）内容营销用户分享决策过程。在传统营销模式下，用户通常在完整的产品或服务体验后，还需要具备一定的文字功底，才能有效分享以产品体验为主的内容。而在内容营销模式下，只要内容引起了用户兴趣，即使最终没有购买产品，用户也会很乐意分享产品的相关内容。分享的可能是一句话，也可能是一张图片。

重要信息 2-1

新媒体内容营销的意义

（1）用户越来越排斥硬广告。相比而言，内容营销代表的更多的是能让用户参与、消费并分享品牌信息的口碑营销。

（2）内容营销的性价比高。高质量的内容和高质量的用户会惺惺相惜，并能形成裂变传播，用户会主动传播企业的优质内容，直接影响更多的身边用户的购买决策。足够好的内容营销能够为广告预算不够的企业，通过自媒体平台免费分享体现企业价值的内容。

（3）让用户有参与感。内容营销可以说是万能的工具，它能够帮助品牌主建立用户的品牌认知度、品牌忠诚度，促成销售，提高用户参与度等，完全适用于各个领域。好的内容不管通过哪个渠道都会被大家挖掘出来，而用户参与度则是关键所在。事实上，内容营销在无形中就已经和目标用户建立了一种非常强烈且长期的微妙关系，而真正的好内容也将会在无形中提升品牌价值。

（4）内容营销可衡量且行之有效。在即使不推送产品信息的前提下，你的内容也能够帮助用户，你将因此而与用户建立信任感，将用户发展成忠实粉丝，从而达到口碑营销的效果。各个平台也都会有自己的一套能够衡量效果的指标。

2.2.2 新媒体内容制作

随着互联网的不断发展，网络营销工作从传统的网站运营不断地进行细分和扩展，衍生出新媒体营销、社群营销等互联网营销新模式，内容营销的作用变得愈加重要。在这个内容为王的时代，做出符合用户需求的优质内容的企业，就有可能获得更大程度的发展。

1. 新媒体内容策划

企业营销人员要想做好新媒体内容策划，必须围绕新媒体内容策划的目的进行，持续提供具有用户价值、符合用户预期的优质内容。新媒体内容策划一般要做好以下几个方面的工作。

（1）内容定位：企业要发布什么内容？这里需要企业营销人员考虑两个问题：第一，企业要为哪一个细分人群服务？第二，企业能解决哪一个细分需求？在考虑定位问题的基础上再分析这是用户的具体需求，还是模糊需求；是真实需求，还是伪需求；是垂直某一小众领域，还是全方位覆盖等。通常情况下，做好小众单一领域，对用户的认知也有帮助，用户会在自己有需求时第一时间想到企业。

（2）内容产量：企业发布多少条内容信息？内容的产量是指企业团队发文的数量和

质量，不要一味地追求每日更新数量，质量上乘才是关键。发挥企业营销团队中每个成员的优势，把质量做到极致，才能吸引用户。

（3）内容形式：企业怎么发布内容？企业新媒体发文的形式多种多样，有文字、视频、音频、图片等形式。但是，营销人员应该注意，不要盲目跟风，要根据团队的优势和新媒体的特点来做，如果团队中没有能够持续产出短视频的人员，且在视频领域做得还不够好，一般不建议盲目转型去做短视频；如果不能持续产出音频，也不建议盲目去做音频。若企业新媒体平台以前一直发布文字内容，现在突然发布短视频内容，用户可能会不适应这种突然的改变，这将会给企业的营销活动带来不必要的麻烦。企业应该循序渐进，做好准备再转型。

（4）内容来源：内容由谁来提供？新媒体一般的内容来源有企业营销人员原创、采访素材、整合资料、用户投稿、转载内容等。

（5）内容调性：追求人格化。新媒体内容一般会创设一个用户喜欢的人格化角色，并一直沿用下去，在语言特点、内容风格和价值取向方面突出自己个性化的标签，尽量避免与同类型账号雷同。

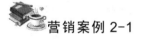
营销案例 2-1

OPPO 手机的内容营销

2018 年 1 月 21 日，以"内容创业进化论"为主题的 2018 新榜大会在北京举行，OPPO 成功摘得年度内容营销案例奖。

2017 年 6 月，OPPO R11 发布会后不久，OPPO 官方宣布与法国奢华美妆品牌娇兰跨界合作，独家推出了 OPPO X GUERLAIN 热力红限量礼盒，内含一部热力红 OPPO R11 及与热力红同色的娇兰 325 KISSKISS 唇膏，并在唇膏管身镌刻"Call Me OPPO"一行字，浪漫又俏皮。

一个是智能手机行业中具有时尚年轻气息的品牌，另一个是创立于 1828 年，至今已经有近 200 年传奇历史的法国奢华美妆品牌，双方的合作产生了奇妙的化学反应。一方面，OPPO 年轻时尚的标签得以进一步强化；另一方面，作为在全球拥有 2 亿多用户的 OPPO，在年轻用户中的号召力也帮助娇兰开拓了更广阔的市场。不仅如此，演艺人员杨洋作为双方品牌的代言人，更是为两家品牌的"联姻"进行了助力。一时间，热力红限量礼盒成为年轻用户热力追捧的不二之选。

评析： 从内容定位看，两个品牌的主打用户是年轻时尚一族；从品牌调性看，两个品牌年轻时尚的标签得以进一步强化。

2. 新媒体内容创作

企业营销人员在进行新媒体内容创作时，一般要关注内容的三个标准：专业性、趣味性、新闻性。针对不同的用户群体，三个标准应有不同的侧重。对于特定领域与行业，更倾向于专业性，专业度高的内容更受欢迎，用户黏性更高；趣味性可以作为内容的切入口，在开放性的大众平台，用户一般不需要特别精准的内容，营销人员可以将"趣味性"作为传播的基本点，如优酷视频、快手等平台；而新闻性在某些平台表现得越来越强，如微博更像是"大V"的新闻发布平台，是很多重磅新闻的发酵池。

新媒体内容创作一般包括以下工作。

（1）内容的构思与整合。新媒体内容创作中，营销人员应该将不同的产品联系起来，巧妙嵌入到一篇文章中。这样才会更加有深度和说服力，才能引导用户的发散思维，用户才会感到更有价值。这样的内容能够紧扣文章的传播点，体现出对用户的价值，并且能够与用户形成心理共鸣。

（2）内容的持续创作。在新媒体内容创作中，营销人员除了结合运营时间安排，不间断地创作内容外，还可以引导用户创造内容。用户也有自我表现和获得社会认同的需求，很多人创作内容并不完全是为了利益。有一个小故事：一群孩子在一位老人家窗前大声嬉闹，老人难以忍受，他走出家门，给每个孩子2元钱，说："你们让这儿变得热闹了，这钱是对你们表示谢意。"孩子们很高兴。第二天又来嬉闹，老人给了每个孩子1元钱，孩子们不高兴地走了。第三天，孩子们依旧来到老人窗前嬉闹，老人只给了每个孩子1角钱。孩子们勃然大怒："1角钱，就想让我们费力做这么多？"于是，这群孩子走了，就再也没来。老人用奖励把孩子们原本的内部动机"为自己快乐而玩"变成了外部动机"为得到钱而玩"，所以当奖励越来越少时，孩子们便失去了玩的动力。对于新媒体的用户也是如此，营销人员要区别对待，应采取不同的鼓励方式，培养和放大用户的内部动机。

（3）内容渠道的分发和持续传播。内容的扩散速度很多时候取决于扩散的渠道，渠道的广度和权威性直接影响内容的传播效率，所以营销人员要找到合适的内容分发渠道，建立自己在这些平台的话语权。如企业可以创建自己的博客、头条号、百家号等，增加自己内容分发的渠道。另外，权威媒体很重要，做新媒体营销的企业人员会选择一些权威性的渠道去传播内容，或支付一些费用得到在特定媒体发表内容的机会。在进行内容传播的同时，营销人员还要通过互动、制造讨论点等手段来提升内容的生命力，这样就能进一步持续地进行内容的传播。

（4）打造自己的风格与品牌形象。现在的很多人都关注过大大小小各种类型的新媒体账号，但随着互联网的信息量逐渐泛滥，模仿成风，在很多同类型的领域，新媒体发布的内容都极其相似，对于营销人员来说，后台数据的下滑和用户量的减少都与此相关。所以，新媒体内容创作必须具有自己的风格，也就是作者的用词、观点、行文套路要有自己的独特性。要想形成自己的风格，让人不易模仿，背后需要扎实的写作基础做支撑，包括基础写作的方法、如何搜集资料、如何练习叙事方法、如何掌握行文逻辑、如何锤炼语言等。只有这样，才能够形成自己的风格和品牌形象。

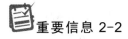
重要信息 2-2

新媒体内容创作技巧

（1）原创第一：支持原创、保护原创，是所有平台的一致原则，保持原创不仅能给用户带来新思维、新观点，也会获得平台更多的推荐曝光率。

（2）内容选择：适合自己的终究是最好的，内容创作的选题，需要结合业务本身与企业远景。

（3）打磨标题：一篇好的文章，其标题的作用占到了 80%，标题的关键词需要切合不同用户的关注点，吸引用户的眼球。

（4）用心配图：要求图如标题。一篇文章的主图极为重要，主图与标题的高度匹配，能增加文章的可信度，从而促进点击率的上升。

（5）巧选类别：在文章推荐类别的选择上，选择内容相近的热门分类，如社会类、新闻类、娱乐类、历史类、旅游类等，可以借用话题热度，带动文章的阅读量。

（6）主抓时效：选择合适的时间发布内容，能获得更多的推荐量，文章发布后的 2～3 小时是营销人员发动身边人脉资源进行阅读、转发、评论的黄金时间段。

（7）坚持积累：持之以恒是做内容创作的基础条件。在新媒体时代，信息的传播渠道发生了巨大变化，用户获得信息的方式发生了转变，内容的质量变得越来越重要。

2.2.3 新媒体内容趋势

新媒体传播中的优质内容，其价值观是积极向上的，其表现形式可以是炫酷的故事。与传统媒体相比，新媒体内容生产更易于个体的情绪与观点表达，但真正能打动人心、引发最大共鸣的内容，还是能够帮助现代人把握复杂现实、聚焦内心感动、充满生活动力的内容。QuestMobile 发布的《2018 新媒体洞察：后流量时代内容生态洗牌大幕拉开》报告显示，随着资讯聚合平台成型，依托平台的垂直类内容运营也在崛起，这又反过来强化了资讯聚合平台的生态聚合效应，内容生态进入"后流量时代"。

1. 资讯聚合类媒体强势发展

QuestMobile 数据显示，进入 2018 年，用户对资讯聚合类媒体的使用习惯已形成。此外，以今日头条为代表的资讯聚合类媒体聚焦兴趣社群，内容分级或垂直化仍是聚焦精准用户的主要方式。垂直资讯类 App——懂车帝为今日头条孵化的垂直内容品类，延续了今日头条的社交及短视频功能，半年内用户规模突破千万。

2. 超级 App 向信息流拓展，增加用户使用场景，拓展用户使用边界

以百度 App 为代表的超级 App 向信息流平台和工具属性拓展，在自身流量基础上，进一步拓展用户使用场景。QuestMobile 数据显示，截至 2018 年 12 月，百度 App 用户较 2017 年年底人均单日使用时长增加 9.5 分钟。以 UC 浏览器为代表的超级 App 向资讯聚合信息流、视频和小视频流量扩展。QuestMobile 数据显示，2018 年 9 月，UC 信息用户的生态总量达到 3.9 亿人。

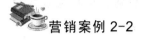营销案例 2-2

江小白的内容营销

江小白的营销创意无所不在，江小白在 2018 年的内容营销中又进行了"神操作"。

（1）文案。江小白的文案不仅犀利而且非常有情怀，如在母亲节发布的海报文案是"长大后常以嘴馋的名义表达你羞于说出的爱"，这些都是用户可以用来表达情感的话。

（2）固定话题。江小白在微博拥有"劝止酒驾"固定话题系列、"简单生活"系列、"我有一瓶酒，有话对你说"系列、话题互动系列等，固定话题的重复性可以培养用户的互动习惯，重复话题能让用户记住品牌所要传播的理念。

（3）青年文化节。江小白在 2018 年举办了属于自己的"YOLO 青年文化节"，青年节上几个小时的现场视听体验表达了年轻人的生活态度，也培养了年轻人的品牌偏好。

（4）蹭热点。江小白在 2018 年更加注重从品牌和产品两方面来表达自己的生活态度，用多样化的营销热点来表达自我。例如，在《后来的我们》上映期间，就打造了"美好的爱情大都相似，不幸的爱情成了故事"这个瓶身文案。

评析：江小白正在一步一步地将年轻人的生活方式和情绪与品牌挂钩，好的产品也很需要优质的内容为它服务。

3. 内容类媒体多元化发展

（1）传统内容媒体拓展多元化内容形式，实现资讯升级。以内容为核心的媒体平台保持已有用户的使用黏性，在用户增长方面仍有较大空间。

（2）资讯形式升级让使用场景更碎片化，目标用户群体更细分。QuestMobile 数据显示，在新闻资讯独立 App 内"看视频"的用户相较于"不看视频"的用户的月人均单日使用时长和使用次数明显增加，观看视频的用户 App 使用黏性提升的趋势比较显著。短视频或新闻资讯/社交媒体内的短视频模块已成为用户获取资讯新的方式，成为新的媒体形式。与专业生产内容（Professional Generated Content，PGC）为主的西瓜视频相比，以用户生产内容（User Generated Content，UGC）为主的抖音短视频用户使用行为向更为碎片化的方向发展。以 UGC 为主的抖音短视频用户更偏都市年轻群体，社交属性更明显，以 PGC 为主的西瓜视频用户特征更趋向使用移动网络。

（3）自媒体依托用户经济实现多元发展。例如，以秋叶大叔为代表的自媒体在垂直领域实现多元营利模式。以资讯/内容分享为起点，通过用户经济形态实现变现，变现较好的内容类媒体充分发挥和扩大了内容对用户的强黏性，除内容本身外，还能获得渠道、品牌等带来的收益。

课堂测评

测评要素	表现要求	已达要求	未达要求
知识点	能掌握新媒体内容的概念及其他术语的含义		
技能点	能初步认识新媒体内容创作活动		
任务内容整体认识程度	能概述新媒体内容营销与市场营销的关系		
与职业实践相关联的程度	能描述新媒体内容的主要表现		
其他	能描述本课程与其他课程、职业活动等的联系		

 # 2.3　新媒体数据分析

做新媒体营销，数据分析至关重要。对于企业来说，每天坚持分析新媒体数据，是为了更好地了解营销与运营的质量、预测运营的方向、控制营销的成本以及评估营销方案，而这 4 个方面也恰恰是新媒体数据分析的意义所在。新媒体数据分析也是一名合格的新媒体营销人员必备的技能。

2.3.1　新媒体数据分析的意义

优质的内容是新媒体营销的核心，而数据分析可以帮助营销人员解决很多问题，如确定方向、降低成本、节约开支等。新媒体营销人员在进行新媒体内容营销与运营的时候会遇到许多痛点，如应该如何策划内容等。许多人认为内容的策划是凭空想出来的，其实不然。经验和灵感固然重要，但并不是所有的营销与运营都是在具备丰富的经验和灵感的基础上进行的，新媒体运营想要快速发展，必须通过数据化运营的方式，让数据分析驱动内容运营。

1. 通过数据分析，了解营销与运营的质量

新媒体营销与运营人员的日常工作包括网站内容更新、微信公众号推广、微博发布、今日头条推送、朋友圈推送、视频推广、直播分享、用户维护、社群运营、微店运营、线上线下活动策划与组织等。这些工作是否有价值、是否能够有效实现营销目标，需要通过数据来了解与判断。对于新媒体运营质量数据，不同的平台关注点不同，目前大部分企业都关注的运营数据包括网站流量数据、微信公众号用户数据、微博阅读数据、今

日头条内容数据、活动转发与评论数据等。

2．通过数据分析，预测营销与运营的方向

现阶段百度、腾讯等很多互联网企业都已开放大量数据，营销人员可以直接登录相关网站查看数据。分析网民数据，有助于判断新媒体内容、活动、推广是否要和网络热点结合。常见的行业相关数据分析平台包括百度指数、新浪微指数、微信指数、头条指数等。

3．通过数据分析，控制营销与运营的成本

企业进行新媒体营销，一方面需要关注销售额的增长及品牌价值的提升，另一方面也需要时刻关注运营成本，尤其是广告成本。目前，国内网民数量庞大，如果企业的新媒体广告投放没有精准的方向，极有可能投入了巨额广告费用却收益甚微。因此，新媒体团队需要分析用户的分布城市、购买或阅读时间、常用 App、惯用机型等数据，每次广告投放前要综合近期的投放情况进行调整与优化，以控制成本。

4．通过数据分析，评估营销方案

营销方案只是新媒体团队根据以往经验而制定的工作规划，但方案在施行一段时间后，新媒体团队需要根据数据对方案进行评估，一方面，分析最终的完成数据，可以反推方案中目标的可行性；另一方面，分析过程数据，可以及时发现方案在执行过程中的问题，作为下次制定营销方案的参考。评估营销方案常用到的数据包括目标达成率、最终销售额、过程异常数据、失误率等。

▌2.3.2 新媒体数据的挖掘

从整体营销目的来看，企业新媒体营销可以分为两大类，包括提升销量和宣传品牌。首先，为了达到提升销量的营销目的，新媒体团队需要通过互联网渠道对企业产品进行推广，引导用户在线下单，或者引导用户在线预约并在线下消费，从而提升企业的销售业绩。其次，为了达到宣传品牌的营销目的，新媒体团队需要借助用户的传播力量，让更多人通过互联网接触企业信息、了解企业品牌、对企业产品进行好评。其中，宣传品牌的营销目的又可以继续细分，包括提升品牌美誉度、提升品牌知名度和提升品牌忠诚度。因此，新媒体营销的目的可以细分为 4 个类别，包括提升销量、提升品牌美誉度、提升品牌知名度、提升品牌忠诚度。不同的营销目的需要挖掘与分析的数据不同，因此需要根据不同的营销目的进行不同的营销数据组合设计，便于后续的数据分析与总结。

1．销量数据挖掘

企业新媒体销售数据通常来源于不同的销售平台，包括淘宝店、天猫店、京东店、亚马逊、微店、独立网站等。因此，为了借助数据分析评估销售计划或分析销售结果，必须围绕用户购买或消费的行为进行逐层分析，需要分析的数据包括页面浏览量、用户访问时长、用户浏览页面数、店铺/网站转化率等。

2. 品牌美誉度数据挖掘

企业品牌在互联网的美誉度，指的是用户对企业进行友好的评价，好评越多或评价内容质量越高，则美誉度越高。因此，为了利用数据分析企业美誉度的提升效果，需要围绕口碑来展开，应该分析的数据包括百度口碑、大众点评星级、网店评价等。由于一部分美誉度数据无法直接统计，如大众点评中的"很给力""有点不好用""我不太喜欢吃"等文字描述，需要运营者进行人工定性分析，以确保数据的准确性。

3. 品牌知名度数据挖掘

在网上，企业品牌的知名度与名气相关，知晓品牌的网民越多，关注企业公众号的人越多，阅读企业文章的人越多，则企业知名度越高。因此，在借助数据分析评估企业知名度提升效果时，需要进行挖掘与分析的数据包括微博用户数、微信用户数、今日头条用户数、喜马拉雅订阅数等。

4. 品牌忠诚度数据挖掘

每一个网民都会关注大量的微信公众号或微博账号，但未必会对每一个账号都忠诚，因此，用户数或订阅数只能作为品牌知名度的考量因素，而用户对品牌做出的响应，才能真正体现其对企业品牌的忠诚度。为了评估用户对品牌的忠诚度，可以统计并分析的数据包括二次购买的用户数、主动转发的用户数、老客户访问比例、主动打赏的用户数、留言频次高的用户数等。

重要信息 2-3

自媒体运营数据分析八大工具

（1）清博指数。清博指数是新媒体大数据的重要平台，是运营新媒体的利器，现已开通账号分钟级监测服务，支持用户自主监测新媒体数据、定制各类榜单，并提供数据 API 等各类增值服务。

（2）新榜。新榜构建了微信公众号系列榜单和覆盖全面的样本库，与微博、今日头条、企鹅媒体平台等超过 20 个主流内容平台签约进行独家或优先数据合作，进而形成移动端全平台内容价值标准体系。

（3）数说风云。数说风云是社交媒体和数字营销内容与招聘平台，分享营销动态、创意案例、营销趋势和实践经验，为品牌主、营销代理商和媒体平台从业者提供交流和学习的平台。

（4）易赞。易赞是一个搭建了自媒体与广告主对接功能的社会化媒体营销平台。目前平台提供公众号用户画像查询及新媒体观象台大数据的功能，用户可以通过易赞官方网站及公众号"易赞"进行数据查询及分析。

（5）微风云。微风云（原微博风云）是一家基于社交媒体平台做数据统计、监测、分析、挖掘的网站，提供微博和微信账号的影响力与价值排名服务，分析用户创造或传播的内容的质量，以及收听情况和听众情况，使微博、微信运营人员更加了解自己的社交媒体账号。

（6）西瓜数据。西瓜数据官方网站向用户提供大数据查询及分析功能。西瓜数据是专业的新媒体数据服务提供商，系统收录并监测超过 300 万个公众号，每日更新 500 万篇微信文章的数据。

（7）微信热榜。微信热榜是指根据微信公众账号推送的文章在微信里的阅读数和点赞数对文章和账号做的排行榜。

（8）微指数。微指数通过关键词的热议度，以及行业/类别的平均影响力，来反映微博舆情或账号的发展走势。用户还可以通过微指数平台查看热议人群及各类账号的地域分布情况。影响力指数包括政务指数、媒体指数、网站指数、名人指数四个部分。

2.3.3　新媒体数据分析工具

在进行新媒体数据分析时，选择适当的工具，可以有效提升新媒体营销与运营数据分析的效率。常用的数据分析工具共 4 类，包括网站数据分析工具、自媒体数据分析工具、第三方数据分析工具及本地 Excel 工具。

1. 网站数据分析工具

网站数据分析工具包括百度统计、CNZZ 统计、Google Analytics、站长工具、爱站网等，主要为网站运营者提供数据支持。网站站长可以在第三方站长工具平台注册账户，然后申请统计代码，获取统计代码后，将统计代码粘贴至网站对应的位置，随后即可在第三方站长工具平台查看与分析数据。

2. 自媒体数据分析工具

自媒体数据分析工具是使用难度最低的一种数据分析工具，运营者无须掌握分析函数或统计代码，所有数据一键生成。无论微博、微信还是今日头条等平台，都具有完整的统计功能。利用后台自带的自媒体数据分析工具，新媒体运营者可以直观地看到用户增长、后台互动等数据。

3. 第三方数据分析工具

第三方数据分析工具指的是非官方平台自带的、需要官方平台授权后才可以使用的数据分析工具。第三方数据分析工具与自媒体数据分析工具的主要区别在于是否需要注册与授权，一旦授权完毕，其后续操作与自媒体数据分析工具类似，直接通过网站即可查看。虽然微博、微信等自媒体平台已经具有统计功能，但是对于精细化数据，如单条微博转发效果、微博用户管理、微信公众号用户跟踪等，依然需要借助第三方数据分析工具。常见的第三方数据分析工具包括新榜数据、西瓜助手、孔明社会化媒体管理平台、考拉新媒体助手等。

4. 本地 Excel 工具

对于有一定办公软件操作基础的新媒体运管者，可以借助 Excel 进行数据分析，分析的数据主要来自两大渠道，第一是人工统计，第二是后台导出。

（1）利用 Excel 工具处理人工统计数据。人工统计的数据包括文章/发帖数量、后台评论类别、同行口碑分析、行业标杆拆解等。由于自媒体分析工具及第三方数据分析工具都不具备这类数据的抓取统计功能，因此需要新媒体运营者手动统计，然后利用 Excel 进行数据的分类汇总与分析。

（2）利用 Excel 工具处理后台导出数据。处理后台导出数据的主要应用条件是当自媒体分析工具及第三方分析工具无法满足个性化数据分析时，例如在微博、微信公众号、今日头条等后台，营销人员均可将 Excel 数据导出至本地计算机。

课堂测评

测评要素	表现要求	已达要求	未达要求
重点知识	能掌握新媒体用户分析的要求		
重点技能	能初步认识新媒体内容创作的实践意义		
任务整体认识程度	能概述新媒体营销准备活动与整个营销的关系		
与实践相关联的程度	能描述新媒体数据分析的意义		
其他	能描述本课程与其他课程、职业活动等的联系		

任务 2　小结

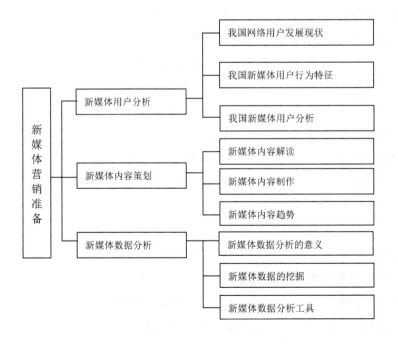

核心提示

教学做一体化训练

重要名词

新媒体用户画像　新媒体内容策划　新媒体数据分析

课后自测

一、单项选择题

1. 截至 2020 年 3 月，我国网民为 9.04 亿人，互联网普及率达（　　）。

　　A. 59.6%　　　　B. 56.9%　　　　C. 60%　　　　D. 64.5%

2. 新媒体用户分析就是（　　）。

　　A. 人口属性分析　　　　　　　　B. 地域属性分析

　　C. 性别属性分析　　　　　　　　D. 将用户标签化

3. （　　）标签是用户基础的信息要素，通常自成标签。

　　A. 人口属性　　B. 心理属性　　C. 社交属性　　D. 地理属性

4. （　　）是一切用户行为的入口，同时也是获取用户信任的第一步。

　　A. 价值　　　　B. 内容　　　　C. 系统　　　　D. 定位

5. 新媒体内容的扩散速度很多时候取决于扩散的（　　）。

　　A. 网站　　　　B. 广告　　　　C. 促销　　　　D. 渠道

二、多项选择题

1. 调查显示，商业新闻媒体发展呈现出以下特点：（　　）。

　　A. 加强优质内容争夺　　　　　　B. 重塑内容分发机制

　　C. 发展多元内容载体　　　　　　D. 信息需求增加

2. 2018 年我国国内网络支付市场发展呈现以下特点：（　　）。

　　A. 行业竞争依旧激烈　　　　　　B. 支付场景不断延伸

　　C. 支付方式更为多元　　　　　　D. 第一媒体发展迅速

3. 给用户打上不同的行为标签，可以获取到大量的（　　）。

　　A. 网络行为数据　　　　　　　　B. 网站行为数据

　　C. 用户内容偏好数据　　　　　　D. 用户交易数据

4. 在借助数据分析评估企业知名度提升效果时，需要进行挖掘与分析的数据包括（　　）。

　　A. 微博用户数　　　　　　　　　B. 微信用户数

　　C. 今日头条用户数　　　　　　　D. 喜马拉雅订阅数

5. 常用的数据分析工具共 4 类，包括（　　）。

　　A. 网站数据分析工具　　　　　　B. 自媒体数据分析工具

　　C. 第三方数据分析工具　　　　　D. 本地 Excel 工具

三、判断题

1. 新媒体用户分析就是用户画像。（　　　）

2. 新媒体内容就是指新媒体文案文字部分。（　　　）

3. 新媒体内容营销活动就是新媒体推广宣传。（　　　）

4. 新媒体数据分析可以帮助营销人员解决许多问题。（　　　）

5. 第三方数据分析工具与自媒体数据分析工具的主要区别在于是否需要注册与授权。（　　　）

四、简答题

1. 什么是新媒体内容？

2. 传统媒体文章与新媒体内容的主要区别有哪些？

3. 什么是新媒体内容营销？

4. 新媒体用户属性包括哪些内容？

5. 新媒体数据分析的意义是什么？

五、案例分析题

江小白作为"不务正业"的白酒，刹那间成为很多年轻人聚会的必备品，内容营销策略促成了江小白的成功。

（一）精准的客户定位

任何商业活动都有定位问题，就是你的服务群体是什么？江小白在2012年创建品牌，在2015年之前，这个品牌并未获得广泛认可。但是，在2015年左右，借助于互联网经济的发展契机，江小白在短短半年时间完成了逆袭。其产品定位尤为重要。江小白企业对外宣称他们是生产"情绪饮料"的，在官网上，赫然写着这么一段简介：

江小白提倡直面青春的情绪，不回避、不惧怕。与其让情绪煎熬压抑，不如任其释放。

这个宣言直接决定了江小白的市场定位，就是年轻群体。而江小白对自己产品的界定并没有仅仅局限在白酒，而是将其称为"情绪饮料"，并且提出了自己的宣言，这种对年轻客户群体心理的把握可谓煞费苦心但切中要害。

江小白精准定位了客户群体，同时，它也对这个客户群体的生存状态、经济收入、生活感悟等有一定的研究，并针对这些提出了自己的品牌文化理念，这是它能够逆袭成功的重要因素。

（二）成功的内容营销

"你带我走遍你的城市，吃家乡味道的菜，喝最地道的酒"

"我想见你，无论你远在何方，明天就要牵到你的手"

"像是喝了一杯酒，这一次我为你勇敢"

"你若走不动了，我带上你的想念去看看"

"无畏的逐梦人孤独出发，路途中有你有酒不孤单"

"每当我想起你——家，就有万千思绪"

江小白作为一个新兴的实体经济，对碎片化话语进行了系统整理，成功实现了文化内容营销。如果说准确的客户定位为其成功逆袭创造了消费群体，那么文化内容营销则是江小白打赢这场逆袭战的"盔甲"。

（三）媒体宣传造势

现代商业的发展如果脱离媒体死守"酒香不怕巷子深"的套路无疑是死路一条。江小白在确定了自己的消费群体后，投资了《好先生》《火锅英雄》《致青春》《小别离》等影视剧。当那个已经被包装得很有质感的磨砂酒瓶，出现在这些年轻群体喜欢的影视剧当中时，为了寻找一种心理认同感，观影者会去尝试，只要口味不是太差，加上影视剧的麻醉作用，评价自然就比实际高出很多。这直接造成了江小白的销量仅次于五粮液，位居白酒类第二。

阅读以上材料，回答下面的问题。

1. 江小白企业的用户定位是怎样的？

2. 案例中，用户定位与内容营销之间的关系是怎样的？

同步实训

实训名称：新媒体内容初步认知

实训目的：认识新媒体内容及内容营销活动，理解其实际意义。

实训安排：

1. 学生分组，网上搜集一些著名企业、旅游城市、风景名胜区开展新媒体内容营销活动的案例，并讨论分析，总结概括出这些企业吸引人们消费的具体措施。

2. 学生分组，收集身边的一些企业关于开展新媒体内容营销的具体措施，选取一个企业作为案例，分析讨论并概括其营销效果。

3. 分组将讨论成果做成 PPT 进行展示，并组织全班讨论与评析。

实训总结：学生小组交流不同企业、行业的分析结果，教师根据讨论成果、PPT 演示、讨论分享中的表现分别给每组进行评价打分。

学生自我学习总结

通过完成**任务 2 新媒体营销准备**，我能够做如下总结。

一、主要知识

概括本任务的主要知识点：

1.

2.

二、主要技能

概括本任务的主要技能：

1.

2.

三、主要原理

你认为，新媒体内容与营销的关系是：

1.

2.

四、相关知识与技能

你在完成本任务中用到的知识与技能：

1. 新媒体用户的特征有：

2. 新媒体内容创作的工作有：

3. 新媒体数据分析的工具是：

五、成果检验

你完成本任务的成果：

1. 完成本任务的意义有：

2. 学到的知识或技能有：

3. 自悟的知识或技能有：

4. 你对新媒体营销准备的初步看法是：

任务 3
微博营销

学习目标

1. 知识目标

能认知微博的含义

能认知微博营销的特点

能认识微博营销策略

2. 能力要求

能分析微博营销的运作原理

能策划微博营销方案

能够评价微博营销策略

营销密语

新媒体营销是指利用新媒体平台进行营销的方式。在带来巨大革新的Web2.0时代，营销方式也发生了变革，主要有沟通性（communication）、差异性（variation）、创造性（creativity）、关联性（relation）、体验性（experience）等特点，互联网已经进入新媒体传播时代。网络杂志、博客、微博、微信、社交网络服务（Social Networking Services，SNS）、简易信息聚合（Really Simple Syndication，RSS）等新媒体形式，借助新媒体中的用户进行广泛且深入的信息发布，达到让他们参与具体营销活动中的目的，如利用博客所完成的话题讨论。总体来说，新媒体营销是在特定产品的概念诉求的基础上，对用户进行心理引导的营销推广方式。

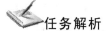

任务解析

根据网络营销职业学习活动顺序，这一学习任务可以分解为以下子任务。

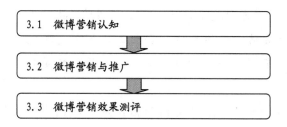

课前阅读

　　一个普通的橙子，因为被冠以"褚橙"的名字，却意外引爆网络，成了"励志橙"，在 11 月的电商大战中激发了网民购买褚橙的情绪，这既令人惊讶，却也并非偶然。这背后，一个小食品电商"本来生活"功不可没。这家企业办公室里的一块白板上写着大字："1000 单是我们干的"，周围布满员工的签名。

　　2012 年 10 月 23 日，本来生活的运营总监带了几个记者到哀牢山拜访褚时健，目睹本来生活与褚橙的签约后，这些媒体人的精心运作开始了。10 月 27 日第一篇报道出炉：《褚橙进京》，写了 85 岁褚时健汗衫上的泥点、嫁接电商、新农业模式。该媒体官方微博发了文章后，文章被转发 7000 多次。转发的人包括王石："衡量一个人成功的标志，不是看他登到顶峰的高度，而是看他跌到低谷的反弹力"，他用巴顿将军的语录对"励志橙"进行了诠释，再次引起近 4000 次转发。王石曾多次公开说，他最崇拜的企业家是褚时健。

事情被放大了。11月5日凌晨本来生活正式发售褚橙（此前十天是褚时健定的每年开摘日），订单纷至沓来。前5分钟800箱被抢购，当天共卖1 500箱。本来生活的其他商品，水果、柴鸡蛋、有机牛奶、新鲜猪肉等的销售也被带动，网站订单量达到以往的三四倍。

到了11月12日，电商"双11大战"第二天的早上，网民的QQ弹窗忽然弹出了"励志橙"的消息。这一天，褚橙的卖点已变成"励志橙"，本来生活销售的褚橙单日订单量超过了1 000单。胡海卿说："当时微博上大家都在回忆褚老的故事，觉得吃橙子很励志。"

褚橙热持续发酵。"这哪是吃橙子，是品人生""品褚橙，任平生"……不光在微博上，在一些企业活动、媒体年会、企业家俱乐部，都能看到褚橙的身影，很多企业家都发表吃橙感言："我吃这个橙子时，立刻想到的是我应该给褚时健写封信表示感谢"……

《商业周刊中文版》分析说，这是因为褚橙应了美国专栏作家马尔科姆·格拉德威尔在《引爆点》中提炼的三个条件："个别人物法则、附着力因素和环境威力法则"，即某些意见领袖或社交天才参与传播有感染力的信息，而这则信息正好符合了当时的社会需要，流行就会形成。

读后问题：

（1）你听说过上文中提到的营销活动吗？

（2）你觉得褚橙热销的原因有哪些？

（3）你怎样评价这一营销现象？

课前阅读

3.1　微博营销认知

在营销活动中，以微博为营销平台，每一个用户都是潜在的营销对象，企业通过更新自己的微博向网友传播企业信息、产品信息，树立良好的企业形象和产品形象，以达到营销的目的。那么，什么是微博？微博营销又是指什么呢？

3.1.1　微博认知

我国已经全面进入微博时代。微博财报数据显示，截至2019年9月，微博平均月活跃用户数为4.97亿人，较2018年同期净增约5 100万人，月活跃用户数中约94%为移动端用户；截至2019年9月，微博平均日活跃用户数为2.16亿人，较2018年同期净增约2 100万人。

1. 微博的含义

微博是微型博客的简称，即一句话博客，也是博客的一种。

2009 年 8 月，新浪推出"新浪微博"内测版，成为门户网站中第一家提供微博服务的网站。此外，微博平台还包括腾讯微博（2020 年 9 月 5 日，腾讯官微宣布：将于 2020 年 9 月 28 日停止服务和运营）、网易微博、搜狐微博等平台。但若没有特别说明，微博一般指新浪微博。

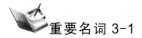

重要名词 3-1

微博

微博是指一种基于用户关系信息分享、传播及获取的通过关注机制分享简短实时信息的广播式的社交媒体和网络平台，用户可以通过计算机、手机等多种终端接入，以文字、图片、视频等多媒体形式实现信息的即时分享、传播互动。

微博是一个基于用户关系，实现信息分享、传播及获取信息的平台。用户可以通过 Web 等客户端组建个人社区。早期微博限制以 140 字（包括标点符号）的文字更新信息，并实现即时分享。微博的关注机制可分为单向、双向两种。2016 年 11 月，新浪微博正式面向全体用户取消 140 字的限制，最多可输入 2 000 字，如图 3-1 所示。微博超出 140 字时，句末还会有"显示全文"提示，单击"显示全文"后会出现超长微博全文。

图 3-1 | 微博取消 140 字的限制

2. 微博的特点

微博作为一种分享和交流平台，更能表达用户每时每刻的思想和最新动态。与博客相比，它具有以下特点。

（1）便捷性。微博为用户提供了一个交互式的平台，在这个平台上，用户可以作为发布者发布微博供他人阅读，也可以作为观众，在微博上浏览自己感兴趣的内容。除文字以外，用户也可以在微博平台上发布图片、分享视频等。用户可以在最短的时间内编辑信息并发布，使信息得到快捷的传播。此外，随着移动互联网的发展，微博用户可以通过手机等方式来即时更新自己的个人信息。

（2）创新交互方式。与博客上面对面的交流不同，在微博平台上用户之间不一定要相互加为好友，只需要关注对方，成为对方的粉丝，就可以随时随地地接收被关注者发布的信息，这一特性被称为"背对脸"。

（3）原创性。微博一般有字数限制，发布的信息较短，对用户写作能力的要求相对较低，大量的原创微博内容被生产出来。因此，微博的出现标志着个人互联网时代的真正到来。

（4）草根性。微博独特的传播模式使每一个用户都能轻松上阵，成为见证甚至创造新闻的"草根记者"。微博用户既可以是信息传播者，也可以是信息接收者，信息的传播者和信息的接收者之间地位平等。同时，微博广泛分布在浏览器、移动终端等多个平台上，可以形成多个垂直细分领域的传播，信息发布门槛低，方便快捷，可以有效弥补电视、报纸、广播等其他传统媒体的不足。

（5）宣传影响力弹性大。微博宣传的影响力与其内容质量高度相关，同时，用户微博的被关注数量也是形成其影响力的关键因素。一条微博信息的吸引力越大、新闻性越强，对该信息感兴趣、关注该用户的人越多，该微博的影响力就越大。

3.1.2 微博营销解读

微博的平台特征决定了其商业活动的基础功能。微博营销也逐渐受到企业的青睐，新媒体营销人员在明确思路、精准定位的基础上，所开展的微博营销活动可望取得不错的效果。

1. 微博营销的含义

微博的魅力在于互动，对于企业微博来说，粉丝的多少、质量的高低，都关系到企业微博最终的商业价值。

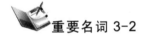
重要名词 3-2

微博营销

微博营销是指以微博作为营销平台，将每一个用户当作潜在营销对象，通过更新自己的微博向网友传播企业信息、产品信息，树立良好的企业形象和产品形象，并与用户交流互动，或者发布用户感兴趣的话题，以达到营销目的的一种营销方式。

微博营销与博客营销相比，有许多不同之处，主要体现在以下几点。

（1）信息传播模式。微博具有较强的时效性，其传播渠道十分广泛，除了关注微博的用户可以直接浏览微博外，微博还可以通过微博用户的转发传播给更多的人群，传播速度十分惊人。

博客的时效性则相对较弱。用户除了直接进入网站或订阅浏览博客之外，还可以通过搜索引擎搜索博客进行浏览；它可以被多个用户长期关注，因此建立多渠道的传播对博客营销是很有价值的。

（2）信息的表现形式。微博内容短小精悍，重点在于表达现在发生了什么事，很难适用于系统、严谨的企业新闻报道或产品介绍。

博客营销以博客文章的价值为基础，文章可长可短，通常以个人观点表述为主，文章内容可以是软文、企业新闻报道及产品介绍等。

（3）营销传播核心。微博营销以信息的发布者即"博主"为核心，体现了人的核心地位。"博主"在互联网上的地位往往取决于其影响力。

博客营销则以信息为核心，主要体现的是信息本身的价值，对"博主"本身影响力的要求则较低。

2. 微博营销的特点

由于微博具有"门槛"低、可病毒式裂变传播等特点，相对于传统营销方式，微博营销具有以下特点。

（1）成本低廉。目前，在国内很多大型的微博平台，如新浪微博等，用户均可以享受免费微博服务，同时这些微博平台还拥有庞大的用户群体，为企业开展微博营销提供了坚实的基础。企业用户能轻松灵活、随时随地地发布微博信息。与传统的大众媒体如报纸、电视等相比，利用微博进行营销不仅前期成本投入较少，后期维护成本也更加低廉。

（2）针对性强且传播速度快。关注企业微博的粉丝大多是对企业及其产品或服务感兴趣的人，企业在发布有关产品或服务的微博时，这些信息会立刻被粉丝接收，信息传递及时且有非常强的针对性，往往会达到较好的营销传播效果。

（3）灵活性大。微博营销可以利用文字、图片、视频等多种形式，灵活多变的表现形式使微博营销更富表现力。同时，微博的话题选择也具有很大的灵活性，微博用户可以自由选择粉丝感兴趣的话题，吸引粉丝阅读和参与，以提高营销沟通效果。

（4）互动性强。通过微博，企业或个人能与粉丝实现实时沟通，能够及时有效地获得粉丝的信息反馈。

3. 微博营销的任务

微博营销可以广泛地应用到企业的营销活动中，总结起来主要有以下几个方面。

（1）传递产品信息。很多企业通过微博发布产品信息，吸引粉丝购买。如小米科技CEO雷军的微博拥有 2 900 多万粉丝，雷军就常用微博推广小米科技的产品，并通过微博传递企业的活动信息。

（2）进行互动营销。微博营销的本质是微博发布者与粉丝之间的互动。互动营销意味着企业与粉丝之间有了更多近距离的交流。企业通过与粉丝的互动，传递相关信息，了解粉丝的想法，解决粉丝的难题，从而获得粉丝的信任。

（3）进行用户服务。利用微博开展在线用户服务的优点主要包括成本低、服务方式灵活、传播效应强等，非常符合现代用户，尤其是年轻用户群体的需求。京东商城就利用微博这一在线用户服务平台开展在线用户服务，通过微博私信，让用户轻松、便捷地享受企业提供的服务。

（4）进行舆情监测。社会化媒体时代的到来，使传播模式发生了根本性的变化，微博成为用户关注公共事件、表达利益观点的重要渠道，因此，微博也成为舆情汇集和分析的重要阵地。舆情管理对企业来说至关重要，不仅可为企业经营过程中产品和服务内容的定位提供参考，更可使企业趋利避害，减轻负面舆论的压力，强化正向品牌力量。

（5）进行危机公关。企业在发生危机后及时通过微博发布信息，可以减少相关猜测，有效地提高危机公关的效率。在面对危机时，企业可通过微博第一时间发布对危机处理的计划，体现企业急切处理问题的决心和积极性，稳定公众的情绪。

4．微博营销的流程

微博营销活动大致包括以下流程。

（1）设定微博营销活动目标。微博营销通常是企业整体营销计划的一个组成部分，目标设定与整体营销战略息息相关。在一定时期内，某企业的微博营销目标可以是激发用户的需求，扩大企业的市场份额；也可以是加深用户对企业的印象，树立企业的形象，为其产品今后占领市场、提高市场竞争地位奠定基础。

（2）制订微博营销活动计划。微博营销计划是在企业微博营销目标指导下进行微博营销活动的具体实施计划。微博营销计划包括微博平台的选择与安排、微博写作人员计划、微博写作计划、微博营销内容发布周期、微博互动计划等相关内容。

（3）选择微博营销平台。国内微博平台有新浪微博、网易微博及搜狐微博等，企业可以选择其中一个或多个作为微博营销活动的平台。企业选择微博平台的原则是人气旺、注册用户多。

（4）发布微博营销内容。企业撰写并发布微博营销的内容要注意选择能引起用户兴趣的话题，要注意微博内容的丰富多彩及形式的多样化，发布的每篇微博除文字外最好能带有图片、视频等多媒体信息，这样可以带给微博浏览者更好的浏览体验。

（5）评估微博营销效果。微博营销效果的评估可以从量和质两个方面进行。微博营销在量的评估方面可以选择的指标主要包括微博发布数量、用户数量、微博被转发次数、微博评论数量、品牌关键词被提及次数等；微博营销在质的评估方面可以选择的指标主要包括微博用户的质量、微博用户与企业的相关性、活跃用户的关注数量及比例、回复、转发及评价等。

课堂测评

测评要素	表现要求	已达要求	未达要求
重点知识	能掌握微博营销的含义与特点		
重点技能	能初步认识微博营销的模式		
任务整体认识程度	能概述微博营销与传统营销的区别		
与实践相联系程度	能描述微博营销的实践意义		
其他	能描述本课程与其他课程、职业活动等的联系		

3.2　微博营销与推广

在今天，微博营销已经成为一种重要的新媒体营销方式，并且不少的企业和个人都从中获得利益，微博营销的发展前景非常值得期待。那么，微博营销与推广是怎样进行的呢？

▌3.2.1　微博发布准备

2019 年 1 月 11 日，"2018 微博之夜"在北京拉开大幕。虽然天气寒冷，但在北京某商业中心场馆外聚集的用户们依旧热情高涨，在户外举着各种灯牌合影的用户们，成为盛典开始前一道靓丽的风景线，热火朝天的氛围一直延续到"微博年度事件"的颁奖环节。在过去的一年里，来自社会方方面面、各行各业的事件，通过微博上网友的自发转播，发酵成了一个个热门话题与事件，感动了千千万万用户，同时也传递着正能量。

2019 年 8 月 19 日，微博发布 2019 年第二季度财报。截至 2019 年 6 月，微博月活跃用户达 4.86 亿人，环比增长 2 100 万人，创下四个季度以来最大增幅。这得益于微博不断增强的社交网络效应，以及在用户产品层面的优化升级。在商业化方面，微博充分把握广告产品向移动、社交和多媒体化方向持续演进的趋势，为广告主提供独特的社交营销价值。

1. 微博的注册与使用

（1）微博的注册、登录。如果已经开通了新浪账号，包括新浪的 VIP 邮箱、企业邮箱等，就不需要单独注册，直接用该账号登录微博即可，如图 3-2 所示。

图 3-2 | 微博账号登录界面

如果没有新浪账户，则需要进行注册。在 PC 端打开新浪门户网站，单击"登录"按钮，然后在弹出的页面单击"立即注册"按钮，或打开微博首页，单击右上角"立即注册"按钮。注册信息填写完成后，系统会自动给注册人填写的邮箱发送一份博客注册确认信。注册人收到确认信之后，单击确认账户链接地址即可完成微博注册。图 3-3 所示为微博个人账号注册页面。

图 3-3 | 微博个人账号注册页面

注册完毕，即可登录。从登录页面输入登录名、密码即可使用；或在手机上下载新浪微博 App 直接登录。

（2）微博的应用。发表微博：将生活中看到、听到、想到的，微缩成一句话或者一张图片，发到新浪微博上，和朋友分享；添加关注：在微博里，任何人都可能是亿万人关注的焦点，关注的人越多，获取的信息量就越大；拥有粉丝：假如有人关注了你，那么他就成为你的粉丝，多关注别人，别人也会关注你，粉丝就会越来越多；参与话题：可以就当下最热门的事件发起话题或讨论，这样就可以认识更多的网友，和他们成为朋友，分享更多的信息。

2. 微博的发布

随着互联网的发展，微博的内容形式越来越丰富，传统的文字已经不能满足广大网民的需求，他们追求的形式趋于多样化。

（1）纯文字的简短话题。现在，纯文字的微博内容显然已经不受大众的欢迎，不过一些简单的话题通过纯文字描述还是能够吸引到一定流量的，如图 3-4 所示。

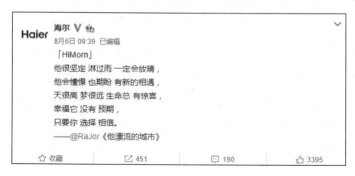

图 3-4 | 纯文字微博

（2）图片+文字。这是较常见的微博发布形式，有时也可以是九宫格图片加上一段文字的形式，这种形式的视觉效果非常好，如图3-5所示。

图 3-5 ｜ 图片+文字的微博

（3）短视频形式。随着快手、抖音等一些直播平台的兴起，短视频越来越受到用户的追捧，其传播速度非常快，如图3-6所示。

图 3-6 ｜ 短视频微博

（4）新闻类。有些账号的内容主要偏向于新闻大事，如娱乐大事件、体育大事件等，通过这些来博取眼球。新闻类微博如图 3-7 所示。

图 3-7 | 新闻类微博

（5）段子类。近两年段子在微博上深受网民喜爱，它通过短小精悍的话语让用户产生兴趣并大量转发。

（6）知识型。现在有很多平台专门针对知识、生活常识类的内容，发布一些微博消息，用户面广且效果非常好，用户关注度也是很高的，如图 3-8 所示。

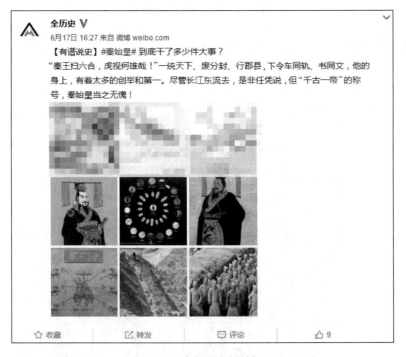

图 3-8 | 知识型微博

3.2.2 微博营销准备

微博是新媒体营销的主要渠道之一，通过企业与用户之间充分的交流、互动与分享，营销活动效果提升显著。在微博营销中，可采用的方式、方法也层出不穷，营销人员应该在熟练掌握微博工具特性的基础上，认真分析、总结出具有针对性的营销推广策略。

1．寻找精准微博用户

大多数企业进入微博平台的最初目的是营销，实现这一目的的方法是使关注企业微博的用户成为精准的目标用户；如果用户对企业和产品不感兴趣，企业也是难以实现营销目的的。

（1）通过标签找用户。微博有一个比较有意思的功能是"标签功能"，通过这个功能，企业可以将拥有相同兴趣爱好的用户聚集到一起。不同的用户会因为自己的喜好而被贴上不同的标签，这些标签能体现出用户自身的特点和喜好。而根据用户的特点和喜好，企业营销人员就可以将用户进行归类。如果某一类用户的喜好正好与企业目标用户的喜好一致，那么这一类用户就是企业的目标用户。

（2）通过话题找用户。话题是微博上最常用的功能之一，在微博上如果想发表一个话题或者参与一个话题，只要在微博内容中加上#话题名称#就行。而企业营销人员可以通过微博的搜索功能搜索相关话题，这样，营销人员就可以快速找到发表过相关话题的用户。在这一过程中，应该尽量搜索与产品相关的话题，从而找到更多的精准用户。

（3）通过社群找用户。俗话说"物以类聚，人以群分"，社群也是这么个道理，社群里的人都是因为有共同的特点或共同的爱好和话题才聚集到一起的。如果社群和企业的产品有紧密的联系，那么，社群成员也就是企业的目标用户。如某些社群谈论美容或化妆的话题，假如企业刚好从事化妆品的生产与销售，那么该社群的成员便是企业的目标用户。

（4）通过账号找用户。寻找精准用户的简便有效的方式就是从与自己营销的产品、服务相关的账号中提取关注用户，这种方式不仅目的性强，而且容易将这些账号的关注用户转化成自己的用户。营销人员可以从竞品或同类产品的官方微博、意见领袖及行业相关账号的关注用户方面入手。关注了这些账号的人，大都是企业的目标用户。

2．发布优质微博内容

与传统博客一样，内容质量决定了关注企业微博的用户的规模，进而会影响营销的效果。企业微博发布的内容如果与用户的生活贴合紧密、富有趣味性，往往更能够吸引人，容易被用户围观并转发。因此，营销人员要善于根据用户的喜好来发布微博内容，将营销内容巧妙地植入热门话题，以增加转发量，吸引更多人的注意，从而达到营销的目的。

（1）善于制造话题。在微博营销活动中，一个好话题往往能引发更多人的关注和讨论。关注的人越多，所发布的内容就越有影响力，微博营销的范围就越广。在微博上发起话题的时候，都是以#号标记开头并以#号标记结尾的，话题可以是一些具有一定社会价值、娱乐价值的内容。

如果一个话题能够引发很多人讨论，这个话题就有可能成为热门话题，被更多的人看见，带来巨大的讨论量，图 3-9 所示为微博热门话题排行榜。营销人员可以结合企业实际，紧跟热点，利用社会热点事件、重大事件制造话题，融入自己原创性的营销软文，提高企业微博的关注度。但是需要注意的是，话题内容要定位清晰，营销人员不能盲目追热点。

图 3-9 ｜ 微博热门话题排行榜

（2）巧妙利用图片。从传播的角度看，图片比文字更容易被人记住，这种现象被称为图片优势效应。图片优势效应已经被广泛应用于传统营销领域，如日常生活中常见的海报、广告牌、小册子、年报等。同样，新媒体营销人员可以利用此效应，在发微博或在微博上参与讨论某个话题时，在发表言论的同时再配上一些有趣的图片，则更能吸引用户的注意，如图 3-10 所示。

图 3-10 ｜ 图片微博

（3）灵活运用表情。营销人员在加入某一话题的讨论时，为了能在众人中脱颖而出，除了使用图片之外，还可以使用一些动态表情，这样会使微博内容显得生动活泼。当用户看到这些有趣的表情时，可能会有兴趣仔细浏览该微博的内容，从而增加用户转发的概率；自然而然，关注企业微博的用户数量就会迅速增加。

3.2.3　微博营销推广

微博 2019 年第二季度财报显示，截至 2019 年 6 月，微博月活跃用户数为 4.86 亿人，较 2018 年同期净增约 5 500 万人。如此庞大的用户群体，生产的信息浩如烟海，再好的内容也会被淹没，因此，营销人员必须通过有效的推广渠道来发布内容。对新媒体营销人员来说，微博活动必不可少，前期是为了吸引用户，后期则是为了通过活动推动品牌传播、留住老用户，并增强用户黏性。

1．微博营销活动

营销人员在微博平台上开展营销活动，具有面向用户群广、传播力强且能直接带来微博用户的特点。营销人员应围绕这些特点，策划出具有一定创意、有利于提升企业营销效果的活动。这里主要介绍 6 种微博营销活动。

（1）转发抽奖。营销人员发布一条活动微博，公布活动内容，一般会设置一些条件，如关注博主、至少@3 个人、转发微博等。在规定时间内，参与活动的用户按照要求进行了微博转发等活动后，营销人员会在参与者中随机抽出中奖用户。这种方式主要适用于刚开通了官方微博的企业或处于新产品发布时期的企业。

（2）抢楼活动。营销人员发布一条活动微博后，要求用户按一定格式进行回复和转发，通常都是要求用户至少@3 个人，并进行评论。当用户回复的楼层正好是规则中规定的获奖楼层时（如 99 楼、200 楼），即可获得相应的奖品。

（3）转发送资源。营销人员发布一条活动微博后，要求用户按一定格式进行转发，通常要求用户至少@3 个人，并留下邮箱。凡是转发者，邮箱中都会收到一份优质资源，如各种软件安装教程、优惠券等。

（4）有奖征集。营销人员发布一条活动微博后，就某个内容发出征集令，如给淘宝店铺取名字，给某活动起标题、征集口号等，并通过设置一定的奖品来吸引用户，吸引其参与其中。这样既宣传了产品，又得到了某个名字、口号，从而大大提高了产品的曝光率。

（5）免费试用。免费试用是指营销人员通过微博平台发布广告促销信息，这与传统广告不同，发布的产品是免费试用的。营销人员通过这种形式来吸引目标用户参与活动，达到提升产品的影响力的目的。在这种活动中，企业营销人员会根据用户填写的试用申请理由进行审核，审核成功后把产品发放给目标用户。

（6）预约抢购。在新产品发布期间，企业一般会通过各大网络平台对新产品进行高度曝光宣传，然后以预约抢购的限量销售模式出售产品。该活动特别适合企业新上市产品或开展新业务时采用，比较典型的是 3C 数码产品的预售。

2．微博营销活动的组织

企业进行新媒体营销，定期举行微博营销活动是必不可少的法宝。举行微博营销活动，不仅能吸引新用户、促进企业与用户的互动，还能提高产品销售量。在活动中，营销人员必须做好以下工作。

（1）明确活动目的。企业开展微博营销活动，其目的主要包括增加用户数量、宣传推广品牌、促成产品销售3个方面，营销人员应该结合企业总体营销计划，明确微博活动的目的，才能够在组织活动时与其他营销手段配合，实现营销效益最大化。

（2）精心设计关键词。营销人员应该找到最能代表需求的、符合活动目的的潜在关键词，从而找到典型的目标用户。

（3）合理设置活动时间。营销人员应确立推广活动起止时间和最期望的"高潮时间点"，这样在契合用户使用微博高峰时段的同时，也便于各方资源的配置。

（4）及时优化外部链接。"内容为王，超链为王"的说法流行了很多年。营销人员应该保证链接页面到位，针对移动端和PC端分别进行优化，保证链接页面的时效。

（5）实时进行数据监测。营销人员应该建立监测基点，进行实时数据反馈，以便实时调整活动安排与实时监测数据的积累。

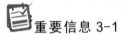 重要信息 3-1

微博营销活动要点

（1）规则清晰、简单。如果微博活动的规则过于复杂，则在阅读上需要消耗用户的大量精力。活动规则简单才能吸引更多的用户参与，最大程度提高品牌的曝光率。因此，活动官方规则介绍文字宜控制在100字以内，并配以活动介绍插图。

（2）激发用户的参与欲望。只有满足了用户的某项需求，激发了他们内心深处的欲望，用户才会积极地参加活动。激发用户参与欲望的较好的方式是设置微博活动的奖励机制，包括一次性奖励和阶段性奖励；需要注意奖励一要有新意，二要有吸引力，而且成本不能太高。

（3）控制并拓展传播渠道。微博活动初期最关键，如果没有足够的人参与，很难形成病毒式营销效应。吸引用户参与可以通过内部和外部渠道两种方式解决。通过内部渠道时，营销人员可以在初期倡导企业内的所有员工参加活动，并且邀请亲朋好友参加。通过外部渠道时，营销人员一定要主动去联系那些有影响力的微博账号，并灵活掌握合作和激励的形式。

（4）沉淀优质用户和进行后续传播。营销人员在活动策划的起始阶段就要考虑如何沉淀优质用户和进行后续传播的问题，同时鼓励用户去@好友。但是@好友的数量有讲究，不能太多，太多会导致普通用户遭受@骚扰。另外，营销人员也可通过关联话题引入新的曝光点，带动用户自身的人际圈来增加品牌的曝光率，促进后续的多次传播。

3.2.4 微博用户互动

在微博营销活动中，营销人员积极与用户互动能够增强用户的黏性，依靠用户的转发，微博能够推广到更多的人群中。微博的互动功能主要有转发、评论、@提醒、私信、点赞等，每个功能都各有不同的特点。在微博营销过程中，企业营销人员要善于利用这些功能，与用户形成持续的良性互动，这样才能进一步提升营销活动的效果。

1. 及时回复用户

在微博上，企业营销人员用更具人情味、幽默感的语言回复留言、进行评论，且第一时间回复，这很重要。快速反应往往能让刚刚发布评论或微博的人更容易感到贴心，实时互动的感觉会让用户对该企业微博增加好感。有时候一些用户会提到企业微博的名字，但是不会用@，营销人员可以定期搜索"企业微博名字或相关信息"，找出相关微博，主动和这些人互动。

2. 主动转发微博

企业营销人员要尽可能转发一些热门微博，在转发的同时进行评论。如果转发评论的内容比较有吸引力，还有机会获得发帖人的转发回复，则会有较好的引流效果。因此，如果用户的评论非常精彩，企业营销人员应该主动转发并评论，用户看到自己的微博被转发也会非常高兴。假如你是"大V"，你的转发会给普通用户带来几十次乃至上百次@提醒，这样可以促进企业与用户的互动。

3. 借用私信交流

企业营销人员利用私信功能能够提高互动率。营销人员可以在微博评论中或关注列表中寻找优质用户，向用户定向发送私信，和用户探讨双方共同关注的话题，也可以谈论对方感兴趣的领域，或者询问对方的需求，借此来拉近与用户之间的距离。

此外，如果营销人员不方便公开回复用户在线@官方微博或"大V"的问题，也可以用私信沟通，这也是一种可以让用户认为更有亲密感的方式。需要注意的是，不要轻易晒出私信，否则会失去私信的意义，很多人在私信聊天记录被晒后会感到很尴尬。

4. 积极主动关注

主动关注别人也是一种很直接的微博互动营销方法，主动关注可以挖掘到潜在的用户，增加营销机会。营销人员可以寻找通过互粉来增加粉丝数多且活跃度高的用户，主动关注他们，这样回粉率会较高。

课堂测评

测评要素	表现要求	已达要求	未达要求
知识点	能掌握微博注册、发布的含义		
技能点	能初步认识微博营销准备工作		

续表

测评要素	表现要求	已达要求	未达要求
任务内容整体认识程度	能概述微博营销工作与传统营销工作的关系		
与职业实践相联系程度	能描述微博营销工作的实践意义		
其他	能描述本课程与其他课程、职业活动等的联系		

3.3 微博营销效果测评

微博营销的效果测评与传统营销有所不同。微博营销获得成功的根本是有足够多的"用户"与企业进行互动，产生互动效应，最终实现产品或服务的销售。因此，企业进行微博营销效果测评，就必须制定一套科学的评价体系。那么，影响微博营销效果的因素有哪些？微博营销效果又通过哪些数据体现呢？

3.3.1 微博营销效果认知

微博营销效果的形成是一个系统化、渐进性的过程，要想有效地评价微博的营销力及微博营销的效果，应紧紧围绕微博营销中几个重要的评估指标进行。

1．微博营销效果的范围

微博营销效果是指在微博营销和运营的过程中，形成有影响力的微博品牌和优质的微博客服印象、明显的微博销售效应及微博传播引起的消费行为循环链等评价指标体系。在此评价指标体系中，微博品牌的影响力是基础，微博客服的质量是重点，微博销售效应是核心，微博传播引起的消费行为是根本。

2．微博营销效果的影响因素

综合来讲，影响微博营销传播效果的因素是多方面的，主要包括微博营销信息传播的定位、关注度、互动性、转发情况等。

（1）微博营销信息传播的定位。微博营销要想吸引目标群体的眼球，关键在于其传播内容的定位能否调动目标群体的兴趣，有效地调动目标群体的兴趣是实现微博营销传播效果的基本前提。具体来讲，微博营销信息的定位应该围绕以下几点进行：一是研究和分析消费视觉动机，把握用户视觉需求情况；二是微博信息传播的价值点应聚焦于产品或服务独特的价值，凸显品牌的核心价值；三是微博信息的编辑切忌平铺直叙，信息的编辑处理要具备用户"摄取力度"；四是微博信息的传播应讲究创新性，包括信息内容编辑、信息整合、传播组合等的创新。

微博营销信息传播的定位如同产品定位一样，微博营销信息传播定位的基本方向、基本思路应该紧紧围绕微博信息的编辑和处理以何种口吻来表述、传达什么样的内容来进行，以及是否符合目标群体的行为习惯等具体内容进行策划和设计。

（2）微博营销信息传播的关注度。这里的关注度不是指微博被关注的数量（即用户数），而是微博精准用户的数量（即用户质量）。企业微博营销的最终目的是要实现产品或服务的销售，要实现这一目的，企业微博被关注的用户最好是精准的目标用户群体，否则，企业微博就会脱离目标用户群体的基本方向，也就难以实现交易。衡量和评价微博营销信息传播的关注度的依据主要有以下几个方面。一是用户数量。微博影响力的大小与其用户数量的关系成正相关。二是微博信息被关注的用户活跃度。用户活跃度即用户评论、互动和参与转发的积极程度，对活跃度比较高的用户，营销人员要善于研究和分析这类用户对哪些事物或关键词感兴趣，从中挖掘出与企业产品或服务相联系的营销信息切入点。三是微博信息被关注用户的在线时间。被关注用户的在线时间也是衡量关注度的重要因素，即使再活跃的用户，其在线时间过短则不能有效刺激微博信息的互动性，难以保证信息传播的力度。

因此，企业在把握关注度的问题上，不应该将自己的微博定位为一个大众传媒的平台，而应将其定位为一个用户精准的互动平台。

（3）微博营销信息传播的互动性。相对于传统营销，微博营销的精髓在于其互动性优势。微博的互动性决定了微博营销更适合企业与用户进行产品或服务方面的沟通，企业在微博平台上通过软性的方式植入广告，让用户在发表个人观点后，不知不觉地加深对企业品牌的认知和了解，更重要的是在企业品牌自我认知形成的过程中影响和带动其他用户的关注。因此，巧妙地与被关注用户进行互动，是做好微博营销传播的思路和方向。作为企业微博的营销人员，在信息传播互动过程中，需把握好基本方向：一是要注意与被关注用户的双向沟通，要注重及时有效的回复；二是在互动过程中要注意倾听和分析互动状态，抓住用户的情感意愿、诉求取向等基本内容；三是要及时、主动地解决负面评论，正视用户互动中的问题，做到愉悦对话。

（4）微博营销信息传播的转发情况。微博营销是病毒式营销最好的践行者，是抢占用户心理空间最畅通的营销路径。企业进行微博营销的关键就在于提高转发率，引导用户产生消费行为，这也是微博营销所要达到的最终目的。因此，如何引导用户转发、引导传播流量已经成为当今微博营销需要考虑的核心问题。企业进行微博营销的一个关键问题就是要转变传统营销"一对一"的传播方式，实现"一对多"的传播模式。被关注用户转发行为的产生是多方面综合力量促成的结果，企业微博营销信息的转发及传播流量的实现需要经历几个阶段，营销人员应在每一个阶段进行严格的把控，并做好相应的工作：一是准确把握竞争对手的微博营销动态；二是把握好行业的发展特点和趋势；三是抓好微博营销信息的定位，巧妙植入产品或服务信息，推动传播的互动力度；四是确定好微博营销传播的投放位置，研究分析微博营销的执行情况，及时调整微博营销的策略等。

3.3.2 微博营销效果数据

微博营销效果数据的常见指标主要有以下 2 种。

（1）运营型通用数据指标，主要包括微博用户数、二级用户数、活跃用户数比例、用户性别比例、用户的地区分布、用户流失率、用户增长率、每日发微博数、微博阅读数、微博转发数、平均转发数、新老用户访问率。

（2）效果型特定数据指标，主要包括销售量、网站流量、客单价、搜索结果数。

重要信息 3-2

企业微博营销效果评估

企业微博营销效果评估可以分为营销过程评估和营销结果评估。

（1）企业微博营销过程评估

企业微博营销过程是微博营销效果产生的过程，是实现微博营销效果的关键环节。微博营销过程评估体系可分为以下几个阶段性要素。

微博平台的建设过程评价指标：即微博平台的视觉效果是否能够迎合该企业微博目标用户群体的视觉需求，甚至是价值观念；微博平台资料是否能够准确地向用户传达微博的定位；微博平台的个性是否能够体现行业差异性等具体指标。

微博营销信息发布过程评价指标：微博信息的内容是否围绕用户的需求进行设置，是否达到被关注用户的"接听意愿"与企业想要传达的"发生意愿"信息之间的融合；营销人员要注意端正信息传播的态度，确保信息内容是真实、健康的；微博内容是否具有艺术性、是否具有植入技巧等评价指标。

微博营销互动过程评价指标：微博营销互动过程中，是否找准用户需求；是否把握好议题互动的节奏；互动的方式是否具有创新性；互动是否围绕企业的营销目标进行等评价指标。

（2）企业微博营销结果评估

微博营销获得成功的根本是企业微博有足够的"用户"关系，产生互动效应，最终实现产品或服务的销售。因此，企业进行微博营销就必须明确微博营销的效果，制定一套科学的评价体系来检验微博营销目标的实现情况。

3.3.3 微博营销数据分析

数据分析是一种量化分析的手段，营销人员通过数据分析才能客观地评估微博营销的效果。通常来讲，营销人员进行微博营销的数据分析主要利用微博的"数据助手"工具来完成。数据助手是新浪微博的一个智能数据管家，帮助用户记录个人新浪微博的多方位数据。微博"数据助手"可以从粉丝分析、内容分析、互动分析、相关账号分析等几个方面进行数据分析，能够满足营销人员的数据分析需求，如图 3-11 所示。

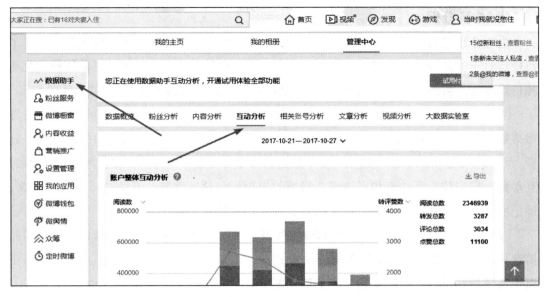

图 3-11 | 微博管理中心——数据助手

1. 粉丝分析

粉丝分析是指对粉丝的账号状况进行分析。粉丝分析主要从粉丝趋势、粉丝来源、粉丝性别和年龄、粉丝所处地域、粉丝类型等方面进行，目的是帮助营销人员了解粉丝的变化趋势及粉丝画像。

（1）粉丝趋势分析。粉丝趋势分析可以帮助营销人员了解在选定的时间段内微博账号每天粉丝数量的变化趋势，包括粉丝总数、粉丝增加数、粉丝减少数、粉丝增长率以及主动取关粉丝数的变化趋势。

（2）粉丝来源分析。粉丝来源分析主要是了解官方微博账号下的粉丝是通过哪些方式和渠道知晓并关注此账号的，以及各种粉丝的所占比重。目前统计的粉丝来源有：微博推荐、微博查找、找人及第三方应用。

（3）粉丝性别和年龄分析。粉丝性别、年龄分析主要是从人口统计学的角度分析微博粉丝的性别、年龄构成，可以帮助营销人员更好地了解粉丝属性，在此基础上可以有针对性地发布微博内容。

（4）粉丝所处地域分析。通过粉丝所处地域分析，营销人员可以了解哪个地区的粉丝最多，可以有针对性地发布关于该地区的微博内容；而对于粉丝分布较少的地区，则可适当加强与该地区粉丝的沟通与互动。

（5）粉丝类型分析。官方微博账号的粉丝可以按照账号类型进行细分，以当前时间前一天的粉丝总数为准，账号类型可分为认证粉丝（"蓝 V"和"橙 V"）及普通用户。识别高质量的粉丝是营销人员进行粉丝类型分析的重要内容，也是企业微博是否具有影响力的重要表现。

2．内容分析

内容分析是指对该微博账号上发布的内容进行分析，营销人员通过内容分析可以了解粉丝对于微博内容的喜好程度，从而方便调整发微博的策略，以实现更多的粉丝互动和粉丝增长。微博内容分析主要包括"我发布的内容""微博列表内容""单篇微博"。

（1）我发布的内容。主要包括在选定时间段内某账号每天发布的原创微博数、转发微博数和发出评论数，以及微博效果指标（阅读数、互动数、点击数等）的总体趋势分析。可以对比分析的数据项包括：发布原创微博数、发出评论数、转发微博数、阅读数、互动数、点击数、互动率和点击率；微博效果指标包括阅读数、互动数（包含转发数、评论数和点赞数）与点击数（包含图片、视频和链接点击数）。

（2）微博列表内容。账号发布的微博列表按时间顺序排列，包括微博内容信息和微博图片，可以对比发布的不同的微博所收到的阅读数、互动数、点击数；在微博列表中点击某微博后可以查看单篇微博的更加详细的数据分析。

（3）单篇微博。单击微博内容列表中的某条微博可以查看对它的深入分析，包括微博发布后的阅读数、互动数、点击数等指标的趋势变化，方便挖掘更多的微博传播信息。

3．互动分析

互动分析可以帮助运营人员了解运营账号的互动表现。通过查看详细的"我的影响力分析""主页访问分析"以及"账户整体互动分析"，账号运营者可以掌握账号的影响力与互动情况，保持账号用户的活跃度。

（1）我的影响力分析。"我的影响力"是衡量一个微博账号每天在微博平台中影响力大小的指标，主要通过对账号发布微博的被评论、转发等互动情况及活跃用户的数量来综合评定。在进行"我的影响力分析"时，运营人员主要应关注活跃度、传播力、覆盖度三个方面。

（2）主页访问分析。主页访问分析包括分析个人微博主页的浏览量、访问人数和平均访问时长等数据指标。微博运营人员主要关注的指标是浏览量、访问人数、平均访问时长三项数据。

（3）账户整体互动分析。账户整体互动分析包括所有微博在选定时间段内产生的阅读数、阅读人数、互动数（转发，评论，点赞）和点击数。运营人员需关注分析的数据为阅读数、互动数、点击数，以及与其相关的互动率、点击率。

4．相关微博账号分析

数据助手除了可以分析自己发布的微博的效果，还可以对相关账号进行分析，尤其是对微博账号矩阵下的子账号的分析及对竞争对手的情况进行检测等。

微博营销人员搜索到需要分析的相关微博账号，添加该账号后会展现其当前粉丝总数、粉丝增长数、粉丝增长幅度、发微博数、互动数和平均每篇微博互动数。相关账号列表根据粉丝数由高到低进行排列。营销人员可以从已添加的相关微博账号中任选两个，详细对比两个账号在选定时间段内粉丝总数、用户增长率、发微博数和互动数的每日变化趋势。

除了可以对相关账号的总体表现进行详细分析对比以外，还可以对相关账号发布的单篇微博效果进行对比分析。这样，可以更深入地分析竞争对手一条微博发布后的互动数的趋势变化，有利于发现竞争对手在微博发布之后的动向。

课堂测评

测评要素	表现要求	已达要求	未达要求
重点知识	能掌握微博营销效果的含义		
重点技能	能初步认识微博营销数据的特点		
任务整体认识程度	能概述微博营销效果与传统营销效果的联系		
与实践相联系程度	能描述微博营销效果测评的实践意义		
其他	能描述本课程与其他课程、职业活动等内容的联系		

任务3　小结

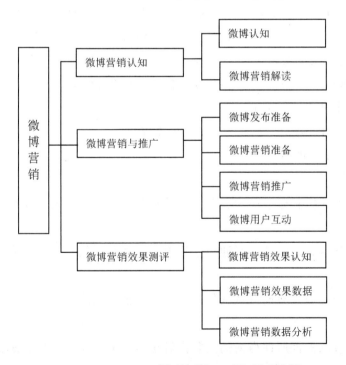

核心提示

教学做一体化训练

重要名词

微博　微博营销

课后自测

一、单项选择题

1. 如果没有特殊说明，微博一般指的是（　　　）。

    A. 腾讯微博   B. 搜狐微博   C. 网易微博   D. 新浪微博

2. 发微博一般要求最多不超过（　　　）个字。

    A. 14   B. 140   C. 1 400   D. 2 000

3. 通过（　　　）功能可以将拥有相同兴趣爱好的用户聚集到一起。

    A. 标签功能   B. 搜索功能   C. 用户服务   D. 数据助手

4. 在微博上发起话题时，都是以（　　　）号标记开头、以#号标记结尾的。

    A. @   B. #   C. *   D. 以上都不是

5. 在微博活动中，（　　　）一般用于电商平台 3C 新品上市销售活动。

    A. 转发有奖   B. 有奖征集   C. 预约抢购   D. 免费试用

二、多项选择题

1. 以下选项中，属于企业开展微博营销的优势的是（　　　）。

    A. 成本低   B. 传播快   C. 群体广   D. 多样化

2. 通常来说，企业微博定位的类型主要包含（　　　）等几类。

    A. 品牌推广型   B. 内容互动型   C. 业务型   D. 官方产品型

3. 在微博营销活动中，一个好话题应具有（　　　）等特征。

    A. 往往能引发更多人的关注   B. 具有很大的影响力

    C. 传播的范围很广   D. 带来巨大的讨论量

4. 微博上的互动功能包括（　　　）。

    A. 转发   B. 评论   C. @提醒

    D. 私信   E. 点赞

三、判断题

1. 微博是一种通过关注机制分享简短实时信息的社交平台，用户通过微博发布信息，实现实时分享。（　　　）

2. 一般来说，企业开展微博营销，开通一个官方微博就足够用了，没有必要再开通其他的账号。（　　　）

3. 通过认证的微博账号与没有通过认证的账号相比，能够为企业微博营销带来更多收益。（　　　）

4. 在评论微博时，可以根据所评微博的实际内容进行大胆评论，不用顾忌其他。（　　　）

5. 微博热门话题的推广成本较低，可为企业省去高额的广告费用。（　　　）

6. 在微博营销活动中企业营销人员不能与用户开展互动。（　　　）

四、简答题

1. 什么是微博营销？

2. 微博营销的特点主要有哪些？

3. 微博营销的任务有哪些？其主要作用是什么？

4. 微博用户分析的作用有哪些？

5. 微博营销效果的范围是怎样的？

五、案例分析题

说到 2018 年的营销热词，"锦鲤"绝对绕不过。从"转发杨超越"活动到支付宝"中国锦鲤"大奖活动，都在网络上形成了病毒式传播，一时间无数人加入"拜锦鲤活动"中。

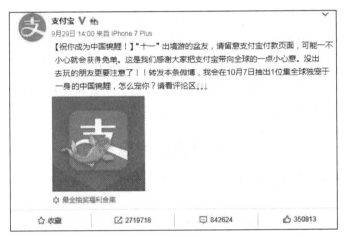

把锦鲤营销活动推向高潮的则是国庆期间支付宝的"中国锦鲤"大奖活动，转发支付宝的【祝你成为中国锦鲤！】的微博，支付宝将会在 10 月 7 日抽出一位集全球独宠于一身的幸运者，领取一份超级大礼包。果不其然，这在微博掀起了一股用户转发参与热潮，不到六小时转发量破百万，国庆一周累计转发量破三百万，诸多"大 V"和演艺人员如高晓松、李现等借势转发微博，让"中国锦鲤"大奖活动几次冲上微博头条。

无疑，支付宝也成为这场营销活动最大的受益者。在此之前，在社交平台上，锦鲤的代表一直是"杨超越"，但是此次事件过后，支付宝成为锦鲤话题的中心。

最重要的是，支付宝在这场营销活动中只是动用了用户资源，获得的收益却是超出想象的！

支付宝锦鲤活动成为微博有史以来势头最大、反响最激烈的营销活动之一，作为开启"锦鲤"式营销活动的首创者，支付宝功不可没。之所以这样讲，不仅是因为活动有 200 多个企业参与，更重要的是活动打破了许多纪录，而企业也在这种极高的曝光量背后获得了巨大的收益，支付宝也收获了百万用户，可谓共赢。

阅读以上材料，回答下面的问题。

1. 文中提到的活动是怎样的？

2. 这次微博营销主要达到了哪些效果？

同步实训

实训名称：微博营销活动认知

实训目的：认识微博营销活动，理解其实际意义。

实训安排：

1. 学生分组，选择不同企业的官方微博，搜集一些营销活动信息，归纳分析其活动过程设计、效果监测方法，选择一些你认为有趣的细节并讨论分析，总结概括出这些活动能够给企业带来的影响。

2. 学生分组，收集身边的一些企业关于开展微博营销的具体案例，选取一个企业作为案例，分析讨论并概括其营销分别针对的目标人群。

3. 分组将讨论成果做成 PPT 进行展示，并组织全班讨论与评析。

实训总结：学生小组交流不同企业、行业的分析结果，教师根据讨论成果、PPT演示情况、讨论分享中的表现，分别给每组进行评价打分。

学生自我学习总结

通过完成任务 3 微博营销，我能够做如下总结。

一、主要知识

概括本任务的主要知识点：

1.

2.

二、主要技能

概括本任务的主要技能：

1.

2.

三、主要原理

你认为，微博营销策略与传统营销策略的关系是：

1.

2.

四、相关知识与技能

你在完成本任务中用到的知识与技能：

1. 微博营销的意义有：

2. 微博营销的特征有：

3. 微博营销策略的意义是：

五、成果检验

你完成本任务的成果：

1. 完成本任务的意义有：

2. 学到的知识或技能有：

3. 自悟的知识或技能有：

4. 你对微博营销活动的初步看法是：

任务 4

微信营销

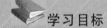学习目标

1. 知识目标

能认知朋友圈营销的特点

能认识微信群营销的特点

能认知公众平台营销的含义

2. 能力要求

能分析朋友圈营销的运作原理

能策划微信群营销方案

能够评价公众平台营销策略

营销密语

    移动互联网在改变人们生活方式的同时，也改变了企业一贯的营销模式。在未来，任何企业只要抓住了市场营销发展的趋势，就能抓住消费者。微信营销的出现与发展恰好给个人或企业创造了一个无限广阔的市场空间。对于用户来讲，微信不

仅仅是朋友间点对点的通信工具，更是建立彼此信任关系的平台。正是看到其中的奥妙，很多企业和品牌都在利用微信公众号做营销，慢慢地让许多用户通过这个平台提升对产品或品牌的信任感。由此，微信营销的优势也就慢慢显现出来。

 **任务解析**

根据网络营销职业学习活动顺序，这一学习任务可以分解为以下子任务。

> 4.1　微信朋友圈营销
>
> ↓
>
> 4.2　微信群营销
>
> ↓
>
> 4.3　微信公众平台营销

 **课前阅读**

每当提及农夫山泉，很多人会在第一时间想到"农夫山泉有点甜"这条广告语。

作为农夫山泉一直以来的营销主题"好水旺财"，农夫山泉从 2016 年开始，每年都会在开年之际推出一款全新限量版的生肖水。并且这款水并不售卖，只赠送。从营销层面来讲，农夫山泉又似乎是想通过这样的方式，牢固品牌与消费者之间的情感联系，从而向人们传达出新一年的祝福。不仅如此，在"生肖水"赠送环节上，农夫山泉在 2018 年也比往年做得更有意思。

2018 年，用户可以通过扫描农夫山泉瓶身"好水旺财，金狗贺岁"的二维码进行抽奖。这不仅降低了用户的参与门槛，同时活动主办方将活动入口设置在农夫山泉瓶身的"好水旺财，金狗贺岁"二维码上，又切中了人们新年想收获祝福和惊喜的心理。这样巧妙地借助大众对活动的热情，对产品起到一定的促销作用。

从表面上来看，似乎整个活动只有细微的调整，但从背后来看，却不难看出农夫山泉对年轻人的深刻洞察。它紧密衔接线下商铺，增强消费者在购物时的趣味性

与参与感，将品牌想传递的"喜悦"真正融入人们的生活之中。

扫码抽奖的方式，让用户在参与上拥有更多的可选择性，用户可以去找自己最中意的瓶身二维码进行扫码参与。这样就有效地避免了在营销活动中，往往都是用户被品牌牵着鼻子走的俗套感。可以说，整个营销活动都是农夫山泉全方位站在用户体验层面去设计的。

新年之际，农夫山泉选择用年轻人喜欢的自由、趣味、简单的方式与用户进行沟通，并以年轻人喜欢的惊喜感渲染整个活动的氛围，使活动在这样一种娱乐性十足的交互过程中，不仅起到快速拉近品牌与消费者之间距离的作用，还在无形之中在消费者心里埋下品牌"贴心"和"关怀"的影子。

农夫山泉每年赠出的"生肖水"是曾经拿下五大国际设计奖项的玻璃瓶纪念套装，整体外观优雅而美丽，给人一种非常舒适的视觉享受。每年的"生肖水纪念套装"都是全球限量，极具收藏价值。从某种意义上来说，这样的方式还能进一步提升用户对活动的参与热情和想要获得"生肖水"的欲望，所以每年"生肖水赠送活动"能吸引到大量用户参与就不足为奇了。

如果你也参与此次活动，你会发现扫描农夫山泉瓶身"好水旺财，金狗贺岁"二维码，不止有机会获得"限量瓶生肖水"，还能收获到很多意外的惊喜。

读后问题：

（1）你听说过上文中提到的营销活动吗？

（2）你觉得微信在农夫山泉热销中起到了哪些作用？

（3）你怎样评价这一营销现象？

课前阅读

4.1　微信朋友圈营销

如今，微信已经成为一种生活方式。伴随着微信的兴起，微信朋友圈营销应运而生，并且不少的企业和个人都从中获得利益，微信的发展前景也非常值得期待。那么，微信朋友圈营销是什么样的？在了解微信朋友圈营销之前，有必要先熟悉一下微信营销。

▌4.1.1　微信营销的解读

2019 年 1 月 9 日，微信公开课 PRO 现场发布的《2018 微信数据报告》显示，截至 2018 年 9 月，微信的月活跃用户数约为 10.8 亿人，其中 55 岁以上的月活跃用户约有 6 300 万人。2018 年，微信消息日发送次数达 450 亿次，较 2017 年增长 18%；音视频通话次数达 4.1 亿次，较 2017 年增长 100%。值得注意的是，2018 年，视频通话用户比 2015 年多了 570%，随时随地"微信见面"已成为用户的一种日常。与此同时，2018 年，微信用户的人均通讯录朋友数量也比 2015 年多了 110%。

1. 微信营销的含义

微信是腾讯公司 2011 年推出的一个为智能终端提供即时通信服务的免费应用程序，从最初的社交通信工具，已经发展为现今连接人与人、人与商业的重要平台。

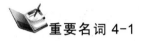

重要名词 4-1

微信营销

微信营销是一种创新的网络营销模式，是一种利用手机、平板电脑中的移动 App 进行区域定位营销，并借助微官网、微信公众平台、微会员、微推送、微活动、微支付等来开展的营销活动。

微信不存在距离的限制，用户注册微信后，可与周围同样注册的"朋友"形成一种联系，用户订阅自己所需的信息，企业通过提供用户需要的信息，推广自己的产品，从而实现点对点的营销。

2. 微信营销的特点

微信不同于微博，作为纯粹的沟通工具，企业与用户之间的微信对话是私密的，不需要公之于众，所以亲密度更高，企业完全可以进行一些真正满足用户需求与个性化的内容推送。与微博营销相比，微信营销具有以下特点。

（1）点对点精准营销。微信点对点的交流方式具有良好的互动性，企业在向用户精准推送信息的同时更能与用户形成一种朋友关系。微信拥有庞大的用户群，借助移动端，微信能够让每个个体都有机会接收到企业推送的消息，继而实现企业对个体的点对点精准化营销。

（2）形式多样。微信平台除了基本的聊天功能外，还有朋友圈、语音提醒、漂流瓶、公众平台、二维码、摇一摇等功能。用户可以发布语音或者文字投入漂流瓶的大海中，与捞到漂流瓶的用户展开对话，也可以扫描二维码来识别或添加好友、关注企业公众账号；企业可以通过扫码优惠的方式来吸引用户，也可以通过公众平台与用户进行互动，进行口碑营销。

（3）曝光率高。微信营销不同于微博营销需要时时刷新，在进行微博营销时，企业的推广信息会湮没在海量的微博信息中；微信在某种程度上可以说是强制了信息的曝光，因为用户接收信息前必须关注企业公众账号，因此，微信公众平台信息的到达率是100%。微信营销还可以实现用户分组、地域控制在内的精准消息推送，这也是微信营销吸引人的地方。因此做微信营销的企业不需要将时间花在大量广告投放上，只需要制作好精美的文案，定时定量，控制好用户接收信息的频率与质量，以保证用户的忠诚度。

3. 微信营销的模式

微信营销包括朋友圈、微信群、微信公众号、微信广告等多种模式，本任务重点讲解朋友圈、微信群、微信公众号这三种比较经典的营销模式。

（1）朋友圈营销。朋友圈营销是指利用微信的朋友分享机制，通过加好友的形式在朋友圈中进行软性推广的营销活动。微信好友最多可添加 5 000 个，其中包括个人好友+关注的公众账号+所在的群的好友数量。在朋友圈发送导购信息，并转入私聊、进入微店、成交转化，已经成为许多电商运营的基本模式。2020 年 1 月 9 日，微信创始人张小龙在微信公开课 PRO 演讲中称，之前微信限定一个人最多只能添加 5 000 个好友，现在有将近 100 万人已经接近 5 000 好友。接下来，微信好友很可能开放 5 000 人的限制。

（2）微信群营销。微信群营销是指一些企业会将老用户按照一定属性组建不同微信群，通过在群里发送 H5 活动海报、链接等信息，开展定期或不定期的营销推广活动，同时回答用户的咨询与疑问，处理售后事宜，增强用户体验，提升用户满意度。

（3）微信公众号营销。微信公众号营销是指企业或个人通过开通微信公众号，向用户推送信息或提供相应服务的营销互动。

4.1.2　微信朋友圈营销认知

朋友圈一般指的是腾讯微信上的一个社交功能，用户可以通过朋友圈发表文字、图片和视频，同时可通过其他软件将文章或音乐分享到朋友圈；用户可以对好友新发的照片进行"评论"或"赞"，其他用户只能看相同好友的评论或赞；企业可以利用朋友圈中的小视频、分享链接、图片动态、纯文字来进行营销。就分享链接来说，营销人员把链接发到朋友圈，如果好友感兴趣，就会点击观看。朋友圈分享链接界面如图 4-1 所示。

图 4-1 | 朋友圈分享链接界面

1. 朋友圈营销解读

朋友圈是什么呢？朋友圈是微信最早的功能之一，其本质上是社交定位，是熟人之间的一种社交，是朋友间生活状态的呈现渠道。朋友圈也是每个人的名片，是一个展示自我的窗口。在社交经济推动下，朋友圈也成为重要的营销阵地。特别是随着微商的发展，朋友圈逐渐演变成了朋友之间的广告圈。

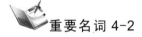

重要名词 4-2

微信朋友圈营销

朋友圈营销是指企业或个人将微信朋友圈作为宣传推广平台，潜移默化地影响朋友圈好友，通过品牌宣传、产品展示、实景案例分享、团队文化输出、个人形象品牌建立等活动，赢得目标用户的信任和喜爱，进而增加转化，实现营销的目标。

朋友圈营销具有准入门槛低、流量大以及传播直接等特点。在智能手机时代，几乎人人都玩朋友圈，并且玩朋友圈已经成为人们生活方式的一部分。在如此庞大而又统一的用户行为模式下，朋友圈营销活动变得简单易行。微信公开课数据显示，每天点开朋友圈的总次数是 100 亿次。如果 1 个私人号加满 5 000 人，就相当于拥有了 5 000 人观看的广告位（理想状态下）。这样既能够带来巨大的流量，也省去了传统媒介与渠道，实现了直接传播。

2. 朋友圈营销定位

朋友圈营销定位主要包括服务定位与用户定位。

（1）服务定位。朋友圈营销首先要做好服务定位。营销人员要从自身角度出发，先思考一个问题，你能为朋友圈和微信群中的人群提供什么样的价值，即对照已有朋友圈营销细分领域，结合自身资源、兴趣，确定自己的经营方向。大的分类主要有产品与运营、语言留学、职场提升、升学考研、兴趣生活、电商营销、职场考证、设计创新等。应仔细分析这个市场的需求情况、竞争状况、市场细分机会、可以做哪些差异化营销等情况。

（2）用户定位。朋友圈营销还应该做好用户定位。营销人员应分析自己的目标人群是谁，他们有怎样的兴趣爱好、喜欢阅读哪些信息、有怎样的需求等一系列的信息，在此基础上，找到目标用户，并发展目标用户成为自己的微信好友。一般来讲，用户定位可以有这样一些方式：第一，根据人群属性进行定位，如目标人群的性别、年龄、职业、收入水平、所处地域、社会阶层等；第二，根据人群兴趣爱好进行定位，即根据用户不同的兴趣爱好组建不同的微信营销圈；第三，根据人群需求进行定位，即根据需求的相似性，将相同或相近需求的人群组成一个圈子。

4.1.3 微信朋友圈营销实务

企业或个人通过服务定位、用户定位，为朋友圈营销活动奠定了一个坚实的基础。

接下来，营销活动就可以正式开始，具体操作主要包括朋友圈形象设计、朋友圈内容发布、朋友圈营销活动组织等。

1．朋友圈形象设计

如果把微信比喻成一个人的话，那么微信朋友圈的形象就如同你的脸面一样重要，它决定了粉丝对你的第一印象、彼此之间的信任感以及后续的转化。微信朋友圈的形象设计主要由头像、昵称、标签、封面四个部分组成。

（1）头像。头像是一个人在社交网络中给人的第一印象，建议用真实的照片，选择画面清晰、识别度高、职业感强的照片，不要放小猫小狗、花花草草、卡通动漫、明星偶像或其他不知所云、过于抽象的图片。企业或个人打造个人IP，微信头像必须具备看起来真实可信、能够展现自己的独特气质、与微信昵称相呼应、凸显个人的定位和标签等特征。

（2）昵称。昵称是一个人在社交网络中的个人品牌，也是个人IP的核心资产。一个好昵称价值百万，如秋叶大叔、同道大叔、万能的大熊等。微信昵称切忌使用表情昵称、符号昵称、电话昵称（昵称后面加上电话，营销意图太过明显）、"A字党"昵称或其他"无厘头"的昵称。好的昵称要符合简单、好记、易传播等特征。如果想打造权威专业的个人IP，建议采用"真名+个人标签"的昵称，如"王伟—3D转化导师"或"段钟—悦动课程创始人"。

（3）标签。标签指的是个性签名，个性签名如同品牌广告中的广告语，用来展示一个人的个性特点或身份介绍，忌空洞、忌硬广。打造个人IP，个性签名可以体现自身定位，如"PPT达人"；可以体现自己的身份，如"科科读书会创始人"；可以体现自己的个性，如"一个有着独立思想的营销讲者"；也可以体现自己过去取得的成绩，如"服务客户1万+"等。

（4）封面。微信朋友圈封面就像实体店的招牌，一定要给人一种专业、值得信赖的感觉。打造个人IP，朋友圈封面要具备以下几个要素：个人形象照、个人简介、取得的成绩或荣誉、能给别人提供的价值等。

2．朋友圈内容发布

内容营销是微信朋友圈核心、重要的一环，直接决定用户对你的评价，所以在进行内容发布时，必须循序渐进，切忌频繁刷屏、发布一些没有任何意义的活动信息和广告类资讯。不管是在写文案还是发朋友圈的时候，都必须围绕用户的类型、特点、作息时间、阅读喜好、痛点进行。这样发布的内容才有价值，否则只会石沉大海。

（1）发布内容。朋友圈发布的内容一定要有质量，要服务于自己个人形象的塑造，具体内容可以是品牌宣传、产品展示、实景案例分享、团队文化输出、个人形象品牌建立等，从而赢得目标用户的信任和喜爱，进而提高用户转化的概率。

（2）发布时间。朋友圈发布内容的时间可以选择这样的一些时段：早上 8—9 时。新的一天的开始，很多用户醒来很期待朋友圈更新的内容，更重要的是很多人在上班的路上可以浏览朋友圈内容。中午 12—13 时。这段时间为用户午餐或准备午休的时段，也是忙碌一上午后的休息时间，很多用户会选择在这段时间收发信息，浏览朋友圈内容。晚上 21—22 时。这个时间是用户一天最放松的时间段，朋友圈也是打发时间的地方。根据时间点要求，结合朋友圈文案内容，合理安排发布内容顺序：分享自己生活、热门事件、互动小活动、产品效果反馈、物流信息、提供价值（小知识）。

另外，据京东微信小程序后台数据统计，每天 10—16 时为第一个消费高峰，20—23 时为第二个消费高峰。消费者使用京东微信小程序下单的频率，夜间比白天更活跃。这时，可以把产品信息选择在 10—16 时、20—23 时这两个时间段发出，生活信息等在其余时间发，效果可能会更好，成交率可能会更高。

（3）发布频次。发布的内容每天以 4～6 条为宜，太少了也不行，因为那样用户基本很难看到你的身影；当然太多也不行，"刷屏"行为会让好友反感，觉得内容没有价值。如果每天就只发几条，而且是自己精选过的，错开时间段，你的好友会觉得你分享的文章很珍贵、很有内涵，你很自强上进。他们通过你的微信，能够吸收很多东西，自然会对你有好感，长此以往，会每天关注你转发的内容。有了信赖，营销就简单了。

（4）发布形式。朋友圈的内容发布形式一定要采取图配文的形式，切忌只发文字或只发图片没有文字，发出的文字内容要精练，尽量不要超过 150 个字，否则文字就会被隐藏；如若做出有创新的内容，文字比较多也可以，但内容一定要足够吸引人。

3. 朋友圈营销活动组织

朋友圈营销比较常见的活动方式主要包括转发、集赞、试用、筛选、引流、互动等形式。

（1）转发。"万能"的朋友圈总是能给人带来很多惊喜，朋友圈文章被转发的次数越多，企业或个人越能够快速且有效地加到更多的好友，并可以进一步扩大营销推广市场。要想朋友圈文章转发效果更好，首先必须提供优质的内容。引爆眼球的朋友圈内容拥有一个共同点，便是语言有力度，很多微信主体都有明确的语言风格定位，更容易吸引精准好友。其次，必须提供有趣的配图。一张图片就是一个故事，有趣的图片有时候更能产生仁者见仁、智者见智的效果，吸引大家的关注，因此，在选择图片的时候，不能随意配图，一定要让图片代替自己发声。再次，有奖转发。在转发活动中，对用户的参加资格不做任何限制，这样可以充分调动大家参与的积极性。评奖依据是用户转发之后获得的点赞和评论量，并据此确定一等奖到纪念奖等各奖项的抽奖范围。在奖品发放之后，发表用户体验心得，既能体现自己的后续服务，又能取得更多用户的信任。举办有奖转发活动，能够让用户增强参与感，保持参与热情，也能让更多的人看到朋友圈内容，吸引更多的用户关注，实现引流。某朋友圈转发内容如图 4-2 所示。

图 4-2 | 某朋友圈转发内容

（2）集赞。集赞一般是指"让用户分享海报、文章至朋友圈，集齐 n 个赞就能获取奖品"的活动。相比之下，海报比文章更容易发布。海报集赞比文章集赞的涨粉效果好。如果是实物奖品要控制人数、审核人员和控制成本。集赞活动比较适合新店开业、线上宣传等。某朋友圈集赞内容如图 4-3 所示。

图 4-3 | 某朋友圈集赞内容

（3）试用。试用一般是指在一款产品刚进入宣传期时，都会搞一些活动，如送小红包或送试用装等。在试用活动中，一般是活动参与者购买 A 产品可以免费试用 B 产品，只需填写一份试用报告、反馈试用效果即可免付邮费；或者用户直接试用产品后填写试用报告，即可免费领取一定金额的代金券。

（4）筛选。筛选是指企业或个人事先说明一定的要求，并邀请满足条件的人点赞，由此筛选出自己需要的人群，以便进行后续的营销活动。这项活动的目的主要是通过设置条件，筛选用户，精准锁定意向用户，使营销活动更具针对性。

（5）引流。引流最常见的方式是在朋友圈开展活动，吸引用户参与，用户获取的奖品则需要到线下实体门店或其他平台领取。

（6）互动。朋友圈的每一次互动，都如同一次广告的展现，在激发用户活跃度的同时，也能给用户留下较深刻的印象。互动常见的几种形式包括：顺序互动，即根据点赞的顺序有不同的互动方式，由于点赞的人完全不知道点赞顺序，所以会有所期待；点赞量排名，点赞量等同于另一行为数量，既是一种互动，也是自己兴趣爱好的一种展现；点名接龙，如冰桶挑战、微笑挑战、A4 腰挑战、锁骨挑战等；互动游戏，如猜成语等。

课堂测评

测评要素	表现要求	已达要求	未达要求
知识点	能掌握微信营销的含义		
技能点	能初步认识微信营销的特点		
任务内容整体认识程度	能概述微信营销与传统营销的关系		
与职业实践相联系程度	能描述微信营销的实践意义		
其他	能描述本课程与其他课程、职业活动等的联系		

4.2 微信群营销

传统企业要举办一个会议营销或一个产品说明会，需要租赁酒店、筹备会议等，客户要参加会议，彼此需要花费大量的时间、金钱等。微信群则可以轻松解决举办单位和客户双方的时间、资源、成本等问题。那么，什么是微信群营销呢？

4.2.1 微信群认知

1. 微信群的含义

微信群是腾讯公司推出的可进行多人聊天交流的平台，用户可以通过网络在微信群中快速发送语音、视频、图片和文字。

基于微信群能够进行多人交流的特点，许多企业建立了微信工作群。微信工作群与传统办公方式相比，有无纸化、便捷、互动等优势，这让越来越多的企业选择微信群办公。

2. 微信群的加入

加入微信群有两种方法：一种是通过扫描群二维码，另一种是通过好友邀请。如果我们经常使用这个群，可以将这个群保存到通讯录，我们想找这些微信群时，直接选择这个微信群（通讯录→群聊→选择一个群）就行了。

微信群成员最多为 500 人。为了避免恶意账号给群带来骚扰，更好地保护成员信息安全，100人以上的微信群主要针对已通过实名验证的微信用户。

（1）超过40人，邀请新成员需要获得被邀请方的同意。

（2）超过100人，被邀请方需要通过实名验证才能接受邀请，可通过绑定银行卡进行验证。

（3）实名验证方法：请登录微信后点击"我"→"钱包"→"银行卡"→根据提示绑定银行卡即可。

4.2.2　微信群营销认知

进入移动互联网时代，几乎每个人都在用微信，每个商家包括微商，都会建立自己的社群，以便更好地进行用户运营。其中，微信群由于受众面广、用户量庞大，很多商家都用微信群来集结自己的客户、宣传推广自己的品牌和产品。

1．微信群营销的含义

相对于其他社群，微信群是比较私密的，更多是一些好朋友、小范围的朋友圈，人数不多。人人都有理由建立一个微信群，然后在微信群里进行交流，个人可以通过微信群建立与朋友之间的联系，商家可以通过微信群拉近与客户之间的距离。

商家可以通过加入一些比较火爆的微信群，或是兴趣爱好比较集中的微信群，进行营销活动。这样的群比较成熟，而且群成员的质量较高，只要吸引到其中一部分人，就会有不错的传播效果。

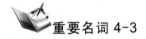

重要名词4-3

微信群营销

微信群营销就是通过建立或加入一些微信群，并在该社交关系中借助移动互联网特有的功能而创设的全新的营销方式。简单来讲，微信群营销就是商家寻找目标客户所在的微信群，并加入其中，把群成员转化为自己的个人好友，进而转化为自己的客户。

目前，不少微信群已经成为群成员搜索产品、品牌，进行互动交流的重要场所。微信群可以实现群成员一对多的沟通，为商家提供了接近目标客户的平台。

2．微信群营销的特点

微信群营销也有着自己的特点，主要表现在以下3个方面。

（1）便于沟通，吸引客流。商家建立微信群可以更好地与客户进行沟通，了解客户的真实需求，了解其产品或服务在市场上的受欢迎程度。此外，商家还可以与群成员建立信任，使群成员转化为客户，形成订单。

相较于传统的实体店购物，在客户信任的基础上进行产品营销，可以不断提升客户的购物需求，效果也会更突出。

（2）便于创造场景销售。很多时候，场景销售会带领人们更好地认识到产品的价值及重要性。因此打造微信群是第一步，商家在与客户建立良好的信任度之后，就可以开始场景销售，这样会得到较好的收益。例如，商家建立了一个运动健身群之后，在群里创设一个场景，分时段讲述自己的健身经历、效果对比，这样便会引起大家的好奇，尤其是喜欢运动的群成员会对这类信息感到着迷。接下来，商家结合自己的实际，来介绍一下自己健身的秘诀，顺便推销自己的产品，很容易让大家认识到产品的价值，并产生购买欲望。

（3）便于互动，提升复购率。要想增加复购率，商家还需要多动脑筋。客户为什么要购买你的产品？为什么还要再买？其实这里除了产品质量过关之外，还有一些别的元素在里面，这就是优惠策略。如客户办理会员卡，首单消费优惠五折，第二单起九折，这样就会增强客户的购买欲望。客户办理会员卡后就很容易产生复购行为。此外，商家还可以借助优惠券，增加客户的复购率。

4.2.3 微信群营销实务

微信群的建立不仅可以有效促进人们之间的沟通与联系，还为商家进行营销活动搭建了一个目标精准、简单易行、较低成本的平台。商家进行微信群营销一般包括以下工作内容。

1. 微信群增粉

（1）自建微信群增粉。自建微信群增粉是指通过组建微信群将具有相同属性与需求的客户聚集在一起。微信群都是基于客户某一个共同的兴趣、关系、特征而集合在一起的，如运动健身群、旅游群、学习群等。自建微信群增粉一般包括以下方式。

① 雷达加好友。只要在场的人同时点击"雷达加朋友"按钮，"雷达"就会扫描出此刻在一定距离内打开雷达的好友，有绿色对勾标志的表示已经是好友状态，没有绿色对勾标志的表示还没有加为好友，然后点击头像即可批量添加好友。

② 面对面建群。"面对面建群"也是一个快速建群的方法。只要在现场的人点击"面对面建群"，输入同样的4个数字，就会进入同一个微信群中，非常方便快捷。

上述两种方式要求群成员在同一个现场，因此，营销人员需要开展线下活动吸引目标人群参与，在活动开展过程中自然建立群组关系；通过加入的目标人群进行口碑传播，还可以吸引更多的目标客户。

③ 多平台引流。营销人员还可以在微博、QQ、论坛、美拍等社交平台上留下自己的微信号，只要你乐于互动，愿意分享，与目标群的偏好一致，能为用户提供有用信息，也会有人通过搜索微信号加你为好友；在电子邮件落款处留下微信号或二维码方便别人添加，也是一个非常好的方法；写文章或引用他人的文章，在分享过程中，加入自己的微信号或二维码，然后发布到自己的微信公众平台、博客、与产品相关的论坛和贴吧等，

这种方法效果快，所加好友较精准、黏度较高。

此外，营销人员还可以将带有微信号或二维码的软文推广到百度系列产品里，如百度知道、百度经验、百度文库等，这样可以让利用百度检索相关产品信息的客户关注个人微信，提高展现量。

④ 线下送礼品。营销人员可以通过线下送小礼品的方式吸引目标客户关注个人微信。如卖面膜的微商通过与电影院、外卖小哥、快餐店合作，女性客户购票或订餐就送一张面膜。拿到面膜的客户只要扫描面膜上的二维码加好友，即可领取更多礼品。

线下送礼品活动的前提条件是：一定要找准目标群体，及时转化加入微信的目标群体，否则会出现一些为了领取礼品而加入的客户，这样的客户流失率会比较高。

（2）加群增粉。加群增粉是指商家有选择地加入一些自己认为潜在目标客户较多的微信群，以便开展后续的营销活动。加群增粉主要有以下一些方式。

① 搜索社群。营销人员可以直接使用 QQ 群搜索相关关键词查找相关的群，也可以在百度搜索"×××QQ 群""×××交流群"等关键词，或使用 QQ 的"附近的群""兴趣部落"等功能进行检索，还可以搜索相关明星和网络"大 V"的微博、论坛等社交平台信息，从中找寻线索。

② 口碑式推广。营销人员可以借助具有一定的名气、威望的人的推荐，或者借助朋友的口碑推广，建立与客户之间良好的信任关系，也能快速吸引粉丝。口碑式推广的前提是个人微信一定要有专业性，提供的信息在某一个方面是有价值的，否则尽管加了很多好友，也不能提升转化。

③ 参加交流会。营销人员可以参加一些交流会、线下论坛、行业交流等线下活动，多与客户进行交流，建立关系，这种方式添加的客户黏性高、信任度也很高。

2．微信群转化

建立微信群以后，接下来就要对群成员进行商业变现，即将客户锁定在一个封闭的群空间内，并对其进行一对多的服务和理念灌输，最终，使其感受到商家的诚意和热情，从而转化为商家的忠实粉丝。微信群转化需要做好以下工作。

① 设置欢迎语。客户刚加入微信群时，往往会有陌生感和紧张感。这时，营销人员可以设置欢迎语，如"欢迎××进入我们这个大家庭"等。这样既可以消除新成员的紧张感，还可以增加新成员对微信群的好感度，提升微信群的活跃度。

② 制定群规则。微信群运营一定要制定微信群规则，并使群成员遵守规则，这样才有利于微信群的健康发展。营销人员既要在群成员加入时就告知规则，还要每隔一段时间就在群里发布规则，以巩固群成员对群规则的印象。

③ 打造群文化。当前的微信群，仅仅靠共同利益来连接和维护是不够的，还应该树立群成员的共同理念，并打造积极向上的群文化，这样才能够使微信群长久运行下去。

④ 增加实用性。客户在加入微信群时，往往抱着学习知识、拓展社交关系、了解

新鲜资讯等目的。因此，若想微信群壮大起来，就需要尽量满足群成员的这些需求，为群成员提供详细的资料、活动信息、新闻资讯等内容。

⑤ 更改群名称。微信群的名称如果长期不变，容易造成群成员的审美疲劳，使微信群的活跃度降低。因此，每隔一段时间，营销人员可以将群名称进行更换，使群名称更符合自己现有的特点。这样可以激发群成员的兴趣，提高微信群的活跃度。

⑥ 删除无效成员。在微信群中，具备东拉西扯、"万年潜水"、传播负能量等属性的成员，属于无效成员，需要定期清理，以保持群内氛围的活跃、积极、向上。

⑦ 制造新噱头，在微信群营销活动中，可以适当制造一些新噱头，以达到吸引人眼球的目的。这样可以激发群成员的兴趣，引起群成员的广泛议论和关注，从而提高群的活跃度。

3. 微信群互动营销

微信群营销重新定义了商家与客户之间的互动方式，拉近商家与客户之间的距离，从而受到众多中小型企业的青睐。商家在进行互动营销的过程中，除了可以树立客户对品牌的信任度、提升客户的品牌体验外，还能够在互动中对客户和市场有一个更加直观的了解。

（1）微信群互动营销的条件。

商家在微信群中开展互动营销必须具备以下条件，才能收到较好的效果。

① 必须有利益驱使。当然，这并不是说让商家直接将现金当作奖品派送出去，进行微信吸粉，这样吸引来的只会是一些忠诚度较低的"僵尸粉"。这里所说的利益驱使，是指商家的互动可以是在沟通和调查的基础上，充分了解什么是客户真正需要的，什么东西才是他们的兴趣所在等。商家针对这些信息来设置互动营销的奖品或情景，才能获得精准的粉丝。

② 必须让客户参与，产生好感。小米公司曾经出过一本口碑营销内部手册，叫"参与感"，是由雷军亲笔作序的。参与是最好的方式，一定要让客户参与进来，这样客户才会投入更多的注意力，有参与客户才会产生好感，进而完成转化。

③ 营销活动必须有新鲜感。商家想要得到可观的互动营销效果，使品牌得到很好的传播，就需要新鲜的场景设计、技术支持和互动玩法，说到底就是要有新鲜创意。最好放弃那些已经被无数商家运用过、千篇一律的活动，否则效果可能会适得其反。

④ 活动设置必须有社交性互动。什么是社交性互动？就是在互动营销的最后商家要设置一定的机制或引导客户将互动营销活动转发出去，让客户成为又一个传播渠道，形成社交性。

（2）微信群互动营销活动。

① 客户需求定位。微信群营销的关键点在于抓住客户需求的"痛点"，客户才会心甘情愿加入微信群，并且不会屏蔽。商家在开展微信群营销之前，首先会对自己的客户

进行调查分析，精准定位客户的需求是什么。

② 拉群裂变。建微信群就是建立自己的圈子，要经营这个圈子，让这个圈子里的人都有信任感。在对客户需求进行了定位之后，商家需要建立自己的微信群，并准备好裂变海报。海报的主要作用是引导客户把商家微信群的信息传播到其朋友圈或者传播到其他的微信群里，海报的文案与样式是否吸引客户是决定商家拉群裂变能否成功的关键。

③ 目标人群筛选。加群的不一定都是精准的目标客户。因此，商家可以对群成员进行仔细的筛选，把不合格的群成员剔除掉。

④ 群互动。商家要经常在群里跟群成员进行互动，目的就是要提高微信群的活跃度，增强客户的黏性。如果一个群长期没有互动，很多客户可能会选择退群。群互动的方式有很多，商家可以发布门店产品上新的信息和优惠活动等，也可以举办一些和门店产品相关的讲座，分享经验技巧等。如水果店的微信群，可以每天分享一款水果的功效，并针对此款水果推出砍价、秒杀、拼团等促销活动来增加群内成员的参与度。

课堂测评

测评要素	表现要求	已达要求	未达要求
重点知识	能掌握微信群的含义		
重点技能	能初步认识微信群营销的特点		
任务整体认识程度	能概述微信群营销活动与传统营销的联系		
与实践相联系程度	能描述微信群营销的实践意义		
其他	能描述本课程与其他课程、职业活动等的联系		

4.3 微信公众平台营销

微信公众号是企业在微信公众平台上申请的应用账号，该账号与 QQ 账号互通。通过微信公众号，商家可以在微信平台上利用文字、图片、语音、视频与特定群体进行全方位的沟通与互动，形成线上线下微信互动营销。那么，到底什么是微信公众平台及平台营销呢？

4.3.1 微信公众平台解读

微信公众平台是腾讯公司在微信的基础上新增加的功能模块，通过这一平台，个人、企业都可以打造一个自己的微信公众号，并可以在公众号上可以发布文字、图片、语音、视频。

1. 微信公众平台的含义

微信公众平台简称微信公众号，于 2012 年 8 月 23 日正式上线，是腾讯公司主要面向政府、媒体、企业、名人等推出的合作推广业务，也曾被命名为"官号平台""媒体平台"等，体现了腾讯公司对微信延伸功能的更大期望。

利用公众账号平台进行自媒体活动，简单来说就是进行一对多的媒体活动，如商家通过申请微信公众号，进行二次开发，展示商家微官网、微会员、微推送、微支付、微活动、微报名、微分享、微名片等。到目前为止，一种主流的线上线下微信互动营销方式已经形成。2018年2月，微信公众平台新增修改文章错别字功能。2018年6月，微信订阅号正式改版上线。

2．微信公众平台的类型

微信公众平台有企业微信、服务号、订阅号和小程序4种账号类型。

（1）企业微信（原企业号）。企业微信主要用于企业管理，类似于企业内部的管理系统，面向的是企业内部的员工或企业运营流程中的上下游客户。

（2）服务号。服务号主要用于客户服务，如平安银行服务号，客户将个人平安银行账号与该服务号绑定后，客户在每次消费时都会收到平安银行的服务号发来的消息。

（3）订阅号。订阅号主要用于传播资讯，商家通过展示自己的特色、文化、理念而树立品牌形象，订阅号具有较大的传播利用空间。

（4）小程序。小程序可以在微信内被便捷地获取和传播，同时具有出色的使用体验。

3．微信公众平台的注册

（1）在 PC 端打开微信公众平台官网，单击"立即注册"，出现选择账号类型（企业微信、服务号、订阅号和小程序）的提示，选择账号类型。

（2）填写邮箱地址，然后登录邮箱，查看激活邮件，填写邮箱验证码进行激活。

（3）了解订阅号、服务号和企业微信的区别后，重新选择想要注册的账号类型。

（4）信息登记，选择个人类型之后，填写身份证信息。

（5）填写账号信息，包括公众号名称、功能介绍，选择运营地区。

完成以上步骤后即完成注册，可以开始使用公众号。

4.3.2　微信公众平台营销实务

要做好微信公众平台营销活动，需做好以下几个方面的工作。

1．微信公众平台定位

要做好微信公众平台营销活动，一定要从有效的定位开始，这是微信营销活动中最关键的一个方面。微信平台定位主要包括用户定位、内容定位、服务定位等方面。

（1）用户定位。用户定位主要指企业需要了解用户属性及其行为特征，为其画像，从而找到目标人群，确定辐射受众面，设计公众号功能特色、服务模式、推送风格等。

（2）内容定位。内容定位主要是企业利用品牌调性，结合品牌自身受众，总结出品牌内容的个性，有选择地进行内容的取舍与发布，以吸引用户注意力、增强用户黏性和适当体现品牌价值。

（3）服务定位。服务定位主要是指为用户提供什么样的服务，用户能够从中获取什么，微信公众号能为企业创造什么价值。如餐饮企业公众号，除推送美食文章内容外，还能提供在线订餐、连接 Wi-Fi 等基础服务。

2．微信公众平台设计

（1）公众号名称设计。名字是公众号给他人的第一印象，是品牌标签，对公众号具有至关重要的作用，其具体设计方法包括受众特点取名、突出关键词取名、创意取名、突出需求取名、结合数字取名、结合人名取名、结合热词组合取名等。

（2）公众号内容设计。公众号内容设计包括菜单栏、正文、排版设计等。①公众号菜单栏设计。微信公众号最多可创建 3 个一级菜单，一级菜单名称不多于 4 个汉字或 8 个字母。每一个一级菜单下最多可创建 5 个子菜单，子菜单名称不多于 8 个汉字或 16 个字母。在设计微信公众号自定义菜单时，主要应遵循让用户使用方便、先予后取、业务精简、为用户节省时间等几个方面的原则。菜单栏标题的常见写法有：开门见山、热门话题、流行词汇、设置悬念等几种。②公众号正文设计。公众号正文内容必须遵守以下原则，即有趣、利益、个性。同时，用户最愿意分享的内容才更应该是公众号需要去开发的，具体有以下几种：主题让人感到兴奋的内容，主题让人愤怒和恐慌的内容，显示自己聪明、消息灵通、见多识广的内容，实用且容易记、有价值的内容等。③公众号排版设计。公众号的排版一定要注意细节，最好能给用户带来良好的体验。例如，图片一定要精美、图文摘要具有吸引力、配色不超过 3 种、文末配上引导图片或文字。

3．微信公众平台粉丝维护

（1）设置功能介绍。粉丝在关注公众号时，第一印象来自微信公众号的功能介绍。功能介绍内容可以采用"关键词+功能定位"，以简练的语言突出功能亮点；也可以将账号名称加入其中，并带上感情色彩，让介绍变得生动有趣；还可以加入实惠的服务与有趣的互动内容来吸引人们的关注。

（2）设置投票话题。设置投票话题的目的主要是让粉丝都参与进来，因此，话题需要有震撼性，最好是当天的热门话题。进行投票设置，需要对粉丝有足够的了解。

（3）自定义设置。在微信的自定义菜单中，企业可以设置抽奖活动或信息查询。

（4）消息回复。对于粉丝所有的问题都应该及时地给予回答，对于人工不能及时回应的问题，可以设置自动回复，这样才能吸引粉丝持续关注。

4．微信公众平台营销活动

微信公众平台营销活动主要有以下一些形式。

（1）留言回复有礼。留言回复有礼一般是根据当下热点、近期活动、节日庆典等，准备一个话题，让用户在活动时间内到图文的留言区进行回复，进而随机筛选或按照点赞数等规则选取中奖用户。回复简单易行，用户参与度高，可控性强。但是用户容易产生心理疲倦，因此话题需要互动性强。

（2）晒照有礼。晒照有礼的一种方式是企业设定活动方向，用户选择不同主题的照片或其他趣味的照片，发至公众号后台，企业进而按照活动规则抽选中奖用户。另外一种方式是促进分享、促进交易或者促进其他 KPI 的晒照活动，如用户将指定图片、指定文章分享到指定的朋友圈、微信群或其他平台，进而截取相应的图片并发至公众号后台；或者用户拍摄购买的物品或者购物小票等，发至公众号后台，运营者收到后对用户进行选取与奖励。晒照有礼活动的互动性更强、能与运营目标结合。但用户参与的难度较回复有礼更高，收到的图片只能够在微信后台保存五天，公众号运营人员需要及时收集用户的参与信息。

（3）红包抽奖。做公众号运营，发红包活动也很常见。企业可以设置关注抽奖或线下扫码抽奖活动，用户通过参加活动将有机会获得现金红包或实物礼品。这种活动是回馈用户的常见手段，也是聚集人气的有效方式。建议除了大奖，可以设置更多丰富的小奖，以保证更多用户都可以参与或中奖，以加强用户与平台之间的关联。

（4）游戏互动有奖。这类活动一般是平台提供免费互动游戏的接口，这些小游戏通常与一些流行过的单机版游戏类似，用户可以通过小小的游戏比赛，既获得乐趣，同时又赢取奖励。这种活动娱乐性强，能够带给用户一定的新鲜感与参与兴趣。

（5）病毒式 H5 互动。H5 页面凭借其简单快捷、生动有趣的设计在移动前端市场形成了火爆局面，吸引了大量用户的眼球，同样也备受微信运营人员的关注。运营人员通过 H5 设计一些生动有趣的小游戏或商业活动吸引大量用户的关注，成为推广微信公众号的高效方式之一。这类活动形式多样，如朋友互动、趣味游戏、有奖竞猜等。

（6）投票评比活动。据说这是朋友圈、微信群中最让人烦恼的一种活动形式，偏偏又是最有效的活动形式之一。这种活动的形式一般是比赛制，运营人员通过设立大奖，吸引用户进行报名，然后在微信公众号内进行拉票，根据最终票数或报名内容等信息决定中奖者。

（7）有奖调研/问答活动。这类活动一般是运营人员根据需求，设置好调研问卷或问答题目，用户参与并填写信息，即可获得指定奖励。如果平台有自身的调研系统，完全可以做到用户完成调研，奖励即可直接发放，从而提高用户的参与度。

（8）征文征稿活动。这类活动一般是设定征文征稿的方向，如征集梦想清单、征集元宵主题的文章，或者诗歌、散文，又或者征集公众平台的宣传口号，让用户进行创作。用户创作的内容，可以在微信公众平台进行推广和发布，同时运营人员对优秀作品创作者给予奖励。

（9）用户访谈活动。这类活动一般是运营人员通过策划自己的主题方向，进而邀请用户报名，并进行一对一沟通访谈。运营人员聆听用户的故事，并将用户的故事撰写成文或设计成图，让用户的故事成为运营素材之一，当然对于参与访谈的用户，也要给予一定鼓励。

课堂测评

测评要素	表现要求	已达要求	未达要求
重点知识	能掌握微信公众平台的含义		
重点技能	能初步认识微信公众平台营销的特点		
任务整体认识程度	能概述微信公众平台营销活动与传统营销的联系		
与实践相联系程度	能描述微信公众平台营销的实践意义		
其他	能描述本课程与其他课程、职业活动等的联系		

任务4　小结

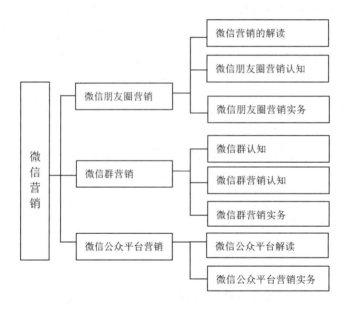

核心提示

教学做一体化训练

重要名词

微信朋友圈营销　微信群营销　微信公众平台营销

课后自测

一、单项选择题

1. 下面选项不属于微信营销模式的是（　　　）。

　　A. 朋友圈　　　　B. 微信群　　　　C. 微信广告　　　　D. 微信受众

2. 微信目前好友数量上限为（　　　）。

　　A. 500 人　　　　B. 5 000 人　　　　C. 1 000 人　　　　D. 无限制

3. 微信是（　　　）公司 2011 年推出的一个为智能终端提供即时通信服务的免费应

用程序。

    A．阿里巴巴   B．百度   C．腾讯   D．搜狐

4．微信中的朋友圈属于（   ）。

    A．微信公众平台   B．第三方接入平台

    C．微信个人账户   D．以上都不是

二、多项选择题

1．微信营销的特点包括（   ）。

    A．点对点精准营销   B．形式多样

    C．曝光率高   D．收益高

2．微信群营销的特点包括（   ）。

    A．便于沟通，吸引客流   B．便于创造场景销售

    C．便于互动，提升复购率   D．便于提升营销效益

3．下列属于微信功能的有（   ）。

    A．朋友圈   B．聊天   C．游戏

    D．支付   E．二维码

4．微信平台的账号包括（   ）。

    A．微信个人账号 B．企业微信   C．服务号

    D．订阅号   E.小程序

5．微信公众平台定位主要包括（   ）。

    A．用户定位   B．服务定位   C．内容定位   D．产品定位

三、判断题

1．微信朋友圈营销与微信群营销没什么区别，所以企业可以任意选择采用。（   ）

2．微信营销成本较高。（   ）

3．微信营销活动中企业不能够与用户开展互动。（   ）

4．微信营销活动中，传播的内容需要有"痛点"、有新鲜感。（   ）

5．微信公众平台中的企业号主要是帮助企业进行内部管理。（   ）

四、简答题

1．什么是微信营销？

2．微信营销的特点主要有哪些？

3．微信营销的模式有哪些？其主要作用是什么？

4．微信公众号中的订阅号的作用有哪些？

5．什么是微信朋友圈营销？

五、案例分析题

2016 年 11 月 15 日，一篇题为《我准备了 10 000 本书，丢在北上广地铁和你路

过的地方》的文章在朋友圈中热传。主办方"新世相"称，拟同近百位名人一起在北京、上海、广州的地铁、航班和顺风车里，"丢"10 000 本书供路人和乘客"漂流"阅读，并呼吁更多的人参与到"丢书大作战"活动中，由此网上也掀起了"营销还是情怀"的大讨论。

中国版"丢书大作战"的创意来自于在《哈利·波特》中扮演赫敏的英国演员艾玛·沃森。为了激起大家的读书欲望，艾玛·沃森在伦敦地铁里藏了 100 本书，并在书中附上自己亲手写的纸条，让大家像玩"寻宝"游戏一样去寻找书籍，希望大家能够利用通勤的时间读会儿书。11 月 17 日，因"丢书大作战"被推上风口浪尖的"新世相"开始准备第二轮书籍的投放，具体投放数量暂未透露。据"新世相"介绍，他们在上海地铁 1 号线、2 号线、7 号线、8 号线、9 号线、10 号线、13 号线以及中山公园、新天地、外滩等地都投放了书籍。在"新世相"开始丢书的五天前，广州一位年轻人就模仿艾玛·沃森的方式，在广州的地铁车厢、地铁站扶梯、站台座椅、升降电梯门口等地投放了九本书，并在附近观察乘客的反应。结果，即使在车厢不拥挤的情况下，也少有人认真翻阅书籍。当车厢内人多的时候，一字排开的几本书被乘客摞在一起放在了地上，地铁清洁人员还表示要把书籍收走。

这样的结果同样发生在"新世相"的丢书活动中。有人将"丢"在车厢内的书误以为是占座位的，有人将座位上的书挤到了屁股后面，也有人将书拿起来翻了几页后放回原处，还有一部分人质疑"丢书"活动是营销、广告行为。

不少网友吐槽，上下班往往是地铁早晚高峰时段，车厢内人挤人，这时候看书是"高难度"动作，而且通勤时间较短，刚看几页书就要下车了。与此同时，"丢书"与地铁的相关管理规定不符，这样的行为会给地铁工作人员增加负担。

在吐槽声中，部分网友也给出了自己的观点。作家马伯庸在微博上表示，在地铁里搞读书"漂流"并不太合适，这些地方人太多、人们的行程短，地铁里又没有放书的地方，关键是还有手机信号。最适合"漂流"的地方在飞机上，飞机起飞后乘客手机关闭、困守座位，很适合读书。"五岳散人"则在微博上表示，更适合在高铁上进行图书"漂流"。也有网友表示，地铁车厢内不适合放书，如果真的想让更多的人读书，可以在合适的地方设置固定的书架或漂流站，供想看书的人借阅。

"新世相"是一个微信公众号，2016 年 6 月，"新世相"启动了"新世相图书馆"服务，用户需要每月缴费 129 元，"新世相"会向用户提供四本书的阅读权，并随书发起了"城市图书漂流"活动。

"新世相"表示："我们做这件事的目的很明确，就是把一个在国外已经成熟的读书共享模式引入到中国，并且进行升级，希望借此能提升人们对阅读的关注度，让阅读变成一件有趣的、酷的事情。"

阅读以上材料，回答下面的问题。

1. 文中提到的活动是怎样的？

2. 这次微信营销主要采取了什么路线？

3. 你看到这样的营销活动之后，感觉怎样？

同步实训

实训名称： 微信营销活动认知

实训目的： 认识微信营销活动，理解其实际意义。

实训安排：

1. 学生分组，搜集一些微信营销活动的案例，归纳分析活动过程设计、效果监测方法，选择一些你认为有趣的细节，并讨论分析，总结概括出这些活动能够给企业带来的影响。

2. 学生分组，收集身边的一些企业关于开展微信营销活动的具体形式，选取一个企业作为案例，分析讨论并概括其营销分别针对的目标人群。

3. 分组将讨论成果做成 PPT 进行展示，并组织全班讨论与评析。

实训总结： 学生小组交流不同企业、行业的分析结果，教师根据讨论成果、PPT 演示、讨论分享中的表现分别给每组进行评价打分。

学生自我学习总结

通过完成任务 4 微信营销，我能够做如下总结。

一、主要知识

概括本任务的主要知识点：

1.

2.

二、主要技能

概括本任务的主要技能：

1.

2.

三、主要原理

你认为，微信营销策略与传统营销策略的关系是：

1.

2.

四、相关知识与技能

你在完成本任务中用到的知识与技能：

1. 微信营销的意义有：

2. 微信营销的特点有：

3. 微信营销策略的意义是：

五、成果检验

你完成本任务的成果：

1. 完成本任务的意义有：

2. 学到的知识或技能有：

3. 自悟的知识或技能有：

4. 你对微信营销活动的初步看法是：

任务 5

社群营销

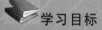 学习目标

1. 知识目标

能认知社群的含义

能认知社群营销的含义

能认识社群营销的策略

2. 能力要求

能分析社群营销的运作原理

能策划社群营销方案

能够评价社群营销策略

营销密语

网络社群的概念是由于 Web 2.0 的发展和社交网络的应用才逐步流行起来的。从时间上推测，网络社群的概念大约出现在 2006 年前后，社群经济、分享经济等概念也是在同样的背景下逐渐被认识的，可见社群是以社交化为基础的。社群营销就

是在互联网数字化社群的社会环境下，充分运用互联网工具，利用群体情绪化的特点，激发社群所蕴藏的巨大能量，达到营销的目的。

社群营销的核心是"人"，辅助因素是产品与服务，目的在于通过赋予品牌人格化的特征，努力在品牌和用户之间形成情感联络，让用户保持对品牌的情怀，即情感依恋，从而积极热情、不计报酬地宣扬自己偏爱的品牌，甚至直接购买产品。

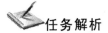 **任务解析**

根据网络营销职业学习活动顺序，这一学习任务可以分解为以下子任务。

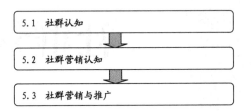

 **课前阅读**

目前社群主要表现为以下 3 种形式：公众号、微信群、朋友圈。那么，企业是如何利用社群做营销的呢？我们以小米公司（以下简称为小米）为例。

随着小米社群营销的成功，越来越多的企业都开始建立自己的社群，成功的却寥寥无几。他们只看到了小米的结果，却没有看到小米的运营过程和整个生态链。那么，小米是怎样成功的呢？

1. 聚集用户

小米通过 3 个方式聚集用户：用微博获取新用户，用论坛维护用户活跃度，用微信进行用户服务。

用微博获取新用户。微博平台可以为小米提供更多的新用户以及保持用户对小米产品的关注度。由于微博的用户量大，因此在微博上发布信息，可以获得很多的浏览量，其中不乏有些浏览者购买产品，成为新用户。这种零投资、效果显著的宣传模式，值得大家借鉴。

用论坛维护用户活跃度。在论坛中，用户可以讨论产品功能及使用上的事项，可以完美地实现与商家的交流沟通。小米的设计人员还可以从论坛中获得新思路进行更好的设计。

用微信进行用户服务。小米机智地选择了用户量大的平台进行免费的宣传，事实证明这种选择是正确的。在微信中，小米客服可以随时与用户进行沟通，有问题及时解决。这使产品在宣传和销售过程中很难遇到阻碍，成为小米营销成功的重要手段之一。

2. 增强用户参与感

在进行新产品的设计时，小米会积极发布设计信息，与用户在微博、微信等平台进行讨论，增强用户的参与感。除此之外，小米还举办各种活动使用户拥有主人翁意识，让用户更加积极地参与到小米的设计中，这也为小米的宣传打下了很好的基础。这一点许多企业在学习后很难实施，是因为还不具有如此庞大的用户群体，如果盲目地举办大型活动，可能效果会适得其反。

3. 全民客服

无论是小米的管理人员还是设计人员，都时刻保持与用户进行对话沟通、人人都是客服的工作状态，这使小米拥有更多的优势。更多的人愿意支持拥护小米，这在很大程度上都是因为它的服务及营销模式。这一点是很多大型企业难以达到的。

读后问题：

（1）你听说过上文中提到的小米社群营销活动吗？

（2）你觉得小米社群营销成功的原因有哪些？

（3）你怎样评价这一营销现象？

课前阅读

 # 5.1 社群认知

在互联网时代，无论 PC 端，还是移动端，社群营销都将成为市场营销的主阵地。对大部分企业而言，市场营销是针对每一个特定群体的活动，可以说是小众化营销。从某种意义上来讲，社群成员是最好的营销对象。那么，什么是社群？社群又是如何搭建的呢？

5.1.1 社群的解读

1. 社群的含义

提到社群，我们一般较早接触到的是社区。社区是若干社会群体或社会组织聚集在某一领域里所形成的一个生活上相互关联的大集体，是社会有机体的基本内容，是宏观社会的缩影。

随着互联网的兴起，虚拟化社区的概念也由此产生。虚拟化社区又称网络社区，是指传统意义上的社区向网络化、信息化、智能化方向发展。虚拟化社区与所在地的信息平台在电子商务领域进行合作，就成为如今社群的雏形，社区进一步发展便形成了社群。

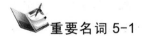 **重要名词 5-1**

社群

社群的定义可以从广义和狭义两个角度进行解释。从广义上讲，社群指的是在一定范围内（如某些边界线、地区等）产生作用的所有社会关系；而从狭义上讲，社群则是指具有共同特性、爱好的个体集合而成的兴趣共同体。在移动互联网时代，我们经常提到的社群指的便是狭义上的社群，它往往是通过网络集合的方式得以实现的。

显然，社群由"虚拟社区"发展而来，意味着志同道合的人聚集在一起，共同就某件事情进行交流、评论，发表意见；社群成员也可以做一个"生产者"，社群成员的创意、想法都有可能成为企业生产产品、改善自身服务等的因素。

📋 **重要信息 5-1**

社群与社区

社群与社区的共同点在于两者都是由人聚集而成的，都有一定的社会形态，不同点在于一个是"群"，一个是"区"。社群强调的是人与人在虚拟网络空间的关系，社区则强调的是人与人之间在物理空间中的联系。社群是熟人社交和强关系，能够实现自组织、自运行，个体进入社群的目的是获得人脉、建立信用。社区是陌生人社交、弱关系，高度依赖管理者的组织，个体进入社区主要目的是看内容。社群与社区的比较如图 5-1 所示。

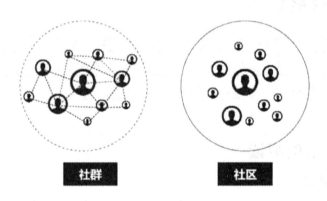

图 5-1 | 社群与社区的比较

2. 社群的要素

社群是随着社会不断发展变化而衍变出现的，在今天，社群已经成为人们互联网生活中的必要组成部分。社群的五大构成要素如图 5-2 所示。

（1）社群的同好。这是社群的第一要素，也是社群成立的前提。所谓同好就是社群成员对某种事物有共同认可。有的是基于拥有某一个产品而聚到一起，如拥有苹果手机群、小米手机群；有的是基于某一种爱好（标签）而聚到一起，如爱旅游的驴友群、爱阅读的读书会；有的是基于某一种空间而聚到一起，如业主群、同学会等。

（2）社群的结构。这是构成社群的第二要素，它决定了社群的存活时间。很多社群之所以很快走向沉寂，就是因为最初没有对社群的结构进行有效的规划。社群的结构包括组织成员、交流平台、加入原则、管理规范。这四个组成结构规划、设计做得越好，社群存续的时间就越长。

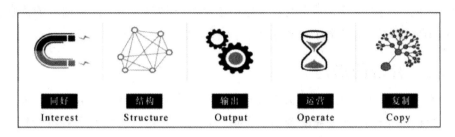

图 5-2 | 社群的五大构成要素

（3）社群的输出。这是构成社群的第三要素，它决定了社群的价值。没有足够价值的社群迟早会成为"鸡肋"，群主和社群成员就会选择解散群或退群。好的社群一定要能给社群内成员提供稳定的服务输出，让他们从社群中获得价值，获得成长，这样的社群才有存在的意义。

（4）社群的运营。这是构成社群的第四要素，它决定了社群的生命周期。社群运营主要是举办一些活动，或者组织讨论、分享，以保持群内活跃度，保证社群成员之间的互动，进而保证社群的凝聚力。

一般来说，运营者通过社群运营要让社群人员建立"四感"：仪式感，如成员加群要通过申请，入群后要接受群规，以保证社群规范；参与感，如通过有组织的讨论、分享等，保证群成员有话说、有事做、有收获，保证的社群质量；组织感，如通过对某主题事物进行分工、协作、执行等，保证社群的战斗力；归属感，如通过组织线上线下的互助、活动等，保证社群的凝聚力。

（5）社群的复制。这是构成社群的第五要素，它决定了社群的规模。一个社群如果能够复制出多个平行社群，会形成巨大的规模。当然，在复制社群之前需要考虑是否具备充足的人力、物力、财力，能否形成一种群体沟通的亚文化，使大家聊天的语气、表情、风格一致。

3．社群的类型

网络营销中的社群包括以下类型。

（1）粉丝型组织。这种社群是通过自发组织建群的方式，将周围的人聚集起来，形成一个具有相似价值观和心理需求的群体。如音乐家演唱会现场，很多粉丝都会自发组织起来，通过一起喊口号、在社群中发送照片等形式，支持自己喜欢的音乐家，分享自己的现场感受。

（2）兴趣型组织。兴趣型组织的形成往往来源于社群成员共同的兴趣和爱好。一般来说，很多人都会因为想要在某一方面提升自己，并和同好之人形成有益的交流，所以选择入群。如线上读书会、在线课堂等，都是典型的兴趣型组织。

（3）功能型组织。 这种社群具有极强的功能性特点，往往是由于特殊人群的特殊需要而形成的，其主要表现形式就是工作中创立的各种办公群。此类社群的活跃度一般较差，群中所谈事项是各类工作和任务，比较正式。

▌5.1.2　社群的搭建

社群在互联网时代得到了很大的发展，其营销价值的凸显更是引起了很多营销人员的注意，他们开始纷纷进入社群营销的领域，希望能够在社群内开展精准营销活动，从而达到推广产品和品牌的目的。社群的搭建一般要做好以下工作。

1．确立社群搭建目标

社群搭建之前首先要明确目的，即建群动机。只有这样，才能为后续的成员吸纳、规则制定、价值提供奠定基础。一般来讲，建群的主要目的有以下几种。

（1）销售商品。社群成立的目的就是为了能够更好地售卖自己的商品。如某一个人通过建群，分享衣着搭配经验，分享之后就可以推销其电商平台的对应商品。这种基于经济目标维护的社群反而有更大的可能生存下去，只要维护好社群成员的口碑，就可以源源不断获得老用户的重复订单。

（2）拓展人脉。不管是基于兴趣还是为了交友，社交的本质都是为了构建自己的人脉圈，这是任何一个职场人士都会去努力维护的关系。如"正和岛"定位是企业家的群体，并围绕创业者社群建立了生态链，并且下面细分了很多的组织。

（3）聚集同伴。这类社群主要是成员想吸引一批同学共同学习和分享，组成一个网络学习的小圈子。学习是需要同伴效应的，没有这个同伴圈，很多人就难以坚持，他们需要在一起互相打气、互相鼓励，大学里很多考研群就是如此。

（4）打造品牌。出于打造品牌而组建的社群，旨在和用户建立更紧密的关系，这种关系并非简单的交易关系，而是在实现交易之外的情感链接。

（5）提供服务。出于为用户提供服务而建立社群。如在线教育可以组织大量的学员进行答疑服务，还可以通过微课在线分享知识；有的企业建立社群提供咨询服务。

（6）打造影响力。社群具有快速裂变的特点，有的群主就借助这种效应更快地打造了自己的个人影响力。因为在网络交往中用户之间缺乏真实接触，所以新入群成员往往会相信甚至夸大群主的能量，形成对群主的某种崇拜，然后群主通过分享干货、组织一些有新意的挑战活动，鼓励大家认同某种群体身份，最终借助社群成员规模和影响力去获得商业回报。

2．确定社群内部角色

与现实生活一样，社群里面也需要不同的角色。每个不同性质的社群都会有不同的角色，大致分为以下三大类。

（1）创建者。创建者俗称群主，是社群发展方向的决策者，也兼有管理者的角色，在社群中具有一定的权威性。一个好的社群要有一个优秀的群主，群主除了制定规则、维护社群秩序外，还需要了解社群中人们的特点、需求，拥有较多的能力和资源。群主还要经常发布一些主题内容，组织社群里的人参与讨论，保证社群气氛活跃、人气高涨。

（2）专家。社群专家也就是问题解决者，通俗地讲，就是某些专业方面的高手。社群中的人很多，专家其实只需要几位或十几位就可以。这些人的存在对社群发展非常重要，社群能够持续稳定发展是不能缺少专家的。当一个新进社群的用户发问的时候，专家的回答能够让人安心地留下来，因为他的问题能够在社群中得到解决。如果他发现社群无法帮他解决问题，就有可能立即离开。

（3）活跃者。当社群中有一个话题讨论过后，大多数人都是持观望态度的，这时候谁能够参与进来，谁就是气氛的活跃者。这个角色就像一个链条，也是一个榜样，吸引大家一起参与。很多社群在前期大家还不熟悉的情况下，未必有气氛活跃者。这就需要群主先来安排几个活跃者参与，也就是俗称的"托儿"，等群内氛围渐渐热起来就不再需要这么做了。

3．选择社群运营平台

互联网上比较主流且适合社群运营的平台有 QQ 平台、微信平台、微博平台、百度贴吧、陌陌平台、知乎、豆瓣、直播等，不同平台各具特色，选择社群运营平台时，应根据自己所创建的社群的属性、目标群体、社群类型等进行。

（1）微博平台——名人粉丝类、兴趣爱好类。经过多年发展，新浪微博汇集了大量名人、品牌与粉丝。如果想要组织大量社群活动，受众群辐射全国，那么微博显然是较好的选择。运营者可通过官方账号发布活动预告，引导社群进一步转化互动，甚至可以直接发起大规模活动。

微博的平台场景建设不受地域限制，微博用户还会不断创造内容。这有利于社群的内容传播，使其出现裂变式效应。在特定兴趣和特质的关系群体中通过信息的交流与互动，进行信息分享、价值互通和服务增值，会给微博平台带来非常丰富的场景。

与社群用户进行丰富互动，是微博平台的主要社群运营模式。除了基础转发，在微博平台需要做的还有很多，微博平台具有转发、话题讨论、分享和有奖转发的功能，如图 5-3 所示。这些功能运营者都必须灵活掌握，从而更好地服务于社群。

图 5-3｜微博平台功能

①转发。发现热门话题，一键转发，吸引更多网友互动，从而给微博用户增加曝光的机会。②话题讨论。设定话题，鼓励网民参与讨论，如临近"双 11"购物节时，发起"剁手双 11"的话题。③分享。每天发布与品牌相关的内容，如"×××品牌预防流感的小秘密""轻松动手，让爱车自动驾驶"等，给社群用户带来惊喜。④有奖转发。定期发布有奖转发活动，给予用户一定的物质奖励，并借助参与者的"@"功能，吸引新的用户扩大社群规模。

（2）微信平台——圈子类、产品类、内容类。作为个人即时通信工具，微信更具私密性。如在微信公众平台所发布的内容只有关注的用户才能直接看到，同时，在微信公众平台可以发布较长的深度内容。因此，微信平台具备与微博不同的传播模式与效率。一般来讲，适合在微信平台开展活动的主要有圈子类、产品类、内容类社群。

① 圈子类。微信中的大部分好友都是比较熟悉的身边好友。因此，圈子类社群适合在微信平台上进行搭建，如服务于教师群体的课程分享品牌等。一旦社群成员在朋友圈进行分享，那么圈子里的人就会第一时间看到，并且选择阅读、关注或成为新用户。

② 产品类。微信平台的产品类社群更加侧重于深度解析，以活动为辅。尤其是对产品较丰富、产品更新较快的品牌来说，深度测评、解析类文章非常适合在微信平台发布。

③ 内容类。独立挖掘选题、独立编辑，挖掘深层次的、主流媒体不易发现的内容，这是自媒体的主要特征。自媒体主打"内容为王"，因此微信平台就成了非常好的传播渠道。

除以上三类社群，其他如餐饮类、服务类，同样适合于微信平台。如曾经红极一时的黄太吉煎饼、雕爷牛腩、西少爷肉夹馍、伏牛堂米粉就依靠微信平台打造出了让人过目不忘的社群场景与社群文化。当社群用户置身于这样的场景之中，往往会被内容所带动，就会愿意主动分享，从而激发社群活跃度，甚至直接购买产品或服务，为企业的销售带来直接的提升。

（3）QQ 平台——地域类、娱乐消费类、垂直类、强兴趣类。QQ 作为国内即时通信类老牌网络社交平台，是运营人员不可忽视的重要社群运营阵地。尽管微博、微信的出现给 QQ 带来了不小的冲击，但 QQ 凭借其所拥有的数以亿计的海量用户基数、丰富的功能、跨平台操作的优势，依然占据着通信社交类软件的重要地位。

QQ 平台的最大优势在于既可以点对点聊天（好友之间），也可以点对多聊天（QQ 群），签到、群论坛、公告、相册、群直播等功能一应俱全，几乎能满足所有场景建设的需要，大大超越微信的场景设置功能；同时，QQ 平台还适合话题讨论等，活跃度高。

常见的 QQ 社群有培训类社群、分享类社群、知识类社群、娱乐消费类社群、垂直类社群、地域类社群、强兴趣类社群。社群成员进群后需要遵守哪些规则、社群什么时候有专属活动，运营人员可以通过群公告第一时间通知所有人。即便是刚刚建立不久的社群，社群成员也可以通过"分享群"功能，将社群分享给更多的好友。而已经发展壮大的社群，签到、活跃等级、群名片快捷修改、管理员权限设置等功能，可以进一步促进社群形成"金字塔结构"，让社群的生态体系更加完善。

（4）百度平台——营销类、兴趣类、问答类。百度贴吧是目前百度最具有社群基因的产品。百度贴吧的社群发展壮大与否与吧主及整个吧务团队有着直接的关系，吧务团队成员主要有社群小秘书、社群意见领袖、社群活跃分子等。所以，依托于百度贴吧建立的社群，必须提升活动力度、吧务管理力度等，让整个贴吧始终处于高频活跃状态。

百度平台由于拥有百度搜索的"特权"，其相关产品的内容具有极高的搜索排名优势。用户搜索相关关键词时，它们通常都会在首页出现。因此，在百度平台进行社群建设时，应当灵活运用百度旗下的各类产品，提升社群、品牌的曝光度。

（5）社群 App 平台——知识类、兴趣类、活动类。微博、QQ、百度属于跨平台的互联网平台，它们诞生于移动互联网出现之前，并非纯粹的移动互联网平台，在 PC 端与移动端分别布局，操作、编辑、发布等操作可以在 PC 端完成。对于部分专注于移动端的社群而言，跨平台操作无疑费时费力，此时不妨选择从 App 平台入手，同样可以取得很好的社群运营效果。如以知乎为代表的知识类社群、斗鱼等兴趣类社群、陌陌等活动类社群在 App 平台市场中占有一定的地位。

（6）其他平台——微博群、阿里旺旺、YY 直播。尽管这些平台并不适宜直接发展社群，但是作为大型平台的补充，它们同样可以进一步推动社群发展；微博也有一个类似 QQ 群、微信群的平台，同样可以起到社群运营的目的；阿里旺旺可以帮助用户发布、管理商业信息，及时把握商机；YY 直播有着海量的用户生产的内容，它的背后是用户经济，用户愿意为自己喜爱的内容付费，也是较好的推广平台。

4．建立社群

确立了社群运营目标，选择好社群运营的平台之后，就可以开始着手建立社群。建立一个优质的社群主要应做好以下几个方面的工作。

（1）定位目标用户。定位社群用户应该从用户属性分析入手，可以从用户的年龄、性别、职业、地区、收入家庭情况、兴趣爱好等信息维度，判断自己的产品对应的用户特征，如一个母婴店的用户的属性是"宝妈"。接下来可以根据店铺的区域进行细化，越细化，用户特征就越清晰，如是"90 后"年轻人还是中年人。

无论定位是哪个类型的用户群体，一定要分析用户需求及社交场景，社群本质是一个小生态系统，线上用户体验度是社群的关键价值，我们与用户的关系质量决定了社群的质量。

（2）寻找意见领袖。在社群里面，最核心的是对 KOL（Key Opinion Leader，关键意见领袖）的服务。核心用户的意见具有较高的传播力、影响力和专业性，通常情况下，能代表社群的整体诉求。服务好一个 KOL，可以影响到 100 个甚至更多的社群成员。

一般情况下，各个行业专家就是 KOL，他们可以吸引更多的专家加入，所以需要想方设法说动这些专家加入。如果行业专家的加入存在诸多困难，也可以从社群内部发掘培养行业专家。内部发掘的 KOL，忠诚度非常高，比外部引进的 KOL 有更好的覆盖效果，也能带动其他社群成员积极主动活跃社群，从而催生更多内部 KOL。

（3）策划社群活动。无论哪种社群，只有通过高频互动才能强化成员彼此的联系，增加成员的归属感。互动分为线上互动和线下互动，线上聊一百次不如线下见一面，用户通过移动互联网很容易找到价值观相近的伙伴，但若没有见面机会，则彼此很难产生信赖。

目前，很多活动内容聚焦在新产品体验或邀请铁杆会员参观工厂、观摩生产流程等。但是很多社群不重视用户之间的交流，而在意活动的影响力或规模。活动的目的是为了促进用户彼此的交流，而非活动本身的形式。据统计，小米平均每个月举办 21 场活动，如"米粉"节、同城会等，从中可以看出高频次活动对社群发展的重要性。

（4）打造社群文化。一个社群如果有自身的文化，那么意味着该社群内部有着更强的聚合能力，群成员之间会产生信任、创造价值，对外有进行文化输出的能力，这种社群的价值远远大于一个单纯的人员聚合型的社群的价值。文化是社群的灵魂，文化体系回答了构建社群的目的是什么，社群存在的价值是什么。社群文化体系包括社群目标、价值观、社群公约等内容。

优秀社群的基础就是让对的人在一起做对的事。这里"对的事"就是共同的目标，或者共同的任务。有了共同的任务、持续的活动，社群才有活力，也才可能持续。共同目标和价值观可以增强成员之间的情感连接，让弱关系升级为强关系，社群目标不仅可以激发人们的潜能，也是吸引新成员加入的关键要素。

（5）促进社群裂变。社群发展壮大离不开社群裂变，裂变的前提是社群已经形成一套成形的亚文化体系和运营机制。社群裂变并不是由社群领袖主导的，而是由社群内的核心成员主动发起的。许多图谋长远发展的社群，都在不约而同地布局线下，为线下成员提供聚会、活动的固定场所。这是一种流量上的互补，不仅可以增强用户黏性，提高用户的忠诚度，最关键的是可以节约成本，形成流量闭环。

课堂测评

测评要素	表现要求	已达要求	未达要求
重点知识	能掌握社群的含义		
重点技能	能初步认识社群的特点		
任务整体认识程度	能概述社群搭建过程的主要工作		
与实践相联系程度	能描述社群的实践意义		
其他	能描述本课程与其他课程、职业活动等的联系		

5.2 社群营销认知

社群搭建之后,就可以选择平台进行各种营销活动。社群营销不仅是一种营销思路,更应该纳入企业的商业模式中。它需要突破很多传统思维,改变传统的解决问题的方法,在互联网社会,它是企业生存、发展必不可少的策略。那么,什么是社群营销?社群营销又是怎样操作的呢?

5.2.1 社群营销的解读

"物以类聚,人以群分",这个成语很大程度上印证了社群的客观存在及其价值。无论对于谁来说,只有当你的用户变成粉丝、粉丝变成朋友的时候,你才称得上是组建了社群。随着互联网的发展,消费理念的变迁随之而来,由过去的产品功能性进化到用户渴望参与到产品中来,也就是有参与度才能提高用户兴趣。这为社群营销活动的开展提供了广阔的空间。

1. 社群营销的含义

社群营销是基于社群而形成的一种新的营销模式。其通过互联网的传播效应,借助社群成员对社群的归属感和认可度而开展,借助良好的互动体验,增强群成员之间的黏合度,使群成员自觉传播品牌,甚至是直接购买产品,从而使企业达到营销目的。

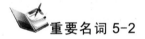 **重要名词 5-2**

社群营销

社群营销就是基于社群成员间相同或相似的兴趣爱好,利用某种载体聚集人气,通过产品或服务满足群体需求而产生的商业形态。社群营销的载体不局限于微信及各种平台,线下的平台和社区都可以做社群营销。

社群营销以人为中心,以用户的心理、行为、兴趣为出发点。在自媒体时代,面对越来越理性与成熟的用户心理、越来越碎片化的触媒行为、越来越多样化的兴趣,要做好社群营销需突破两点。一是把社群成员转变为目标用户。通俗地讲,就是"变现",这也是社群营销的一大难题。很多社群做营销,人很容易进来,产品也容易获得,但是如何把社群成员变成目标用户就很困难。二是让社群保持持久的热度。社群是有寿命的,用过微信群或 QQ 群的人都知道,初次加入一个群时,群非常热闹,但随着时间的推移,群渐渐就安静下来了,因此,持久保持社群的热度是社群营销的第二个突破点。

2. 社群营销的特点

社群营销也有着自己的特点,主要表现在以下 5 个方面。

(1)弱中心化。社群营销是扁平化网状结构,人们可以一对一或多对多地实现互动,进行信息传播,在社群里,并不是只有一个组织和一个有话语权的人,而是每个人都能说，这使传播主题由单一走向分散，这也是一个弱中心化的过程。

（2）多向互动化。社群营销通过社群成员之间的互动交流，包括信息和数据的平等互换，使每一个成员都成为信息的发送者，同时又成为接收者和分享者。正是这种多向的互动性，为企业营销创造了良好的机会。

（3）具有情感优势。社群都是由有共同的爱好、兴趣而聚集在一起的人组成的，因此，成员间很容易建立起情感关联。社群成员能够产生点对点的交叉感染，并且还能协同产生叠加能量，从而合力创造出涌现价值，使企业从中获得利益及有价值的信息。

（4）自行运转。由于社群的特性，社群在一定程度上可以自我运行、创造、分享，甚至进行各种产品和价值的生产与再生产。在这个过程中，社群成员的参与度和创造力能催生多种有关企业产品的创新理念或完善企业产品、服务功能的建议，使企业的交易成本大幅度下降。

（5）碎片化。社群的资源性和多样性特点，使社群营销呈现出多样化、信息发布方式松散的特点，这就意味着社群营销呈现碎片化的趋势。虽然碎片化会使社群缺乏统一性，给企业的社群营销带来很多的不确定因素，但只要企业善于挖掘、整理，就能从中挖掘出社群的价值。

3．社群营销的运行方式

在移动互联网时代，企业应该有效抓住社群的优势发展业务。然而，具体如何操作，对企业来说有一定的难度，下面我们来了解一下企业应如何进行社群营销。

（1）培育意见领袖。社群虽然不像用户经济那样依赖个人，但它依旧需要一个意见领袖，这个意见领袖必须是某一领域的专家或权威人士，这样才能推动社群成员之间的互动、交流，树立起社群成员对企业的信任感。

（2）提供优质服务。企业可以通过社群营销提供实体产品或某种服务，以满足社群个体的需求。在社群中最普遍的行为就是提供服务，如招收会员、进入某个群得到某位专家提供的咨询服务等，提供优质服务能吸引不少人的注意力。

（3）打造优质产品。无论是在工业时代还是在移动互联网时代，产品都是销售的核心。企业做社群营销的关键依旧是产品，如果没有一个有创意、有卖点的产品，再好的营销也得不到用户的青睐。

（4）扩散口碑传播。企业有了好的产品之后，将其以什么样的方式展现出来显得尤为重要。社群成员之间的口碑传播就像一条锁链一样，一环套一环，口碑传播使用户的信任感较强，口碑比较容易扩散且其传播能量巨大。

（5）选择营销开展方式。社群营销的开展方式是多种多样的，如企业自己建立社群，做好线上、线下的交流活动；与部分社群领袖合作开展一些活动等。总之，企业只有在开展社群营销方面多下功夫，才能达到良好的社群营销效果。

5.2.2 社群价值的激活

社群已经成为当今的一个新的风口，与微信公众号、自媒体、个人号推广不同，社群以其活跃度高、用户加入的门槛低、容易快速获客的优势，成为营销不可缺少的一部分，社群电商运营的主要平台就是各个社群。但是，社群搭建之后，还需激活社群价值，才能获得理想的营销效果。

1. 树立社群形象

社群形象既包括社群整体的形象，又包括成员在这个社群中的个人形象。塑造好的社群形象有利于群成员以社群形象要求自己，减轻群管理负担；同时，良好的社群形象有利于社群的口碑传播。社群形象主要包括社群名称、社群 Logo、社群口号等内容。

（1）社群名称。名字是极其重要的符号，是品牌的第一标签，所以要特别重视。好名字应该让人容易记住，易于传播，可以让目标人群快速找到。除非特殊原因，设置名称一定忌用宽泛、生疏、冷僻词汇。设置名称一般有以下三种方法。

第一种方法是从现成的核心源头延伸出来，特点是与核心源头息息相关，从名称上并不能看出特别具体的信息，如从灵魂人物延伸来的名称有罗胖的罗友会、万能大熊的大熊会，从核心产品延伸来的名称有米粉群、魅友家等。

第二种方法是从目标用户着手，想吸引什么样的用户群体，就垂直地起与这个群体相关的名称，一般从名称上就能看出社群是做什么的，如 Better Me、拆书帮、爱跑团、干货帮、趁早等。社群的名称应符合社群主题。

第三种方法是以上两种方法的结合，如"秋叶 PPT"等，都能建立社群的专属感。

（2）社群 Logo。作为社群来说，还应该围绕社群名称、属性进行视觉设计，如头像、背景、卡片、旗子、胸牌等。就视觉设计而言，Logo 是核心，还可以延伸到统一的服装、道具、手牌、卡片、纪念品等，社群在做线下活动的时候使用这些带有 Logo 的物品，更能给人留下深刻的印象。如霸王课的红领巾就是如此，它既有勤学上进的内涵，又有强烈的视觉体验，能给人留下深刻的印象。

Logo 大致有两种类型，一是对于已经非常成熟的企业或品牌，在做社群的时候，会直接沿用自己的原 Logo；二是对于原生态的社群，主要还是用文字做 Logo，部分也会用一些核心人物或品牌理念延伸的卡通形象。

（3）社群口号。无论企业还是社群，口号是必不可少的。口号能够体现社群的精神内涵，好的口号甚至比社群名称更有传播力。它代表着社群的价值观，能够聚集有共性的人群，社群口号其实是社群定位最直接的体现，它能像一根针一样扎进用户的记忆里，如霸王课的"一个关注成长的精英圈子"。一般而言，有以下三种常见的社群口号类型：一是功能型——阐述社群的各种特点，用最具体直白的信息让所有人第一眼看到就知道该群是干什么的，如百度的"百度一下，你就知道"；二是利益性——阐述群功能或特点能给群成员带来的直接利益，如"秋叶 PPT"的"每天三分钟，进步一点点"；三是三观型——阐述追求某种利益背后的态度、情怀、情感，以及某种利益升华后的世界观、人生观、价值观，如王潇的"女性自己的活法"。

2．制定社群规则

在社群营销活动中，规章和制度必不可少。制定规则的目的是让社群朝着既定方向前进，而不会发生偏移。群规的建立需要群策群力，初期运营时可由群主建立初步规则，后期再根据运营的情况逐渐丰富。一个群规的形成，最好经过社群成员的讨论，并达成一致后再去执行，这样能让社群成员对社群产生认同感、参与感和归属感，群规也比较容易得到遵守。如果制定出来的群规，大家都不遵守，将会使群主颜面扫地，失去威信，这将不便于社群后期的管理和维护。

如果群主要强势推出群规，群主的影响力一定要比群内成员高出几个数量级，这样才能获得遵守群规的心理优势。但是大部分时候，强调民意的群比强调个人意志的群寿命更长。社群的规则，其实是界定社群成员的日常操行法则，它是一种义务和责任。以下列举一些常见的社群规则类型。

（1）命名规则。所有新的入群成员，应按照规则命名自己的昵称，如城市+真实姓名+从事行业。

（2）言行规则。社群成员应该积极参与本群内的话题讨论，发表观点，拒绝一些形式的人身攻击，辱骂群友。

（3）任务规则。所有成员需要在特定的时间内完成特定的任务，未如期完成的将接受惩罚，如一个内容分享的社群，要求每个群员在每节课后一周内，将一篇新的体会发布在群内，如果超期需要发 10 元红包。

（4）惩罚规则。这是指所有成员不可以逾越的规则，如发布暴力、色情内容，以及其他恶意广告者直接从群内清退。

3．吸引种子用户

如何获取种子用户是社群营销初期工作的重中之重，种子用户的质量及从中获得的价值是整个社群营销目标能否实现的关键。吸引种子用户的主要工作包括以下内容。

（1）真爱吸引。社群初期比较难以吸引到用户，因此在初期社群运营人员可以通过邀请自己周围的亲朋好友加群撑场面，有了基础的成员数量后，再通过活动分享等进行转化。其次就是从老用户和真爱粉中选出经常和你互动的人，彼此沟通，接受反馈。从老用户和真爱粉中挑选种子用户，是最容易实现的方式。

（2）影响力吸引。很多企业建立社群失败，就是因为群里面没有灵魂人物，通常来说，在某一领域拥有影响力的个人和组织更易建立起垂直领域的社群。

（3）线上标签筛选。互联网上有大量可以聚集某一特征人群的形式，如通过在线上举办某主题的分享活动吸引用户，对在某一人物微博下热评的用户进行邀请，寻找某特定风格网站的用户等。

（4）线下场景切入。线下场景具有高精准性和面对面接触的优势，是社群种子用户的较好来源，如一家母婴类专营店通过妇幼保健院、儿童娱乐场、早教中心等线下场景寻找大量的潜在种子用户。

5.2.3　社群活跃度的保持

要想保持社群活跃度，可以通过社群分享、社群讨论、社群打卡、发红包、福利分发、建立强关系、线下交流等方式来完成。

1．社群分享

社群分享一般是一对多，由一个主角主导输出，其他人学习。社群分享是提高社群活跃度的有效方式。要做一次成功的分享，需要考虑的工作环节，如表5-1所示。

表 5-1　社群分享工作环节

序号	工作名称	工作要点
1	提前准备	邀约分享者；准备分享话题；准备分享素材；就话题讨论做预案
2	反复通知	多次播发消息，确定时间，提醒社群成员按时参加
3	强调规则	提示新成员注意分享规则；宣布规则时社群设置临时禁言；小助手分工明确
4	提前暖场	提前打开群禁言；活跃气氛，吸引上线
5	介绍嘉宾	主持人引导；介绍分享者；社群成员进入倾听
6	诱导互动	设置互动诱导点；耐心等待手机输入；安排热场，带动气氛
7	随时控场	主持人私聊提醒，排除干扰；社群小窗沟通，直至禁言
8	收尾结束	引导总结；鼓励社群成员在微博、微信朋友圈分享体会
9	提供福利	向总结好、参与程度高的社群成员赠送小福利，提高分享参与度
10	打造品牌	整理分享内容，通过微博、微信公众号进行发布和传播，形成品牌影响力

2．社群讨论

社群讨论主要是找一个话题，让每一个成员都参与进来，通过相互的讨论获得高质量的输出。可以从以下三个阶段准备一次群讨论。

（1）讨论准备时。第一，建立内部管理组，明确组织者、配合人、小助手。小助手需要协助组织者和配合人做一些事务性工作，需及时回应成员，活跃气氛，带动整个社群的讨论。第二，确定讨论话题。话题不能太大、太沉重，要简单、易讨论，让人可以随时参与。若能结合热点话题，更有利于活跃气氛。第三，发布预告。在发布预告时，应告诉社群成员来参加讨论的时间。一般需要进行三次时间预告，前一天晚上的 9:30—11:00、第二天中午的 12:00—13:00、讨论开始前的 1 个小时，这三个时间段是经过调查得出的比较合适的通知时间段。

（2）讨论进行中。一个问题讨论的时间是 30～40 分钟，可以根据情况适当延长或缩短。如果是初次组织群分享，可以提前设想在分享的不同阶段应该说什么话，并写下来作为讨论主持稿，也可以发到管理组让大家帮忙看看、提意见。社群讨论主持稿如表 5-2 所示。

表 5-2　社群讨论主持稿

序号	内容	要点
1	开场白	在预告内容的基础上修改而成，开场之前再发一次
2	过渡阶段	承上启下，过渡自然
3	出现无关问题	无关问题大量刷屏时，婉转提醒
4	观点与前面重复	委婉提醒，避免重复
5	诱导互动	提前设置诱导点，避免冷场，耐心等待成员发表意见
6	结束	对本次讨论做总结，引导成员记录、分享

（3）讨论结束后。对本次分享的成员发言进行汇总。汇总完之后就上传到群共享，同时在群里发布通知，告诉大家分享的内容已经整理上传，以便没有参加讨论的人可以下载观看。同时，总结的过程也可以让自己看到优势或不足，为下一次的主持积累经验。

3. 社群打卡

在网络中，"打卡"这个行为常用来提醒为戒除某些坏习惯所做的承诺，或者为了养成一个好习惯而努力，而社群打卡就是社群中的成员为了养成某一个好习惯所采取的某一种行为。

打卡的格式、时间、可报项目内容、数量和统计标准都需要进行规范。在打卡群，至少要有管理人员每天关注所有人的打卡，对照所报项目核实其完成情况。所有的打卡都需要提供相关证明，如运动 1 小时需要提供运动 App 截图证明，阅读需要撰写笔记或感悟等。

社群打卡一般是一个长线且很烦琐的过程，对于主题明确、统一打卡内容的群，最重要的是按照时间轴做好纵向的管理分配，如结构思考力社群的"每日一问"打卡活动，包括选题、公告、点评、收集、评优等工作，一般会在上午由一位导师提出问题，当天社群成员根据这个问题进行打卡，分享自己的答案。管理人员会把全部打卡素材的 Excel 文件提供给导师一份；之后，导师团针对大家的打卡内容进行反馈。

对规则多、分组设置、环节丰富的打卡群来说，打卡意味着运营管理难度加大。如果要维持比较高的水准，激励大家持续输出有质量的打卡内容，就需要多名管理人员投入更多的时间、精力。

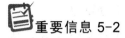 **重要信息 5-2**

打卡的作用

对于社群来说，打卡不但能够通过成员高质量的输出来保持质量，还能提高社群的活跃度，其作用有以下 3 点。

第一，在社群中打卡意味着一种承诺，是对很多人的一个公开宣示和承诺，这比实际生活中宣称接受同事监督更贴近心灵深处，作用更大。

第二，在社群中打卡代表一种态度，代表这件事的重要程度，代表执行的认真程度，这也决定了整个事情的结果。

第三，在社群中打卡有助于养成好习惯，因为打卡就是在培养一种好习惯而克服坏习惯。习惯的培养和克服有它自身的规律，打卡是一种有效地养成好习惯的方式。

4. 发红包

发红包的目的一般有以下几种：活跃气氛、新人报到、激活成员、宣布喜讯、打赏个人、发小广告等，运用得当，往往能够收到非常好的效果。

（1）明确发红包的目的。可以在春节、国庆节这些喜庆的日子发红包，有喜讯、"大咖"入群、重要通知时，可以发个红包活跃气氛，吸引大家注意力。

（2）设置红包金额。发红包需要设置适当的金额，一般情况下，金额不要太大，目的是让大家尽量参与。因此可设置一个小红包，采取多人随机分配方式，以激活群内气氛。红包的一个运营规则就是抢，一个群假如有 500 个人，让 50 个人抢到比较合适，没有抢到的人也多了一个话题。如果群规模很小，都是朋友，就要让人人都可以抢到红包。

（3）定向红包发放。定向红包发放有特定情况，如有人平时做了大量工作，在特定日子对其发大红包以示奖励，以体现其长期坚持的价值；有人做出了突出贡献，马上发红包打赏；社群成员遇到喜事，发红包庆祝等。

（4）发红包的时间选择。发红包要注意时间段，一般不在早上发红包，因为抢完红包后大家马上要进入工作状态，没有心情互动。中午、下午快下班时、晚上 9 点后、节假日，在大家不是很忙碌的时间段发红包，人气会比较旺。如果要发红包，要先发通知再发红包，而且过一会儿要补发一次通知，否则抢红包的消息会直接刷掉了通知。

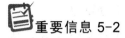 **重要信息 5-3**

社群红包

分享红包。邀请群分享，分享完成后社群成员认为分享的内容质量高，则给分享者打赏小额红包表示感谢。

任务红包。某学习分享群这样规定：每日没完成分享任务的人发小额红包，群主定期向群成员收取小额红包，每月完成率为百分之百的成员将平分红包。

禁言红包。有的群还有特殊的运营规则，如果社群成员违反了规矩被禁言，这时，群主可发红包并强调群规。

含义红包。如何让别人记住你的小红包呢？在节假日所有人都群发祝福时，可以发红包祝福，如 6.66 元、8.88 元，甚至哪怕只有 1.68 元，也会让人印象深刻。

5. 福利分发

社群本身的基金或与赞助商合作争取到的福利，也是帮助社群激发活跃度的一个利器。一般而言，社群的福利主要有以下 5 类。

（1）物质类。有的社群给元老级的成员一些年货，或者给成员们一些合作商赞助的小礼品。

（2）经济类。对在某次社群活动中表现优秀的群成员进行红包鼓励。如果人数太多，没有足够的资金，则可采用红包抽奖的形式。

（3）学习类。有的社群购买精品课程、优质课程用来激励群成员提高积极性和工作能力。例如，随着付费订阅模式的兴起，Better Me 大本营总部实行付费订阅。

（4）荣誉类。如 Better Me 大本营中有不同的分署机构，还有每个月的考核与激励，如每个月部长针对部员进行评级，表现优异的成员可以晋升。对于没有专门组织架构的社群来说，在群中设立一些特别的、有趣的头衔，并强化这个标签，这也是激发社群活跃度的方法。

（5）虚拟类。有些福利不是实际的商品或钱财，而是在自己社群体系下的某一些规则，常见的有积分、优惠券等。

6. 建立强关系

要建立强关系社群，就必须建立社交关系的"交叉覆盖"。如与自己关系亲密的人，你往往拥有他的手机号码、QQ 号、微信、邮箱账号等各种联系方式，甚至你找不到他时，还可以通过其朋友找出他在哪里。

建立强关系，就是社群成员之间至少建立两个维度的连接。这些连接包括职业圈连接（邮件、微信、QQ）、生活圈连接（微信朋友圈、QQ 空间）、人脉圈连接（社群）、兴趣圈连接（俱乐部会员）、私密圈连接（陌陌）、亲友圈连接（老乡会、同学会、战友会）。连接越多，关系越强。

7. 线下交流

人与人之间建立信任最有效的方式，不是网上聊天，而是见面。经营较好的社群都已经不再满足线上运营，都在慢慢从线上走到线下。只有在线下面对面的过程中，人和人之间交叉多维的联系才会建立起来。根据聚会的目的、规模，线下的聚会一般可以有核心群大型聚会、核心团队小范围聚会、核心+外围社群成员聚会等多种形式。

课堂测评

测评要素	表现要求	已达要求	未达要求
重点知识	能掌握社群营销的含义		
重点技能	能初步认识社群营销的特点		
任务整体认识程度	能概述社群营销价值激活的意义		
与实践相联系程度	能描述社群活跃度的实践意义		
其他	能描述本课程与其他课程、职业活动等的联系		

5.3 社群营销与推广

在互联网时代，无论是 PC 端，还是移动端，社群营销都将成为市场营销的主阵地。对于大部分企业而言，市场营销是针对每一个特定群体的活动，可以说是小众化营销。从某种意义上来讲，社群成员是最好的营销对象。那么，社群营销与推广又是怎样的呢？

5.3.1 社群运营团队建设

一个好的社群团队一定是既有新人源源不断的注入，也有核心骨干成员长期的驻留。这样，社群团队才能不断发展壮大。

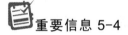

重要信息 5-4

社群运营团队结构

社群运营团队结构一般分为以下三层。

（1）核心运营团队。核心运营团队也就是社群的发起组织者，和社群发展息息相关的利益方，关于社群的发展核心方向问题、运营模式问题，首先需要经核心运营团队达成一致。核心运营团队一般是全职，至少也是对社群口碑负全部责任的人。

（2）大脑运营团队。大脑运营团队里主要是社群的核心活跃成员、认同社群的有影响力的人物、各个分群里挖掘出来的管理者。大脑运营团队主要是帮助核心运营团队策划活动，对核心运营团队的建议提出反馈意见，并负责分头落实自己分群的活动开展。

（3）小助手团队。小助手团队里主要是社群的活跃成员，他们不一定有时间全面参与管理，但因为有一技之长，可以利用碎片化时间负责某个专门的职能，如监督打卡等。

1. 社群新人的培育

大规模的社群运营团队必须定期引入新人,新人面对社群活动积极性高,时间投入多。社群运营者要积极主动地挖掘新人,培养新人,给新人机会,让他们尽快和老员工形成默契并与他人融为一个团队。只有愿意培养新人和能够持续不断推出新人的社群,才是一个健康的社群。当然,新人也有一定的选择标准,如工作积极主动、作风踏实、团队意识强等。社群培养新人要做好以下工作。

(1)明确培养目标,制订不同方案。新人可以培养为社群气氛的活跃者、社群的内容创造者、活动的组织者等,根据个人特点,结合社群资源,社群负责人应制订不同的培养方案,促成新人快速融入社群,担当起相应的职责。

(2)充分授权,鼓励新人承担重任。新人对工作从陌生到熟悉,一定是需要不断实践的。社群运营者要敢于放权、大胆试错,放弃一切论资排辈的习惯。一个人能否承担社群工作,最重要的评估标准是有无热情、有无时间、有无能力,而不是有无资历。

(3)教练带领,考核升级。由于新人在社群运营工作方面的参与经验不多,对全局的掌控感不强,对于工作进入哪个阶段需要快速采取哪些动作才能提高效率,还是会有茫然感。在开始阶段,社群负责人需要为新人指派一名有经验的运营者进行协助,其只负责在重要节点或容易被新人忽视的节点进行适当的提醒。另外,社群运营也应该有升级竞争、考核淘汰机制。

2. 社群核心成员挽留

核心成员是社群的管理者和运营者,他们熟悉社群的流程和制度,投身于社群运营的工作中,维系社群的正常运转。他们的参与程度高,对社群的归属感、成就感比普通成员更强,对社群贡献更大,他们的存在是社群良性发展的重要条件。

(1)持续完善社群运营流程。要将工作逐步标准化,避免核心团队成员在沟通效率和产出比例低的琐事上耗费精力。这样既可以保证核心成员的精力,也可以控制运营工作的质量。而且运营标准化梳理工作要一直伴随着社群的扩大而不断持续进行。

(2)不追求大而全的运营规模。管理强调把正确的人放在正确的位置,合理分工,尽量让成员做自己擅长的事情。但要特别提醒的是,社群核心成员并不需要全部扎堆在一起、都在一个群或全部加入在线聊天群,不然会给核心成员极大的信息过载负担,所以更提倡"核心群+多讨论组"的运营模式。

(3)建立情感连接。鼓励社群核心团队成员在生日或其他节日的时候,互相通过网络发祝福、发红包,逐步建立起社群核心成员的情感联系。另外,当社群核心成员遇到困难时,社群负责人要及时发现,私下沟通,发动社群资源帮助其解决困难。

(4)设置弹性的组织架构。采用弹性的组织架构,让这些成员在本职工作忙的时候在社群组织架构的休息区,不忙的时候在组织架构的高速运转区,这样就能让成员有一个回旋的余地。

（5）建立合理的回报机制。社群首先要给核心成员一个清晰的未来发展规划，不断提供机会让团队的成员去学习，进行自我提升，能让其获得管理、技能、专业知识等方面的提升。在社群运营初期，留住核心成员的关键是增强其成就感，精神上的回报要高于物质回报，让其找到自己的定位、产生归属感。

（6）及时清理不同频的人。对于加入社群后开始表现积极，但是并没有真正认同社群核心价值观的人，或者加入社群更多是为了谋取个人名利的人，要及时清理，把内部矛盾从源头上肃清，使社群保持一致的价值观，提高团队的含金量。

（7）增加社群自身品牌影响力。社群发展的根本在于自身平台本身逐步形成品牌影响力。努力运营好社群，不断让社群链接更高能量的资源和平台，从而保持社群健康发展的节奏。

5.3.2 社群运营绩效评价

常见的社群运营关键绩效指标（Key Performance Indicator，KPI）分为结果导向型和过程导向型两类。作为结果导向型 KPI，评价指标有用户新增量、转化率、复购率、活动参与度、朋友圈点赞数等。作为过程导向型 KPI，评价指标有活跃度、活动频次等。社群运营也是有生命周期的，不同时间段、不同属性的社群，其运营绩效指标也需同步修正，以便反映企业新的战略。

1. 用户新增量

用户新增量包括社群用户增长量和平台用户增长量。有的社群过于在意用户新增量，采取非正当手段获取粉丝，导致吸引了大量"无效粉""僵尸粉"关注，这样不仅不能吸引忠实的粉丝，还会产生很多负面口碑。

2. 群活动频次

社群要保持社群成员对社群的认可度，最常见的做法是组织一些活动。是否按照节奏、保持适当频率安排群活动，是评估一个社群运营是否规范的标准。一些社群运营者为了活跃群内气氛，开展一些没有营养的话题讨论，这样不但没有活跃气氛，社群成员参与度也不高，反而让人觉得群里信息太多，继而屏蔽群消息。

3. 活动参与度

除定期组织社群活动外，还需要评估社群成员参与活动时是否积极、是否保持一定的活跃度，这是评估一个社群运营质量好坏的重要内容。

4. 转化率和复购率

转化率高意味着有回报，复购率高意味着能获得稳定的回报。关键绩效指标是对社群运营关键质量的衡量，而不是对社群运营过程的管理。社群内每个职位的工作内容都涉及不同的方面，核心管理人员的工作任务更复杂，但 KPI 只能帮助评估社群整体战略目标的进展，而不能评估日常运营的工作量和效率。

5.3.3 社群商业变现

社群的价值需要通过社群变现来得到体现，社群变现主要有以下模式。

1. 社群服务变现

社群服务变现的本质在于给用户提供更专属、更有效的价值输出，主要可以采取收取会员费的方式来实现。设立会员费的相关门槛，也可以把社群中活跃和有归属感的粉丝聚集在一起，进一步增强专属圈子的黏性，给会员提供专属的社群增值服务，并且通过各种运营方式让会员之间产生关系和合作。

2. 社群产品变现

社群产品变现是企业通过社群运营的方式，让社群成员参与到产品的设计和制作等各个环节，并且与社群成员产生更深入的关系，使其产生更多的信任，让社群成员对社群价值认可的同时，认可社群品牌的自有产品。社群产品主要分为实物类和内容类。实物类产品社群在运营过程中，可通过各种方式展示实物产品的各种特点和优势，让社群成员对产品更加了解和认可；内容类产品社群可通过知识 IP 的打造，塑造老师的个人形象和社群的专业优势，从而推出相关的专属知识内容。

3. 社群广告变现

社群广告变现是人数较多的社群的主要变现方式，也叫流量变现。社群运营者可以通过收取渠道费的方式给别人做广告，或者代理别人的产品，从中获取分成。无论是对实物产品，还是对虚拟产品，都可以使用这种方法。

4. 社群合作变现

社群合作变现的方式有很多，常见的有"换粉互推""资源交换""合作产品"，都是可以尝试的合作方式。如做职场类课程的社群，可以和同样带有一定流量的老师合作互推，两者的粉丝类型比较相似，联合推广能够聚集更高的势能。

课堂测评

测评要素	表现要求	已达要求	未达要求
重点知识	能掌握社群运营绩效的含义		
重点技能	能初步认识社群运营绩效评价的内容		
任务整体认识程度	能概述社群营销与推广与传统营销的联系		
与实践相联系程度	能描述社群营销与推广的实践意义		
其他	能描述本课程与其他课程、职业活动等的联系		

任务5 小结

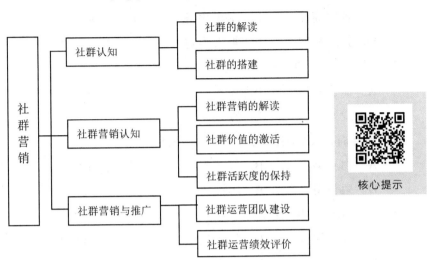

教学做一体化训练

重要名词

社群　社群营销

课后自测

一、单项选择题

1. 下面选项不属于社群营销的特点的是（　　　）。

   A. 弱中心化　　　B. 情感优势　　　C. 多向互动　　　D. 领导人控制

2. 社群规则一般经（　　　）确定。

   A. 群成员共同讨论　　　　　　　B. 专家

   C. 创始人　　　　　　　　　　　D. 小助手

3. 关于社群营销弱中心化说法正确的是（　　　）。

   A. 彻底没有中心　　　　　　　　B. 只能围绕中心进行

   C. 只有一个组织　　　　　　　　D. 一对一或多对多互动

4. 社群营销以（　　　）为中心。

   A. 人　　　　　B. 用户心理　　　C. 用户行为

   D. 消费者兴趣　　　E. 以上都不是

5. 下列不属于社群的结构的是（　　　）。

   A. 组织成员　　　B. 交流平台　　　C. 注册账号

   D. 加入原则　　　E. 管理规范

二、多项选择题

1. 社群建立的目的包括（　　　）。
  A. 销售商品　　　B. 提供服务　　　C. 拓展人脉
  D. 打造品牌　　　E. 扩大影响力

2. 微博平台上的社群一般是（　　　）类。
  A. 演艺人员　　　B. 粉丝　　　　　C. 兴趣
  D. 爱好　　　　　E. 腾讯

3. 社群福利发放类型包括（　　　）福利。
  A. 物质类　　　　B. 经济类　　　　C. 学习类
  D. 荣誉类　　　　E. 虚拟类

4. 下列属于社群红包的有（　　　）。
  A. 分享红包　　　B. 任务红包　　　C. 定向红包
  D. 禁言红包　　　E. 二维码红包

5. 社群形象主要包括（　　　）等内容。
  A. 社群名称　　　B. 社群 Logo　　　C. 社群口号
  D. 订阅号　　　　E. 第三方接入平台

6. 社群运营结果导向型 KPI 评价指标有（　　　）。
  A. 用户新增量　　B. 转化率　　　　C. 朋友圈点赞数
  D. 复购率　　　　E. 活动参与度

三、判断题

1. 社群与社区没什么区别。（　　　）
2. 与传统营销相比，社群营销成本较高。（　　　）
3. 社群营销活动中社群运营者不能够与用户开展互动。（　　　）
4. 社群营销就是粉丝经济。（　　　）
5. 社群运营也是有生命周期的。（　　　）

四、简答题

1. 什么是社群？
2. 社群营销的特点主要有哪些？
3. 社群搭建包括哪些工作？
4. 社群活跃度怎样保持？
5. 如何进行社群运营绩效评价？

五、案例分析题

罗辑思维完成 B 轮融资后，估值达到 13.2 亿元。罗振宇运用社群思维将"罗辑思维"进行知识变现，成功闯出一条新的自媒体道路。

（一）同好

所谓"同好"是指对某种事物具有共同喜好的群体。在这个知识和信息爆炸的时代，我们的社会正发生着以下变化。

第一，信息爆炸时代，大多数人担心自己的知识匮乏而落后于他人，都希望不断汲取知识，更愿意为有意义的内容付费。

第二，人们的生活状态也发生变化，碎片化阅读成为现代人获取信息的常态。生活如此忙碌，人们还要不放过任何可以获取信息的碎片时间来学习。

第三，现在很多人都是跨界学习的，过去大都是分科治学，但今天更多的是给外行把自己的工作说清楚，目标就是瞄准外行。

第四，枯燥普通的阅读体验已经无法勾起人们的阅读兴趣，在轻松有趣的内容中获得真知已经是广大读者的追求。

针对这四点，"罗辑思维"微信公众号以"有种、有趣、有料"的方式，每天准时推送 60 秒音频，以免费策略吸引流量。罗振宇又抓住内容付费的风口推出"得到"App。"得到"App 与其说是罗振宇的，不如说是所有知识供应者的平台。

（二）结构

罗振宇作为"罗辑思维"的创始人，早年曾担任央视财经栏目的制片人、策划，也曾担任财经频道主持人，这些经历让罗振宇练就了对内容生产的把控能力，以及感染带动能力。

一个庞大有效的社群，单靠个人是无法支撑起来的，这个时候用户参与方法就得到了很好的利用。"罗辑思维"会员招募一年只有一次，普通会员一年费用为 200元，铁杆会员一年费用为 1 200 元。加入会员会有神秘礼物，并可优先参与"罗辑思维"线下各种奇思妙想的活动，同时拥有在这个平台上更多的主动权。付费作为社群门槛，保证会员质量，同时费用所产生的沉没成本也是忠诚度的一种保证。这些会员在学到知识的同时，也各抒己见，成为"罗辑思维"的忠实维护者。"罗辑思维"每举办一次活动，会员都会主动帮忙推广，"罗辑思维"也为各会员开拓了另外一种投稿的渠道，可谓一举两得。

（三）社群输出

"罗辑思维"坚持做到持续性内容输出，包括各种文字的、语音的、视频的，以及面对面的交流。"罗辑思维"微信公众号每天早上六点半左右推送内容丰富、见识深刻的高质量语音，这种高效免费的方式吸引了大量受众，"罗辑思维"在进行有效推广的同时将部分受众转化为会员。

"罗辑思维"的节目在内容上涉及历史、经济、文化等，各期节目之间没有明显关联和承接，但却牢牢抓住了传统教育的知识体系漏洞。而"得到"则为广大知识分子的观点表达建立了一个平台，在罗振宇本人并没有足够多精力创造出更多高价值内容的同时，也保证了高质量内容的持续输出。

（四）社群运营

"罗辑思维"的目标会员：对知识性产品有发自内心的热爱；彼此信任；有行动的意愿，且能付出行动。用户要持续关注"罗辑思维"公众号才可能获得入会通知，入会时需付费，入会时间每年也只有一次，错过便只能再等一年。罗振宇明确宣布"罗辑思维"会员群体最终上限为 10 万人，绝不扩大。在每次会员招募时，"罗辑思维"都不承诺任何的会员物质回报权益，会员更多的是秉持"供养社群"与"价值认同"的理念来支付会员费，这些都体现了社群的仪式感。入会会员都要遵守规矩，保证群体齐心协力，共同打造更好的社群。

"罗辑思维"经常组织社群成员进行频繁互动。例如，不定期发放福利，"罗辑思维"与不同商家合作，免费赠送会员电影票、书籍、零食等；还为会员组织相亲，开展线上征婚和线下相亲活动；且还会专门让会员就某个问题或项目进行咨询和讨论，集众人之合力为个别会员出谋划策。

（五）社群复制

"得到"可谓罗振宇社群复制最成功的作品，其当下已经形成巨大规模。如果说"罗辑思维"是罗振宇的平台，"得到"可谓所有有知识、梦想、独到见解的"大咖"的平台。在"得到"平台上，大家有共同的归宿——对知识的渴望，对价值的传递。只要你愿意，即可加入"得到"，只要你有能力，即可在"得到"上打出自己的一片天地。在"得到"上每一个生产内容者都不是一个人孤军奋战、自由发挥，"得到"团队都会利用自身经验帮助他定义产品，持续改进内容。罗振宇把打造"罗辑思维"的能力平移给各个专业"大咖"，同时也复制并获取大量"大咖"的粉丝，这就是其成功点，强强联手，共创辉煌。

阅读以上材料，回答下面的问题。

1. 文中提到的社区思维是怎样的？

2. "罗辑思维"社群搭建有什么独特的地方？

3. 你读完"罗辑思维"社群营销活动之后，最深刻的感受是怎样的？

同步实训

实训名称：社群营销活动认知

实训目的：认识社群营销活动，理解其实际意义。

实训安排：

1. 学生分组，选择不同新媒体类型，搜集一些社群营销活动的案例，归纳分析活动过程设计、效果监测方法，选择一些你认为有趣的细节，并讨论分析，总结概括出这些活动能够给企业带来的影响。

2. 学生分组，收集身边的一些企业关于开展社群营销的具体形式，选取一个企业作为一个案例，分析讨论并概括其营销分别针对的目标人群。

3. 分组将讨论成果做成 PPT 进行展示，并组织全班讨论与评析。

实训总结：学生小组交流不同企业、行业的分析结果，教师根据讨论成果、PPT 演示、讨论分享中的表现分别给每组进行评价打分。

学生自我学习总结

通过完成<u>任务 5 社群营销</u>，我能够做如下总结。

一、主要知识

概括本任务的主要知识点：

1.

2.

二、主要技能

概括本任务的主要技能：

1.

2.

三、主要原理

你认为，社群营销策略与传统营销策略的关系是：

1.

2.

四、相关知识与技能

你在完成本任务中用到的知识与技能：

1. 社群营销的意义有：

2. 社群营销的特征有：

3. 社群营销策略的意义是：

五、成果检验

你完成本任务的成果：

1. 完成本任务的意义有：

2. 学到的知识或技能有：

3. 自悟的知识或技能有：

4. 你对社群营销活动的初步看法是：

任务 6

网络视频营销

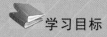
学习目标

1. 知识目标

能认知网络视频的类型

能认知网络视频营销的含义

能认识网络视频营销的内容

2. 能力要求

能分析网络视频营销内容

能说明网络视频营销策划流程

能够评价网络视频营销策略

营销密语

在新媒体营销活动中，由于互联网得天独厚的优势，企业营销人员通过数码技术将产品营销现场的实时视频图像信号和企业形象视频信号传输至互联网上。这种视频感染力强、形式内容多样、创意丰富，又具有新媒体营销的优势，如互动性、主动传播性、传播速度快、成本低廉等。网络视频形式类似于电视视频短片，发布平台却是互联网，"视频"与"互联网"的结合，让这种创新媒体营销形式具备了两者的优点。

 **任务解析**

根据网络营销职业学习活动顺序，这一学习任务可以分解为以下子任务。

> 6.1 网络视频营销认知

> 6.2 网络视频策划与制作

> 6.3 网络视频营销策略

 **课前阅读**

作为当下最火的短视频平台之一，抖音能成功吸引到品牌主的注意一点也不意外。尤其是抖音在跟很多大品牌合作，并取得巨大的成功后，大量品牌主都渴望搭上这辆"流量快车"，为自家的营销添把力。

在艾媒咨询给出的 2018 年 2 月的短视频平台排名中，快手、秒拍、抖音分别以 2 亿、1 亿和 9 653 万用户量位居前三，但就用户增长来看，抖音以 76%的增幅位居第一名，快手的增长率为 10%，秒拍为 5%。比用户快速增长更吸引品牌主的是抖音的用户群体以年轻人为主。QuestMobile 2019 年 1 月的统计数据显示，75.5%的抖音用户年龄在 24 岁以下，其中，66%的用户是女性。

对于 2018 年 4 月 3 日抖音在上海举办的营销峰会，抖音邀请到场的媒体只有 10 家左右，而受邀的品牌主也仅仅只有几百个，而且绝大部分是大品牌。但这丝毫没有阻挡从全国各地赶来的中小品牌主的热情，他们全程在会场外的大厅和走廊里等待会场内传出的有价值的信息。

作为阿迪达斯旗下面向年轻人的品牌，adidas neo 在 2018 年 1 月正式入驻抖音平台，3 月正式与抖音开展品牌主页合作，开始精细化运营。据 adidas neo 的品牌负责人介绍，"在短短 1 个多月，adidas neo 的抖音号就已经积累了 121.5 万的粉丝，视频累计播放量达 1.5 亿次，累计互动（关注+点赞+评论）次数达 280 万次。"

当然火起来的不仅有大品牌，曾经仅在河南郑州有几家分店的奶茶品牌——"答案茶"也突然在抖音走红，从 1 月开业，短短几个月时间内，"答案茶"已签下了 200 多家加盟商，并且因为媒体争相报道，门店几乎每天都门庭若市。并且，在北京和上海的盒马鲜生店里，答案茶还与抖音官方合作推出了自己的快闪品牌店。

由于抖音巨大的流量及转化能力，支付宝、小米、爱彼迎、马蜂窝、宜家、必胜客等品牌也已经纷纷入驻抖音平台，通过或搞笑或创意的视频内容，来提升用户黏性和品牌曝光度。

除了入驻，这些在抖音上走红的案例也刺激着其他品牌主在抖音上投放硬广。

读后问题：

（1）上文中提到的抖音为什么火爆？

（2）你觉得抖音为什么受欢迎？

（3）商家入驻抖音的效果怎样？

（4）你怎样评价抖音营销？

课前阅读

 # 6.1　网络视频营销认知

在快速阅读时代，冗长的文字信息很少有人能够认真地逐字逐句读完，取而代之的是各种图片、视频。随着互联网的诞生，一部分新媒体和新的传播方式应运而生，网络视频因其形式生动、信息传递直观而被人们所接受。那么，什么是网络视频？网络视频营销又有哪些形式？

6.1.1　网络视频的解读

艾瑞咨询研究院研究结果显示，我国网络视频行业从 2005 年开始探索发展，到 2018 年，无论是数量还是质量，都进入了一个全新的阶段，如图 6-1 所示。日新月异的网络视频给传媒行业带来巨大影响的同时，也形成了更具商业价值的用户群。因此，网络视频也成为企业重要的营销工具。

中国网络视频形态演变

关键词：多种探索、粗放生长
- 视频内容几乎全都由用户自行上传，用户上传的视频类型既有用户原创的微电影、生活片段，又有大量未经授权的影视剧集
- 由于版权意识淡薄，加上行业处于粗放生长的阶段，网络视频的概念含糊不清，正版和盗版网络视频的界限模糊

关键词：版权视频确立，网络视频直播兴起
- 2009年9月，由搜狐视频、激动网和优朋普乐联合发起的中国网络视频反盗版联盟在北京启动
- 2009年，国内主要网络视频服务提供商开始密集购买影视内容的版权，并开始对平台的视频内容进行大规模清查和整顿，视频正版化趋势得以确立
- 2013年，网络视频直播作为新兴业态开始崛起

关键词：版权视频付费时代来临，体育赛事版权运作发力，短视频受到行业重视
- 爱奇艺、腾讯视频及优酷等头部网络视频企业的付费订阅VIP会员数量都呈现出持续高速增长的态势
- 综合性网络视频平台都将体育赛事的相关权益作为重要的稀缺资源而加大投入，在体育赛事版权运作方面不断发力
- 2016年后，以快手、抖音、秒拍等为代表的移动短视频平台崛起，短视频的价值开始浮出水面

| 发展初期：2005—2008年 | 发展中期：2009—2014年 | 高速发展期：2015年后 |

2005 2006 2007 2008 2009 2010 2011 2012 2013 2014 2015 2016 2017 2018

图 6-1 | 中国网络视频发展态势

如今，各大视频平台进一步细分内容品类，并对其进行专业化生产和运营，行业的娱乐内容生态逐渐形成；各平台以电视剧、电影、综艺、动漫等核心产品类型为基础，不断向游戏、音乐等新兴产品类型拓展；以 IP 为中心，通过整合平台内外资源实现联动，形成视频内容与音乐、文学、游戏、电商等领域协同的娱乐内容生态。

1. 网络视频的含义

在视频网站，我们可能都有过在线流畅发布、浏览和分享视频作品的经历。近几年，随着互联网用户需求的改变，许多视频网站也在积极地寻求品牌升级，涌现出爱奇艺、搜狐视频、优酷土豆、腾讯视频、暴风影音、哔哩哔哩、华数 TV 等网络视频平台。那么，什么是网络视频呢？

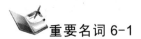**重要名词 6-1**

网络视频

网络视频是指由网络视频服务商提供的、以流媒体为播放格式的、可以在线直播或点播的声像文件。在网络上以 WMV、RM、RMVB、FLV 及 MOV 等视频文件格式为主，包括各类影视节目、新闻、广告、Flash 动画、自拍 DV、聊天视频、游戏视频、监控视频等。

2．网络视频的有关术语

（1）在线视频播放客户端。在线视频播放客户端是指安装在用户终端上，提供网络视频服务的软件。

（2）网络视频用户。网络视频用户是指在网上借助浏览器、客户端播放软件等工具收看视频的人群。

（3）UGC。UGC 是指网络视频用户自行制作、加入自己的创意和思想的视频内容。

（4）短视频。短视频即短片视频，是一种互联网内容传播方式，一般是在互联网新媒体上传播的时长在 1 分钟以内的视频传播内容。

6.1.2 网络视频营销的解读

网络视频营销是"视频"与"互联网"的结合，这种创新营销形式具备了两者的优点。企业往往将视频作为引爆点，增加品牌曝光机会，以最大限度地达成自己的营销目标。

1．网络视频营销的概念

互联网时代瞬息万变，人们大脑信息过载，视频在信息超载时更容易让人们的眼睛和大脑接受。视频为企业和专业人士展示他们的视野、专业知识、产品、服务，成为企业营销的一大利器。

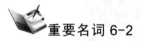

重要名词 6-2

网络视频营销

网络视频营销是指在互联网及其技术基础之上，企业或组织机构为了达到营销效果而借助网络视频介质发布企业或组织机构的信息，展示其产品内容和组织活动，推广自身品牌、产品和服务的营销活动和方式。

近年来，除了企业和组织机构是使用网络视频进行营销的主体对象外，个人也开始使用网络视频进行营销，如视频简历就是个人推广的一种有效的营销工具。

2．网络视频营销的特点

网络视频营销结合了网络与电视媒体的特点：传播范围广泛，不受时空的限制，可以全天全球传播；采用了视频流或音频流技术，结合 Flash、Java 等程序，形式多样，具备生动的表现力，具有强烈的视听冲击；网络视频的交互性可以支持受众进行网络体验及自行控制全过程；网络视频营销能够比较精确地找到企业的目标用户；网络视频营销成本低廉、效果可测。视频网站的访问量，以及视频的点击次数和点击率、用户停留时间、转载量和转载率、评论数及评论情感倾向等都是可以测量的，种种数字可以精确测量企业视频营销的效果，为企业进一步的视频营销提供决策依据。

3．网络视频营销的趋势

网络视频营销有 3 个趋势，即品牌视频化、视频网络化、广告内容化。

（1）品牌视频化。很多广告主将品牌广告通过网络视频展现出来，这个趋势非常明显。如 2018 年 7 月 23 日至 8 月 7 日，腾讯视频推出"好时光夏日刷片季"15 天刷片打卡活动，活动遴选了或经典或热门的 180 部影视作品，覆盖了电影、剧集、综艺、纪录片、动漫等各个维度。以青春成长为命题，借助优质内容全方位与年轻人对话，腾讯视频在嵌合和触达受众不同价值需求的同时，试图完成平台价值的一次延展和升格，输出更多有价值的内容，如图 6-2 所示。

图 6-2 | 腾讯视频"好时光夏日刷片季"15 天刷片打卡活动

（2）视频网络化。视频网络化已经成为一种趋势。"视频"与"互联网"的结合，让网络视频营销这种创新营销形式具备了两者的优点，即它既具有电视短片的种种特征，如感染力强、形式内容多样等，又具有互联网营销的优势。

品牌方通过影视广告、网络视频、宣传片、微电影等多种方式，把产品或品牌信息植入视频中，产生一种视觉冲击力和表现张力，通过网民的力量实现自传播，达到产品或品牌营销的目的。网络视频营销具有互动性、主动传播性、传播速度快、成本低廉等特点。

（3）广告内容化。广告内容化已经成为一种新的营销趋势。网络视频营销的关键在于视频的内容，内容决定了其传播的广度。好的视频能够不依赖传统媒介渠道，通过自身魅力俘获无数网友作为传播的中转站。

网友看到一些或经典、或有趣、或惊奇的视频总是愿意主动去传播，自发地帮助推广企业品牌信息，视频就会带着企业的信息在互联网上以病毒扩散的方式蔓延。因此，如何找到合适的品牌诉求，并且和视频结合是企业需要重点思考的问题。2019 年 3 月热播的电视剧《都挺好》每集开播前，演员姚晨扮演的"苏明玉"都会给唯品会站台。姚晨的高级衣品不仅加深了她"仙女姐姐"的角色定位，也给唯品会助力不少，恰到好处的口播内容也像餐前甜点一样味醇入心。这种单刀直入的传统广告植入让观众快速记住品牌，时长适中的硬广告给人带来"视听一体化"的体验。唯品会也通过《都挺好》这部剧获取了大量的品牌曝光机会。

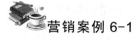**营销案例 6-1**

麦当劳的视频营销

2017 年 4 月，一向"正经"的麦当劳联合短视频平台 Snapchat 悄悄开启了一场"Snapchat 招聘"活动。想来麦当劳上班？请先用 Snapchat 平台制作一份个性化的面试简历！面试者要在 Snapchat 平台上选择一件虚拟的麦当劳工作制服，然后在一个十秒钟的视频中展示自己的才能、优点，并把视频发送给麦当劳。如果你的视频足够有趣，麦当劳就会通知你进入下一步的面试环节。

评析：用视频展示个人才艺已经不是招聘过程的新鲜做法了，社交平台用于招聘也很常见，不过，当这两个结合，玩法和"脑洞"就多了起来。当然，招聘只是麦当劳试水短视频营销的一个噱头，比较起来该行为的品牌传播性显然大于招聘严肃性。麦当劳也因为这个举动迅速在网络上走红，成为话题中心。

4. 网络视频营销活动方式

网络视频的形式类似于电视视频短片，传播平台是互联网或移动网络。随着多媒体技术的发展和网络的普及，网络视频的表现形式在不断创新和发展。

（1）影视节目二次传播。由于网络视频网站对传统电视观众的分流，很多具有新闻性、可欣赏性的电视节目由视频网站、网民或意见领袖主动发布到视频网站平台再次传播。传统媒体与新媒体从竞争变为合作，媒介之间互为补充、互相拓展、共同延伸，进行全方位、立体化的整合推广，从"一次传播"迈进"二次传播"。如网络视频成为很多电视综艺节目的传播平台，很多深受欢迎的电视综艺节目，如《了不起的挑战》《最强大脑》《快乐大本营》等，都在各大视频上开设专辑，使受众范围和影响力得以极大扩张和提升。

（2）网络视频短剧。网络视频短剧剧情轻松，演员、导演年轻化，整体风格时尚、简洁、幽默、贴近生活，尤其受到年轻一代的喜欢，成为行业新的增长点。视频短剧符合互联网风格，制作灵活，软性宣传效果好，也逐渐受到品牌方的青睐。其主要优势在于品牌方能够充分与网民沟通互动，在保证品牌曝光度的基础上，确保用户黏性、用户对品牌的喜好度。

（3）视频病毒式营销。病毒式营销是通过网民的口碑宣传，让信息像病毒一样传播和扩散，利用快速复制的方式传向数以百万计的受众，即通过提供有价值的信息，"让大家告诉大家"，实现"营销杠杆"的作用。网络视频是视听合一的多媒体传播工具，更适合开展病毒式营销。企业需要找到适合品牌诉求的"视频病毒"，配以一定的推广手段，可以融入搞笑、幽默、出奇等因素，更好地吸引网民眼球。

（4）微电影。微电影即微型电影，是指能够通过互联网新媒体平台进行传播的时长在几分钟～60分钟的影片，适合网民处于移动状态和短时休闲状态时观看，具有完整故事情节的"微（超短）时"（几分钟～60分钟）放映、"微（超短）周期制作（7～15天或数周）"和"微（超小）规模投资（几千/万元每部）"的视频（"类"电影）短片，内容融合了幽默搞怪、时尚潮流、公益教育、商业定制等主题，可以单独成篇，也可系列成剧。

（5）用户生成内容。用户生成内容（UGC）是指终端用户将其原创内容（如文字、图片、音频、视频等形式）通过互联网平台进行展示或与其他用户进行共享的行为。这种模式就是调动网民参与视频等创作的积极性，如征集与企业相关的视频作品。

UGC模式改变了用户普通的单向浏览模式，让用户与品牌高度互动，将品牌传递方式提升到用户参与创造的高度，增强了品牌的用户黏性，深化了广告效果。

重要信息6-1

短视频营销日渐流行

随着短视频的普及，越来越多的用户加入了短视频营销的队伍，短视频除娱乐功能外，同时也是用来记录生活的方式。以抖音为代表的短视频营销平台，正在成为短视频时代的助推器，随着抖音等短视频平台的快速增长，短视频不仅受到了很多年轻人的喜欢和关注，同样也给品牌方带来了惊人的价值，抖音等短视频平台在一定程度上推动了营销新时代的到来。

短视频营销的价值所在：产品价值

对抖音等短视频平台来说，其产品价值是促进了用户之间的互动，曾经有一句话这样说：我知道有一半广告费是浪费的，但不知道是哪一半。如今这句话终于有了答案，通过一定技术，营销人员可以监测短视频用户的浏览行为、互动行为、喜好点击行为等数据。

从内容营销生产来看，重点在于优质内容的产出；从用户消费角度来看，重点在于让优质的内容抓住用户；从流量分发角度来看，重点在于找到合适的分发渠道；从评估角度来看，重点在于抓取用户在平台上的行为，将用户的主动获取行为计入品牌效果评估中。

更重要的是，具有学习价值和实用价值的内容相比搞笑娱乐化的内容更拥有市场空间。有价值的内容意味着专业和精准，产出大量有价值的内容不仅能提升平台的用户量，而且可以增强整个平台的用户黏性；而且在高质量内容环境中培养的用户也更加忠诚。当下图文和音频等行业所经历的变化形式正在短视频行业上演。

短视频营销的价值所在：流量价值

短视频营销能够最大限度地扩大品牌覆盖面，对于任何一个品牌而言，用户量的多少是衡量这个平台是否有价值的标准之一，平台用户量的多少直接影响到平台潜在的流量价值。

还是以抖音为例，抖音的营销价值体现在其庞大的用户量上面，用户量大意味着品牌的覆盖面广。

短视频营销凭借生动形象、极富感染力、传播力强，以及庞大的年轻化市场等优势，逐渐取代图文形式广告，成为品牌营销重要的战场。

课堂测评

测评要素	表现要求	已达要求	未达要求
重点知识	能掌握网络视频营销的含义		
重点技能	能初步认识网络视频营销方式		
任务整体认识程度	能概述网络视频营销与传统营销的区别		
与实践相联系程度	能描述网络视频营销的实践意义		
其他	能描述本课程与其他课程、职业活动等的联系		

6.2 网络视频策划与制作

与传统营销一样，网络视频营销也需要进行精心的策划。网络视频营销策划是对视频进行整体的规划，这项工作关系到营销活动的整体构思与最终效果。那么，网络视频营销策划是指什么？这项工作的主要内容有哪些呢？

6.2.1 网络视频的策划

随着网络成为很多人生活中不可或缺的一部分，网络视频营销又上升到一个新的高度。很多互联网营销公司纷纷推出网络视频营销这一服务项目，并以其创新策划的形式受到客户的关注。

一般来讲，网络视频策划包括以下几个方面的工作。

1. 设定网络视频营销目标

为了确定网络视频营销目标，营销人员首先应回答以下几个问题，即：视频营销想达到什么样的目的？视频是面向哪些人的？需要让更多的人知道产品吗？怎样推广品牌的价值？

网络视频营销目标策划可以从以下几个方面着手。

（1）产品与品牌角度。网络视频营销策划可以围绕产品卖点、品牌的核心诉求，进行情节、内容的设计，将产品整体、功能属性、制作过程等融入视频中。如小米手机就创造了一个和品牌名称相匹配的短视频。视频中，小米手机上显示的是小米粮食，然后视频中的人物用手一拍，小米粮食立即从屏幕内洒了出来。手机被扔到沙发上，手机消失了，小米粮食倒是撒了一地。这样制作的内容非常有趣，一提起小米，人们就会想起这个视频，同时联想到小米手机品牌。

（2）用户角度。用户角度是指用户在消费这类产品时，有哪些需求未得到满足，他们最关注的是什么，在消费产品时遇到了哪些困惑与问题。策划人员可以将产品的使用方法、产品额外的利益等信息融入视频中。另外，从用户的角度，短视频不仅是用来"看"的，同时也是用来"玩"的，它的反艺术、开放性、解构、颠覆等特点构成了其重要的精神内核。

（3）市场角度。市场角度是指要分析市场上还有哪些空白点，竞争对手的策略是怎样的，有什么薄弱环节，我们可以采取的对策有哪些。

2．分析用户的使用习惯

在确立了网络视频营销目标的基础上，还需要对网络视频用户进行分析，如对用户的自然特征、喜好、上网习惯是怎样的，用户在行业网站、论坛关注的重点与内容有哪些，用户对企业存在的问题或想了解的内容有哪些等信息进行分析。

通过上述用户分析，营销人员可以确定重点推广与传播的平台和渠道，根据用户的问题与反馈，设计、组织视频的内容。

3．分析用户喜欢网络视频的原因

营销人员需要思考：企业的网络视频有没有满足用户的好奇心、有没有给目标用户带来价值、有没有人愿意分享。对于网络视频来说，视频内容的质量是决定用户能否主动传播的关键因素之一。那究竟什么样的内容容易被传播呢？

（1）新奇元素。好奇是人类与生俱来的心理品质。相对于报刊、电视、电影的"限制性"，互联网的"自由"为人们的好奇心提供了更多的释放与满足的空间，更能满足人们的好奇心。因此，一些网络视频广告因为带有新奇元素，能够满足用户的好奇心，从而引发用户疯狂地进行传播。

（2）焦点元素。网络视频中可以出现某一个公众的焦点，这个焦点可以是名人或知名公司等。只要这个公众焦点具有极高的用户关注度，那么包含这个焦点元素的网络视频就会很快被传播。

（3）幽默元素。如今通过便捷的互联网，用户不仅可以看到电视节目，更能够看到网友自己创作上传的搞笑视频，这不仅能够调节用户沉闷的情绪，也能够创造出戏剧性、游戏性的视觉享受与沟通效果。

（4）情感元素。以情系人、用情动人也是网络视频中的常用方法。该类视频以亲情、爱情等情感为主，主要表现父母与子女之间，或者是情侣之间的感情故事，而品牌在这些感情中体现了重要的意义。情感类型的网络视频是非常具有感染力的视频类型，因为每个受众都有自己的情感故事，在观看网络视频的时候容易产生共鸣，这样就容易达到品牌进行网络视频营销的目的。

（5）励志元素。该类型的网络视频主题以奋斗励志为主，而这一类型的网络视频的人物选择会偏向奋发向上的年轻人，而品牌的特性也偏向励志方面。其表现手法以叙事为主，但在网络视频风格上更自然真实，以真实、感人的故事引起受众的共鸣。《老男孩》《父亲》《为渴望而创》《逼近》《梦想到底有多远》等都是以奋斗励志为主题的视频作品。

（6）非常规元素。这类元素会持续地引起人们的注意，在网络视频营销中可适当加入一些非常规元素。

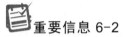
重要信息 6-2

网络视频营销常见模式

视频营销被越来越多的企业或个人所运用。视频营销的模式大致可以分为两个方向。

（1）以贴片广告、植入广告为主的网络视频营销模式。网络视频贴片是一种较常见的贴片模式。品牌方可以很好地结合自身的产品特点来选择特定的电视剧、电影或短片进行广告贴片，并吸引视频背后所代表的某一类或某几类不同的人群的注意力。贴片广告的营销目标针对性强，相对价格也比较低廉且播放频率高，但与此同时付费用户可直接免去片头广告导致其营销结果在用户转化方面会打折扣，因而在内容上的要求也会相对较高。

网络视频营销的广告植入在模式上可分为场景植入、台词植入、道具植入，以及情节植入，渠道可分为影视广告、网络视频、宣传片、微电影及娱乐营销中的综艺冠名等。

（2）以短视频+社交为代表的视频营销+互联网的新型模式。网络视频营销实质上是将电视广告与互联网营销两者"宠爱"集于一身，依托网络视频平台的超大流量及强互动性，使"病毒传播"、UGC等模式在推广中得以升级。

不同于传统的品牌官方生产和传播信息，UGC模式让用户现身说法，回归到用户的生活场景，以用户为主导制作并传播品牌。借用户的特点传播品牌，这就是UGC的核心点。这一营销方式，成功利用了全民分享传播时代的优点，又巧妙规避了失焦风险，借力打力，而用户"心甘情愿"的传播又离不开品牌的影响力，这就是很多品牌借助热门视频平台与"网红"进行品牌宣传的原因。

▌6.2.2 网络视频的制作

随着硬件设备的更新与软件技术的进步，网络视频为业余摄像师、视频爱好者提供了广阔的用武之地，他们可以利用自己的思维、创意制作出独具特色的视频，并基于视频网站、相关官方网站和平台提供的展示机会进行展示推广，宣传企业与产品，从而发挥视频营销的作用。

1. 网络视频制作的种类

企业的视频制作通常分为企业宣传片与产品宣传片两种。

（1）企业宣传片。企业宣传片侧重介绍企业的主营业务、产品，企业规模及其人文历史，表现企业的价值取向、文化传承、经营理念等。企业宣传片的制作过程包括对企业内部的各个方面进行有针对性、有秩序的策划、拍摄、录音、剪辑、配音、配乐，配以动画和特效，以及合成输出制作成片。企业宣传片可以凸显企业独特的风格面貌、彰显企业实力，让社会公众对企业产生正面良好的印象、建立对企业的好感和信任、信赖其产品与服务，帮助企业树立具有竞争力的综合形象。

（2）产品宣传片。产品宣传片通过全方位、多角度展示产品，有助于增强用户对产品的信心，有利于产品的销售。从用户的角度来讲，视频展示可以增强用户对网络购物的体验，减少其网购风险，相比单纯的文字、图片展示，视频更具真实性和说服力。产品宣传片一般是企业自己低成本制作的产品视频展示，相比由专业主持人或演员担任导购的电视购物，它更贴近用户，更具有真实感。而且，产品宣传片在网上可以全天候为企业服务，不需要巨大的广告费用，形式灵活，无论在宣传的时间上、区域上还是力度上，产品宣传片的效果都远远优于电视购物。

2. 网络视频制作流程

尽管相对于专业视频制作而言，网络视频制作的复杂性与技术性要简单很多，但是，网络视频制作仍然需要依照一定的程序。

（1）视频内容构思。网络视频的关键之处在于内容策划。企业制作的视频需要在1～2分钟的时间内讲述一个完整的商业故事，制作者往往需要几天甚至几周的时间构思故事情节、背景和主题。在构思的过程中，制作者应注意脱离传统的广告思维，在内容充实生动的基础上体现出视频的创意。

（2）剧本创作和故事板设计。剧本不仅包括对话，还包括场景及人物的表演设计。剧本通过审核后，制作者还需进行故事板设计，以图画形式来表现视频需要达到的视觉与情感效果。

（3）角色派定。视频中的角色，无论是主角还是配角都需要进行筛选，视频制作者需要为视频角色配置合适的演员。

（4）特色外景或内景拍摄。视频拍摄可能涉及外景，也可能涉及内景或两者相结合。无论是内景还是外景，视频制作者都需要进行事先考察，对所有的背景与场景进行观察与分析，以防止拍摄中的可能出现的一切问题。

（5）拍摄。一般的网络视频，使用 DV 或摄像机就可以进行拍摄；拥有大制作成本的视频，可以用标清摄像机进行拍摄。拍摄过程中，导演、演员、摄影师、灯光技师与音频技师等各司其职，完成本职工作。

（6）剪辑。在剪辑环节，剪辑师需要对拍摄的所有视频片段进行剪辑，决定视频的保留与删除，并将留下的场景、图形和音乐合成一个完整的商业故事。影片剪辑软件可以很好地完成这一工作。如会声会影软件是一款个人家庭影片剪辑软件，剪辑师通过它完整强大的编辑功能可以剪辑出符合企业要求的网络营销视频。

（7）压缩和格式转换。剪辑完成后，视频将被压缩成一个很小的文件并且转换成合适的格式。由于视频网站接受 FLV 格式的文件，所以通常需要将文件转换成 FLV 格式。FLV 格式由于其较高的兼容性、文件容量小、图像质量高、传输方式多和播放器控制功能强等特点，已成为网络视频最受欢迎的格式之一，网上几乎所有的主要视频源都在使用 FLV 格式。

（8）上传。完成压缩和格式转换后的最后一步即将视频上传到视频网站或企业相关站点。

课堂测评

测评要素	表现要求	已达要求	未达要求
重点知识	能掌握网络视频营销策划的含义		
重点技能	能初步认识网络视频营销创意的策略		
任务整体认识程度	能概述网络视频营销策划与创意的联系		
与实践相联系程度	能描述网络视频营销策划的实践意义		
其他	能描述本课程与其他课程、职业活动等的联系		

6.3　网络视频营销策略

网络视频营销的重要目标就是有效培养用户、与用户进行交流、提高品牌知名度。而为了达成这些目标，需要营销人员精心筹划，设计出一定的营销策略。在实践中，这些营销策略有哪些内容呢？

6.3.1　网络视频整合营销

企业营销人员利用网络视频开展营销活动会受到多方面的影响，必须充分利用一切有利条件，避开营销活动的障碍，才能取得应有的效果。

1. 整合传播营销

网络视频的整合传播营销，不仅仅是整合营销，还有关键的一词"传播"。整合传播营销是指在整合营销的基础上进行视频的整合传播，是一种系统化的传播。它以产品和服务为核心，以用户为中心和目标，以网络视频为媒介整合多种形式与内容，达到立体传播的目标。

2．整合传播策略的运用

（1）网络视频营销模式与类型的整合传播。网络视频营销模式有病毒式视频营销、贴片广告、植入式视频营销、体验式视频营销等，网络视频营销类型有微电影营销、音乐电视营销、动画营销、网络自制剧营销等。将不同模式和类型的网络视频进行组合，可以形成各种整合方案。如微电影植入营销，是在微电影中植入广告；网络自制剧病毒式营销是将网络自制剧以病毒式视频营销的方式进行制作，邀请广大网民参与创作、拍摄、编剧，并通过网民自发地传播开来。

（2）视频网站的整合传播。国内视频网站点击率较高、口碑较好的有优酷网、爱奇艺网、乐视网、搜狐视频、56 网等。国内视频网站可以划分为四种类型，即视频分享网站、视频点播/直播类网站、P2P 播放平台，以及视频搜索网站。企业进行网络视频营销时，要考虑视频网站的类型及其特性，整合不同的视频网站资源，做到有点有面、辐射面广、系统传播。

6.3.2　网络视频创意营销

视频已经在网络上发展得如火如荼，如何高效创作有创意的短视频内容并获得广泛传播，成了众人关注的问题之一。不论是短视频题材或内容类型的选择，还是其叙事与剪辑方法，都涉及相应的创意策略。

1．创意营销

在多元化的网络营销环境背景下，网络视频营销要想脱颖而出，创意营销十分重要。创意营销是策划人员构思和执行的完整的、创新性的营销活动。创意营销能吸引受众的注意力，使其产生兴趣，乃至促成其购买行动，给广告主带来意想不到的收获。对于网络视频营销，创意营销需要在网络视频创作和传播时，在内容和形式方面进行思维定式的突破、创新。

2．创意营销策略运用

（1）内容为王。网站的生存之道在于网站的内容质量，为网民提供优质的网络资源是视频网站的根基，然而视频的高度重复和毫无新意成了阻碍视频营销发展的隐患，提升用户体验成为视频网站建设和生存的关键。

（2）从利用事件到制造事件。随着网络视频营销的发展，营销策略开始有从单纯依靠事件到制造话题转变的趋势。话题营销运用媒体的力量及用户的口碑，让广告主的产品或服务成为用户谈论的话题，以达到营销的目的。企业要变被动为主动，必须主动出击，制造话题，利用口碑，引起目标人群的关注。

（3）巧妙叙事，出奇制胜。在众多的网络视频中要想脱颖而出，吸引受众的注意力，一定要会讲故事，而且要做到故事情节跌宕起伏，故事结果出人意料，这样才能吸引网民的注意力，留住网民。

（4）形式创意。有了创新的内容后，形式的创新也很关键。现有的视频形式多种多样，并不断推陈出新。营销人员应在已有的基础上开发和尝试新的形式，将创意的内容以更加创新的形式传播出去。

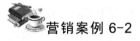

营销案例6-2

蒙牛视频营销

一杯纤维奶昔牛奶除了靠美味口感拉动人们购买外，还有哪些新鲜的尝试？一个统一的抖音动作，能有多大的影响力？蒙牛大胆做了尝试。

2018年，蒙牛新推出了一款慢燃纤维奶昔牛奶，主要面向"90后""00后"消费群体。为了将新品快速地渗透和触达目标人群，曝光新品，强化产品卖点，提升产品销量，蒙牛选择短视频的流量聚集地——抖音，发起了一场"全民挑战慢燃环"挑战赛活动，引导参与者完成简单的挑战动作，并将挑战视频分享至抖音，引爆全平台用户对活动的关注。

这个活动在挑战动作的设置上，强调展示挑战者身体协调性的同时，更是对完美身材的另一种展示。15位高人气抖音"达人"参与挑战，掀起全民模仿热潮，总视频播放量达742.6万次。此外，活动还设置了实物大奖，通过利益引导用户参与。同时，在"双微"（微信、微博）端发布相关活动信息，为活动预热和引流。

评析：通过"达人"原生创作的创意短视频，提高品牌影响力。同时，活动设置实物大奖，通过利益引导用户参与，引发大量传播。

6.3.3 网络视频连锁传播营销

网络视频是一个抢占优质内容的行业，获得用户认可的关键在于满足用户收视需求、有效抓住用户眼球。在用户为王、内容制胜的时代，企业更应该注意视频传播的多维度、全渠道。

1. 连锁传播营销策略

在营销过程中，传播交流的渠道非常重要。连锁传播营销策略主要是从传播渠道进行考虑的。单一传播渠道的网络视频的营销效果可能不够明显，连锁传播营销策略则主要是在网络视频传播运营时，采用多渠道、多链接、环环相扣的连续性和连锁性传播的方法。

2. 连锁传播营销策略的运用

（1）纵向连锁传播营销策略。纵向连锁传播是指在网络视频构思、制作、宣传、发布、传播等每一环节都有相应的传播策略，每一个环节都要找准传播点和传播渠道对该网络视频进行推广。在网络视频制作初期，可以发布一些消息告知网民该网络视频将要制作，可用新闻营销的方式初步将网络视频推广出去。在网络视频制作阶段，可以将预告片先发布到网上，进行预热。在整个网络视频拍摄制作过程中，也不时发出一些新闻稿件。投资方或制作方都应与新闻媒体机构保持联系，利用新闻媒体资源连锁传播产品或品牌视频。视频正式上线后，更要大力、深度宣传，"大传播"推动营销目的实现。视频在网上播映一段时间后，后续传播也不能少，可以采用"小传播"保持视频的热度。在视频的整个构思到传播的过程中，进行纵向、连环传播，以提高视频营销的效用。

（2）横向连锁传播营销策略。有了纵向连锁传播，横向连锁传播也同样需要。横向连锁传播贯穿在整个纵向传播里，每一个环节的纵向连锁传播，都可以同时采用横向连锁传播。选择更多传播平台，不局限于一家媒体，也不局限于一家网络视频网站；还可以利用社交网站，如人人网、开心网等，进行病毒式营销传播，让更多网民关注到该视频；也可以使用企业的自媒体，如微博、博客等，自主发布视频链接，通过好友辅助传播。连续在每个环节都可采用横向连锁传播策略，扩大传播幅度和广度，让营销的影响尽量延伸，以获取最佳传播效果。

课堂测评

测评要素	表现要求	已达要求	未达要求
知识点	能掌握网络视频营销策略的类型		
技能点	能初步认识网络视频营销策略的要点		
任务内容整体认识程度	能概述网络视频营销与营销目标的关系		
与职业实践相联系程度	能描述网络视频营销策略的实践意义		
其他	能描述本课程与其他课程、职业活动等的联系		

任务6 小结

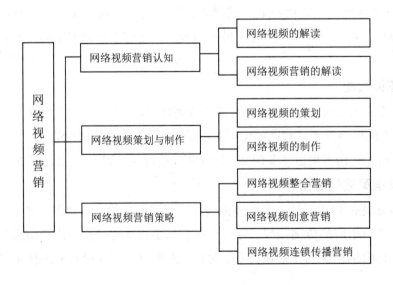

核心提示

教学做一体化训练

重要名词

网络视频　网络视频营销

课后自测

一、单项选择题

1. 网络视频营销是"视频"与（　　　　）的结合，这种创新营销形式具备了两者的优点。

　　A. 广告　　　　　　B. 互联网　　　　　C. 富媒体广告　　　D. 文字链接广告

2. 病毒式营销是指通过网民的（　　　　）宣传，信息像病毒一样传播和扩散。

　　A. 手机　　　　　　B. 计算机　　　　　C. 口碑　　　　　　D. QQ 群

3. 微电影即微型电影，是指能够通过互联网新媒体平台传播（　　　　）分钟的影片。

　　A. 1～5　　　　　　B. 5～10　　　　　C. 几分钟～60　　　D. 大于 60

4. 视频剪辑完成后，视频将被压缩成一个很小的文件并且转换成合适的（　　　　）。

　　A. 格式　　　　　　B. 内容　　　　　　C. 文字　　　　　　D. 信息

5. 网站的生存之道在于网站的（　　　　），为网民提供优质的网络资源是视频网站的根基。

　　A. 格式　　　　　　B. 内容质量　　　　C. 更新速度　　　　D. 编辑水平

二、多项选择题

1. 网络视频营销的 3 个趋势即（　　　　）。

　　A. 品牌视频化　　B. 视频网络化　　　C. 广告内容化　　　D. 手段超前化

2. 网络视频营销具有（　　　　）等特点。

　　A. 互动性　　　　B. 主动传播性　　　C. 传播速度快　　　D. 成本低廉

3. 企业的视频制作通常包括（　　　　）两种。

　　A. 企业宣传片　　B. 企业文化片　　　C. 企业经济片　　　D. 产品宣传片

4. 网络视频营销目标策划创意可以从（　　　　）着手。

　　A. 产品与品牌角度　　　　　　　　　B. 用户角度

　　C. 市场角度　　　　　　　　　　　　D. 社会公众角度

5. 创意营销能够（　　　　）。

　　A. 吸引用户的注意　　　　　　　　　B. 促成购买行动

　　C. 给广告主带来意想不到的收获　　　D. 影响网络广告制作

三、判断题

1. 网络视频与传统电视节目一样，传播范围受时空限制。（　　　　）

2. 视频网络化已经成为一种趋势。（　　　　）

3. 好的视频可以不依赖传统媒介渠道，网友自然会传播。（　　　　）

4. 在网络上，网民不能创造、上传视频作品，只能观看已播出视频。（　　　）

5. 网络视频营销者可以利用热点事件，制造话题，利用口碑，引起目标人群的关注。（　　　）

四、简答题

1. 什么是网络视频营销？

2. 网络视频营销的形式主要有哪些？

3. 网络视频营销为什么要强调内容为王？

4. 网络视频营销策略有哪些？

5. 网络视频为什么更适合开展病毒式营销？

五、案例分析题

目前，抖音已经成为我国流量最庞大的社交媒体之一。其新颖的短视频社交，吸引绝大部分青年人群，而现在这部分人群是我国非常庞大的消费群体。因此，越来越多的企业开始将抖音作为自己的营销重点来看待。不只是那些大品牌如海底捞、西贝等，还有众多的中小商家也加入了短视频营销。而那些专业的大品牌还组建了自己专业的短视频营销部门，雇佣营销人才进行营销。抖音短视频营销主要有以下方式。

（一）借助热点营销

蹭热点是营销绕不过去的一个核心，一个个热点事件是现今营销中拿来就用的素材。互联网的发展，将天南地北的人们联系到一起，同时也使消息的传播速度急剧加快。在传统媒体时代，一个地方发生的事在当地可能很轰动，但很难在全国范围内传播开来，但现在借助互联网平台，任何新鲜有趣的事情马上就可以在全国范围内传播开来。

而热点事件具有极高的话题性，所以营销人员只要在自己的宣传中紧跟热点，那么就很容易获得人们的关注，然后借助这个热点事件，宣传自己的产品、品牌等。

如经典的海底捞营销，就是通过各式各样、新奇好玩的海底捞吃法来引起人们的注意，然后就有越来越多的海底捞吃法被创意十足的网友开发出来，海底捞也随之在抖音上爆红。

（二）树立人物形象

短视频可以让人们更直观地感受到人物的言谈举止、个人魅力等。短视频让一切东西可视化，其营销的表现也可以更加直观。树立人物形象是营销中屡试不爽的招式，如阿里巴巴、小米等互联网公司就依靠马云、雷军极富魅力的个人形象，提升品牌影响力。

树立人物形象之所以屡试不爽，是因为形成了特有的IP。如何理解这个特有IP呢？其实IP就是让人容易记住、并且能够引起人们讨论的东西。

海底捞的服务就是其独特的IP，以至于人们一说起服务好的火锅，马上就会想到海底捞，这就是独特 IP 为餐饮品牌加分的魅力所在。

（三）制作别出心裁的创意广告

通常我们在电视上看到的围绕着产品本身的广告，被称为硬广，这意味这支广告中的一切内容都是以介绍自家产品为目的的。而创意广告不同，创意广告通常都极具故事性，而且脑洞大开，然后在故事之中"不经意"地代入自己的品牌或产品，这种广告往往效果要比硬广好很多。

企业通过创意广告不仅可以宣传自己的产品，而且还可以寓教于乐，发人深省。如可口可乐曾经做过的一个创意广告：在秘鲁的一个城市，犯罪率非常高，商家为了防止被抢劫，于是给商店装上了铁栅栏，这个冰冷的铁栅栏不仅隔绝了人们的交流，还破坏了邻里的和谐，直到用可口可乐瓶改装了这个冰冷的铁栅栏。可口可乐瓶温暖的红色装饰了冰冷的铁栅栏，缓解了邻里的隔阂关系。一个好的广告不仅可以宣传自己的产品，还可以起到传播正能量的作用，让人们心中充满温暖，一举多得。

（四）发起挑战，增强用户的参与感

什么样的营销最能够触动人心？除了引起用户共鸣之外，让用户参与进来是非常好的方法。

还记得曾经的冰桶挑战吗？为了使肌肉萎缩性侧索硬化症（Amyotrophic Lateral Selerosis，ALS）受到大家的重视，有人发起了 ALS 冰桶挑战赛，活动内容就是用一桶冰水浇在头上，目的是感受渐冻症患者发病时的感觉。另外，如果被点名的人接受挑战，就需要为"肌肉萎缩性侧索硬化症"患者捐献一定数目的钱款。

这个挑战一经发出，就有很多人响应。可以看出在抖音上发起挑战的传播程度和效率都是很高的。

在抖音中发起挑战也是能够让餐厅迅速引流的方法。巴奴毛肚火锅曾经发起了一项挑战，叫作吃毛肚的最佳姿势。活动一经发出，就有很多挑战者参与其中，参赛者把千姿百态的吃毛肚姿势拍摄下来，配合感悟发布到抖音上，达到了很不错的传播效果。美味的毛肚能唤醒人们的味蕾，即使不接受挑战，人们也想进店去尝一下。

阅读以上材料，回答下面的问题。

1. 文中提到的抖音营销发展情况是怎样的？
2. 抖音营销主要有哪些手段？

同步实训

实训名称：网络视频营销活动的认知

实训目的：认识网络视频营销活动，理解其实际意义。

实训安排：

1. 学生分组，观察爱奇艺、搜狐视频、优酷土豆、腾讯视频、暴风影音、哔哩哔

哔、抖音等网络视频平台，选择一些具体的营销活动形式，并讨论分析，总结概括出这些营销活动的传播效果。

2. 学生分组，收集身边的一些企业关于开展网络视频营销的具体形式，选取一个企业作为案例，分析讨论并概括其营销分别针对的目标人群。

3. 分组将讨论成果做成 PPT 进行展示，并组织全班讨论与评析。

实训总结：学生小组交流不同企业、行业的分析结果，教师根据讨论成果、PPT 演示、讨论分享中的表现分别给每组进行评价打分。

学生自我学习总结

通过完成<u>任务 6 网络视频营销</u>，我能够做如下总结。

一、主要知识

概括本任务的主要知识点：

1.

2.

二、主要技能

概括本任务的主要技能：

1.

2.

三、主要原理

你认为，网络视频营销策略与传统营销策略的关系是：

1.

2.

四、相关知识与技能

你在完成本任务中用到的知识与技能：

1. 网络视频营销的意义有：

2. 网络视频营销的特征有：

3. 网络视频营销策略的意义是：

五、成果检验

你完成本任务的成果：

1. 完成本任务的意义有：

2. 学到的知识或技能有：

3. 自悟的知识或技能有：

4. 你对网络视频营销活动的初步看法是：

任务 7
自媒体营销

 **学习目标**

1. 知识目标

能认知自媒体的含义

能认知自媒体营销的含义

能认识自媒体营销的策略

2. 能力要求

能分析自媒体营销的运作原理

能策划自媒体营销方案

能够评价自媒体营销策略

 营销密语

在 Web2.0 世界里，相当多的网站都会给用户开通"博客""日记"等自媒体渠道，自媒体通过"六度理论"和病毒式的传播，将信息的传递速度和规模无限放大。在这种情况下，不管是不是电商，做基于搜索引擎的关键字营销，都会受到自媒体的影响。

任务解析

根据网络营销职业学习活动顺序，这一学习任务可以分解为以下子任务。

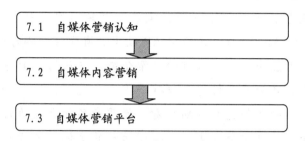

```
7.1  自媒体营销认知
         ↓
7.2  自媒体内容营销
         ↓
7.3  自媒体营销平台
```

课前阅读

市场上的饮料品牌数不胜数，可口可乐作为大众耳熟能详的饮料品牌，其外包装主题是"城市"和"美食"，可口可乐精心挑选了30座名城并搭配当地的知名美食，打造出了30款对应城市的人物形象，可口可乐通过包装营销策划与消费者进行有效的互动，拉近与消费者之间的距离，增加了品牌的文化底蕴。在生活节奏加快的今天，可口可乐洞察到了消费者时常会因为工作等方方面面的事情无法定期回家的问题，通过"城市美食罐"的营销创意直击消费者痛点，以此激发了与消费者之间的情感共鸣。

可口可乐此次推出了30款不同主题的包装，满足了当前消费者个性化的需求；

同时，不同的款式引发了年轻消费者的收藏欲望，从而促进了销售。更为重要的是，可口可乐通过这次包装营销成功地将每一个受众变成了一个自媒体平台，受众自发地为品牌进行免费的宣传。每个瓶身都代表着不同城市，为不同区域的受众带来了群体和身份的认同，来自不同区域的人可能通过一次拍照分享而互相认识。这无意间营造了一种轻松愉快的氛围，增强了品牌附加值。由此可以看出，消费者为可口可乐带来的裂变传播效果不可小觑。

随着时代的发展，可口可乐也紧抓潮流不断地对自己的营销策划进行创意营销，跨界与大众点评 App 合作，并运用 AR 技术，消费者扫描每一个"城市美食瓶"的瓶身，瓶身都会对应出现一段城市的文案介绍。这让消费者感受到了该城市的文化底蕴，可口可乐更是为自己挣得了口碑。

从可口可乐这次的营销包装策划来看，优质产品加上成功的包装，才能成为市场竞争中永远的强者。遵循消费者购买心理活动的变化，进行包装营销，从情感上打动消费者的心，增强消费者的记忆点，才能影响消费者的购买态度，进而对其购买活动产生促进作用，这才是品牌进行包装营销的真正目的所在。

读后问题：

（1）你听说过上文中提到的可口可乐营销活动吗？

（2）你觉得可口可乐营销成功的原因有哪些？

（3）为什么说可口可乐将每个参与者变成了自媒体平台？

课前阅读

7.1　自媒体营销认知

在现今的媒体时代，无论是谁，只要你有微博、微信，就可以说是个自媒体人；只要你发了条微博，就可以说你生产了内容。这其中的门槛很低，你可以是任何职位、任何行业的人，只要你创造内容，创造价值，你就是一个自媒体人。那么，究竟什么是自媒体？自媒体营销又是怎样的呢？

7.1.1　自媒体的解读

进入移动互联时代，人人都有话筒，人人都是记者，人人都是新闻传播者。于是，以个人传播为特征的自媒体纷纷兴起。这种媒介凭借其交互性、自主性的优势，使传媒生态发生了前所未有的转变。

1. 自媒体的含义

随着新媒体技术的发展，随之崛起的自媒体不知不觉已经融入了人们的日常生活。越来越多的人主要通过"微信""微博""今日头条"等媒体平台来阅读新闻，了解世界。那么，什么是自媒体呢？

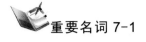

重要名词 7-1

自媒体

自媒体（We Media）又称"公民媒体"或"个人媒体"，是指私人化、平民化、普泛化、自主化的传播者，以现代化、电子化的手段，向不特定的大多数或特定的单个人传递规范性及非规范性信息的新媒体的总称。

自媒体可以有广义自媒体与狭义自媒体之分。广义的自媒体可以追溯到 20 世纪末，当时的个人主页、个人社区等都可以叫自媒体，而后就发展为博客、微博等。而狭义的自媒体则是指随着互联网技术的发展而推出的自媒体平台如微信公众号、百家号、搜狐号、腾讯企鹅号、网易号、凤凰号等，其中以微信公众号的出现为标志。

随着移动互联网的发展逐步成熟，用网门槛不断降低，互联网产品也愈发充盈着我们的生活。与此同时，我国移动端用户数量不断增加，人们对于网络内容简单、快捷、具有趣味性的需求也随之增加，从碎片化阅读到短视频观看，我国的自媒体也飞速发展起来。

2. 自媒体的特征

自媒体的本质是普通大众通过网络等途径向外发布他们本身的事实和新闻的传播方式。因此，人们获取信息的方式更自由，每个人既是信息的生产者，同时又是信息的消费者。自媒体具有以下基本特征。

（1）个性化。这是自媒体最显著的一个特征。无论是内容还是形式，人们都可以在"自己"的媒体上进行个性化的表达，以传播自己的观点、情感。

（2）碎片化。这是整个社会信息传播的趋势，受众越来越习惯和乐于接受简短的、直观的信息。自媒体的"碎片化"也决定了其张扬自我、个性成长以及规模庞大的行业特点。

（3）交互性。这是自媒体的根本属性之一。受众使用自媒体的核心目的是为了满足沟通和交流的需求，自媒体没有时间和空间的限制，在任何时间、任何地点，任何人都可以经营自己的"媒体"，互动内容更加广泛。

（4）多媒体。一提到自媒体，我们往往首先想到的是微博，但微博仅仅是自媒体的一种模式而已，不但微博本身可以给使用者提供文字、图片、音乐、视频、动漫等多种选择，还有很多以图片、音乐、视频、动漫等为主题的自媒体平台。

（5）群体性。许多自媒体平台是针对专门的群体创办的，如游戏爱好者、音乐爱好者、影视爱好者、汽车爱好者、学生群体等。

（6）传播性。如果无法有效快速传播，自媒体就没有价值和意义。自媒体的兴起，让公众进入了"每个人面前都有话筒"的时代，并在网络空间中形成强大的公共舆论，产生了广泛的社会影响。

7.1.2 自媒体营销的解读

"自媒体"热度持续升温，从最早的论坛、贴吧、博客到今日的微博、微信，每一个新兴的自媒体平台的出现都在营销界掀起一番新的竞争。由于自媒体技术门槛低、操作简单、信息传播效果强，已逐渐被各大品牌商奉为新时代的营销利器。

1. 自媒体营销的含义

自媒体已经成为各行各业营销推广的重要平台，企业通过自媒体能够有效地开拓市场，积累用户。随之而来，越来越多的企业开始重视在自媒体营销上的投入。

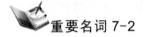

重要名词 7-2

自媒体营销

自媒体营销是指利用今日头条、百度百家号、搜狐、凤凰、UC 等平台或其他互联网协作平台和媒体来传播和发布资讯，从而形成的营销、销售、公共关系处理和客户关系服务维护及开拓的一种营销方式。

自媒体营销中的自媒体主要是指具有网络性质的综合站点，其内容大多由用户自愿提供，而用户与站点不存在直接的雇佣关系。

2. 自媒体营销的特点

随着新技术和新思维的层出不穷，自媒体营销的传播渠道非常之多，新的应用领域也日新月异。自媒体营销具有以下特点。

（1）不受时空限制。传统营销局限于特定的时间和特定的地点，只针对一小部分用户群体。自媒体营销打破时空界限，最大限度地把营销落实到每一个用户身上。

（2）口碑效应。自媒体的特点之一是传播迅速。一个新出现的产品会迅速在互联网上得到传播，而互联网打破了时间和空间的制约，使这种传播的口碑效应进一步被放大。用户对产品体验的好与坏，都会在互联网上进行病毒式的传播。

（3）互动营销。自媒体的另一个显著特点是交互性强，这就催生了互动营销的模式。电子商务就是一个成功的例子，即买家与卖家在平台上通过交互，从而完成产品或服务的交易。

（4）个性营销。自媒体张扬了普通大众的个性。自媒体时代的营销要针对用户的个性需求提供产品和服务，细分市场，针对不同的人群制定不同的营销战略。

（5）营销成本降低。细分市场和口碑效应使商家减少了在传统电视、平面广告上的投入，从而降低了营销的成本。同时，快速传播也降低了商家的时间成本。

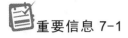

重要信息 7-1

自媒体的演变

自媒体是伴随互联网的发展而产生的，在不同发展阶段有不同的表现形式，具体如下。

（1）博客、社区。博客、社区是最初的自媒体形式。互联网从 Web 1.0 进入了 Web 2.0 时代，用户从被动地接受网络信息发展为向主动创造内容的模式迈进。2000 年年初，博客开始兴起，成为承载用户信息的重要载体，用户以个人为主，信息的表现方式以文字和图片为主。

（2）社交网络。伴随着国外 Twitter 的兴盛，2009 年左右，国内的新浪微博、腾讯微博、网易微博等门户网站创立的微博快速积累起大量的用户，基于社交网络的自媒体形式逐渐兴起。用户群体完成由前期的个人参与发展到个人与组织群体共同参与的转变，此时的信息表达方式仍然以文字和图片为主。

（3）公众号。2012 年，微信推出公众号服务，公众号逐渐成为用户获取信息的重要渠道。其后，今日头条、搜狐、网易等门户网站也纷纷推出公众号平台，自媒体发展进入公众号时代。以个人公众号和群体组织公众号为代表的自媒体爆发出令人惊讶的内容生产能力和传播活力。

（4）富媒体。富媒体即 Rich Media 的英文直译，本身并不是一种具体的互联网媒体形式，而是指具有动画、声音、视频等交互性的信息传播方式。这一时期以爱奇艺视频、腾讯视频为主的综合视频网站内容不断丰富发展，秒拍视频、美拍视频等短视频社区开始兴起，喜马拉雅、蜻蜓 FM 等网络电台也逐渐活跃起来，这极大地丰富了富媒体的表现形式。此外，用户利用这些平台创作的内容开始获得受众的关注成为这一阶段的另一显著特点。

（5）新兴载体。在以社交为核心的富媒体时代下，各种新兴载体也不断产生。视频直播兴起，基于移动客户端的网络直播平台如 YY 语音、斗鱼、西瓜、映客直播、花椒直播等开始大量出现。不同于电视直播，网络直播更加注重直播人与受众的互动。不仅如此，电商等非媒体平台正在成为新的自媒体载体，用于扩大市场、促进企业销售业绩的提升，以及对新的流量变现模式的探索。

7.1.3　自媒体营销平台认知

正是看到了自媒体时代的商机，各大主流媒体也纷纷推出了自己的自媒体平台。自媒体平台是可以在平台上输出观点、提供个人价值、从而产生影响力的媒介，它是一个包含着将个人化、大众化、自主化的信息进行生产、分享、传播的过程。

1．主流自媒体平台

目前，主流的自媒体营销平台主要有以下几个。

（1）今日头条。今日头条是一款基于数据挖掘的推荐引擎产品，也是一个提供新闻资讯的新型媒体平台。当用户使用微博、QQ等社交账号登录今日头条时，它能够快速地通过算法分析用户的兴趣爱好，从而向用户推荐精准的、个性化的信息。今日头条于2012年8月发布第一个版本，2019年8月1日，巨量引擎商业算数中心最新发布《今日头条内容价值报告》显示，今日头条用户规模超6.5亿人，活跃用户为2.6亿人，日活跃用户近1.2亿人，日活跃用户位居综合资讯行业榜首。

今日头条正在逐步受到年轻人群的关注。报告显示，2018年，今日头条年轻人群热度指数达到了900亿以上，比2016年增长了104%。其中，一二线城市年轻人更加关注今日头条。相比图文内容，年轻人更喜欢在今日头条平台观看科技、时尚、搞笑、育儿、游戏、汽车、娱乐等视频内容。其中，"90后""95后"比较偏好动漫、电竞游戏、自拍、宠物、明星等方面的内容。

（2）百家号。百家号是百度公司为内容创作者提供的集内容发布、内容变现和粉丝管理于一体的平台。百家号内容涵盖了互联网、时政、体育、人文等多个领域。

百家号支持内容创造者轻松发布文章、图片、视频作品。内容一经提交，即可通过手机百度、百度搜索、百度浏览器等多种渠道进行分发，从而为自媒体人带来巨大的流量。另外，百家号还为内容创作者提供广告分成、原生广告及用户打赏等多种变现机制。

（3）企鹅号。企鹅号是腾讯旗下的一站式内容创作运营平台，致力于帮助媒体、自媒体、企业、机构获得更多曝光与关注，于2016年3月1日正式上线。企鹅号提供4个方面的能力即开放全网流量、开放内容生产能力、开放用户连接、开放商业变现能力。

企鹅号是一个非常有潜力的自媒体平台，与百家号相似，自媒体人在企鹅号发布的优质内容，能通过天天快报、腾讯新闻客户端、微信新闻插件和手机QQ新闻插件进行一键分发，并且企鹅号可以让内容被更多、更精准地曝光。企鹅号还可以通过微社区等形式，帮助自媒体人实现与粉丝的互动，方便自媒体人快速地沉淀粉丝群，更快捷地建立起与粉丝的连接，实现粉丝资源积累。

（4）网易号。网易号前身为网易订阅，是网易传媒在完成"两端"融合升级后打造的全新自媒体内容分发与品牌助推平台，于2016年4月19发布，是集高效分发、原创保护、现金补贴、品牌助推等功能于一体的依托于网易传媒的自媒体发展服务提供平台。

与行业同类平台相比，网易号在本地战略、内容生产等多个方面表现出差异化。网易号首次实现了自媒体直播功能，这标志着网易本地战略和自媒体生态的全面升级。

（5）一点资讯。一点资讯是北京一点网聚科技有限公司推出的一款为兴趣而生、有机融合搜索和个性化推荐技术的兴趣引擎，其团队致力于基于兴趣为用户提供私人定制的精准资讯，并成长为移动互联网时期一代内容分发平台。一点资讯的主要内容涵盖时政新闻、财经资讯、社会热点、家装设计、育儿常识、出游旅行、太空探索、未解之谜、前沿科技资讯等。

（6）简书。简书是一款定位于写作者的写作、阅读软件，于 2013 年 4 月 23 日上线。简书页面清新简洁，其最大特色是 Markdown 功能，能够使创作者专注于文字内容而不是排版样式，安心写作，可为创作人营造一种沉浸式的写作氛围。

简书作为一个特立独行的自媒体平台，包含杂文时政、小说诗歌、影评、新闻等多个类目，将志趣相投的创作者集结在一起，平台可根据相关内容为用户发送推荐的内容。

（7）微信公众平台。微信公众平台简称公众号，于 2012 年 8 月 23 日正式上线，是腾讯公司在微信的基础上新增的功能模块。通过这一平台，个人和企业都可以打造一个微信公众号，群发文字、图片、语音、视频、图文消息五个类别的内容。

微信公众平台是主要面向名人、政府、媒体、企业等机构推出的合作推广业务。随着自媒体的快速发展，微信公众号已经成为自媒体经营品牌、获得市场价值的重要渠道。

2. 自媒体平台盈利模式

近年来，越来越多的企业和个人依托新兴自媒体平台开展自媒体营销活动，但是各自的盈利模式却各不相同，自媒体的盈利模式逐渐呈现出多样性以及可持续性的特征。归纳起来，自媒体盈利模式大致可分为以下几种。

（1）自媒体+平台。许多自媒体人在自媒体平台上分享自己的内容创作、专业经验等，目的是将这些产品借助平台力量传播出去，让更多的用户看到，自媒人从其创作的内容中获益，如微博、微信中对于优质文章的打赏，在百家号上线半个月，就能够获取一定收入等。当然，就目前而言，由内容而产生收益的主要方式还是广告投放。

（2）自媒体+广告。该模式与传统大众媒体盈利模式相同，即双重出售模式。自媒体人通过创作优质内容吸引大量用户关注，同时再将吸引来的用户的注意力售卖给广告主。广告主可以在自媒体上以冠名、赞助及插播的形式向自媒体用户推送广告信息。自媒体也收取一定的广告费。

（3）自媒体+付费阅读。各大自媒体平台在原创保护的基础上增加了各种激励机制，如微博的常规打赏、知乎的打赏等。除了打赏外，付费阅读也是自媒体的一种盈利模式，但这种模式比较挑领域，专业性越强、内容生产门槛越高且信息越难以获取的领域越容易推行这种模式。

（4）自媒体+电商。这种模式的基本逻辑是通过高质量的内容吸引用户，然后通过软文的方式出售自身产品。从一定程度上来说，传统电商让人看到的只是产品，背后的品牌、人、故事都是隐形的，而自媒体驱动型电商正好弥补了这个短板，将人物和品牌放在了产品前面，让用户全都看到。

（5）自媒体+IP。自媒体的高级盈利形态是 IP 化的运营，而 IP 具有多平台、多内容、多媒体等特点，但同时又紧紧地围绕在一个核心品牌上，其纷繁复杂的内容由一个统一的精神内核勾连起来。如罗辑思维等，他们打着智力输出的旗号，迎合那些对成功学极其渴望的人，来输出自己的价值观念，最后将自己打造成一个成功的 IP。总之自媒体要转换成 IP，创始人一定要有一定的人格魅力，要能抓住用户的心。

（6）自媒体+活动。很多自媒体常用的活动方式是组织线上用户参加线下活动，如食品类自媒体可以开食品分享大会，旅游自媒体可以组织旅游活动等，从而增强用户黏性，方便以后变现。

课堂测评

测评要素	表现要求	已达要求	未达要求
重点知识	能掌握自媒体的含义		
重点技能	能初步认识自媒体营销的特点		
任务整体认识程度	能概述自媒体营销的基本原理		
与实践相联系程度	能描述自媒体平台运用的实践意义		
其他	能描述本课程与其他课程、职业活动等的联系		

7.2 自媒体内容营销

尽管自媒体营销的玩法有很多，但是内容仍然是企业品牌在自媒体平台上传播的重中之重。自媒体起源于文字内容，发展于图文和视频内容。随着社会的发展，人们对互联网的认知越来越高，起源于图文的自媒体正向短视频靠拢。那么，什么是自媒体内容营销呢？

7.2.1 自媒体内容创作准备

在"人人都是自媒体"的这个时代，强迫式的硬广告和内容对于用户来说已屡见不鲜。缺乏了优质基因的内容无法刺激用户，再加上当下用户不再只满足于被动接受内容，甚至被内容"劫持"，而是更偏爱和企业一起"动"起来。自媒体内容营销能更多地代表用户参与进来并与企业一同分享品牌信息的口碑营销。移动社交媒体的发展，将各种自媒体平台带入了内容创作的高潮，内容创作在新媒体营销中的重要性日益突出。

1. 确定内容创作目的

在创作自媒体内容之前，首先要确定进行内容创作的目的。如创作是为了表达自己的内心感受，还是为了持续打造自己的品牌，吸引更多用户，提高产品的销售量，还是进行推广活动。目的不同，文章的写作方法和思路也不同。

如果是为了持续打造品牌，则整体的内容创作需要考虑的是怎样让内容符合品牌风格与调性，并能够在用户群体里引发共鸣；如果是为了销售产品，那么内容创作要考虑的是如何让人感觉到有需要，并能产生信任——为什么不购买竞争对手的产品，而只购买你的产品，并且让用户能够立即付诸购买行动；如果是进行推广活动，就要考虑怎样才能让人感觉推广活动具有较大的吸引力，值得参与，且参与门槛较低。

2. 进行内容素材积累

自媒体写作平台的内容一般可以分为两大类：一类是针对社会热点话题的借势发挥，另一类是结合自身的定位进行的每日更新。

要做好自媒体平台的内容营销，就必须注意观察自己周边的各种现实事件、网络热点事件，认真阅读、观看各种文字资料、图片、音频、视频，将其中有价值的素材收集起来，这样既增加了自己的知识储备，也会使自己在进行内容创作的时候受到启发。积累内容素材包括以下工作。

（1）选择优质信息源。在日常的观察和阅读中，发现一些优秀的网站、作者等素材，可以使用存放内容类 App 统一存放，如印象笔记、有道云笔记等。可以先阅读再进行保存，以免先保存造成资料积压，给后续整理带来压力。并可以将突发的一些小的灵感记录在备忘录里。

（2）建立自己的素材库。经过一段时间的收集，要对收藏夹进行整理，在整理的时候，可以对素材进行合并整理，并加上标签，以便以后搜索。还可以把与自己所做的主题相关的视频和音频内容找到，然后通过软件将其转换成文字，找出其中核心的观点、优质的故事，建立一套属于自己的素材库。

（3）应用更新自己的素材。需要使用素材的时候，可以按照分类找到相关的材料，也可以直接搜索、调用这些素材库，只需要把素材和观点进行整合即可。同时，以"有用、优质"为标准，及时对一些没有保存价值的资料进行清理。

常用的素材搜集网站有中国互联网络信息中心、中国知网、万方数据知识服务平台；除此之外，热点素材搜索平台还有百度搜索风云榜、网易新闻榜、百度百科、微博、乐观号等；话题素材搜索平台有兴趣论坛、公众号文章、简书、悟空问答、QQ 兴趣部落、头条、知乎、豆瓣、百度贴吧、百度经验、百度知道等；素材数据分析平台有新榜、清博大数据、简媒、数据分析平台、自媒体榜单等。

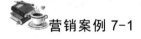营销案例 7-1

吴晓波频道

2014 年 5 月，吴晓波在微信公众平台上注册了自己的公众号"吴晓波频道"，正式踏入自媒体创业之路。根据调查发现"吴晓波频道"的用户中"80 后"占据 6

成以上。在用户定位上，吴晓波频道聚焦企业家、创业者和职场白领三个群体，频道上线两年半，用户数量从 0 人增长到 200 万人。

吴晓波通过以内容为核心打造 IP 产品，在更多领域产生更大的收益。在具体的产品上，吴晓波频道主要由自媒体公众号矩阵、电商平台、财经视频节目、知识付费四大板块组成，所以在变现上，吴晓波频道除了有一般新媒体的广告、赞助外，知识付费、电商等产品也成为其营收的支柱。以知识付费为例，吴晓波频道打造了三款产品，一款是定价 188 元的"每天听见吴晓波"，上线一年内就收获了 39 万订阅会员；吴晓波频道还推出了另外两款付费产品——面对职场白领每年 4 080 元的"大头思想食堂"和面向企业家 49 800 元的"企投会"。在电商变现方面，2015 年吴晓波在旗下"美好的店"销售自家企业生产的杨梅酒"吴酒"，创造了"5 000 瓶吴酒在 33 小时之内售罄"的记录，销售额近千万。

评析："吴晓波频道"采取的是会员收费制，据不完全统计，收听该频道的会员已经超过 10 万人。其优质的内容才是吸引用户群体的重要武器。

3. 列出内容创意简报

内容创意简报也叫创意纲要。在进行自媒体平台内容创作之前，自行列出文案创意简报，既有利于内容创作的顺利进行，也有利于优质结果的最终形成。制作内容创意简报前需要梳理三个问题：向谁说、说什么、在哪说。只有明确了这三个问题，内容创作才更有方向性。

（1）向谁说。本次内容创作要写给谁看，即对目标人群进行分析，谁是潜在用户，他们有什么样的典型特征。

（2）说什么。在"向谁说"的基础上再考虑说什么。内容创作通过怎样的方式说服目标人群信任所推广的内容。这就需要深入挖掘自身的卖点，对照竞争对手的说服策略，提炼出我们自身的内容创作策略。

（3）在哪说。即根据人群选择合适的内容平台、合适的时间进行内容发布。有时候也会根据不同的媒体平台发布不同的内容。

7.2.2 自媒体平台内容创作

自媒体以创作内容为己任，如果每天没有新的内容输出，也就很难称为自媒体。自媒体之所以成为一个热门传播形式，是因为让大部分用户都能参与其中，分享自己的观点和看法，还能从中获取快乐和收益。随着自媒体的发展，自媒体平台的创作内容质量要求越来越高。

1. 增加内容的吸引力

（1）用标题吸引读者。自媒体标题如何起才吸引人？文案标题如何起才吸引人？爆文的标题有哪些特点？一篇文章，标题是非常重要的，相当于人的脸面。标题决定着用户是否会点击阅读你的文章，是否会点击播放你的视频。

好的标题简单明了，开门见山，直截了当，如"做什么"+"得到什么好处"；好的标题还可以用数据，即数字式标题，如"做自媒体月入 5 万元的方法""月薪 5 000 元与月薪 50 000 元的区别"；另外，好的标题直接抓住一部分人的痛点，如"你那么喜欢加班，一定没有女朋友吧"；此外，标题可选的模式还有夸张、悬念、明星、话题等。

（2）用第一段话吸引用户。如果说标题的目的是让人读一句话，那么，第一段话的目的是让人选择持续读下去。文案专家约瑟夫·休格曼的"滑梯效应"讲到，写文章也是一样，要持续吸引人的注意力，让人情不自禁地读下去，可以从 4 个方面着手：分析用户情绪，利用关键词承上启下，给用户以利益，引导用户产生共鸣。

假设文章是小卖部，标题是小卖部的招牌，用招牌吸引顾客进门后，他的内心会产生不同的期待，有可能是怀疑，有可能是好奇，也有可能是愤怒。所以我们写文章时，第一，分析用户情绪。通过标题吸引用户的好奇心以后，再给对方一个答案，安抚一下对方的小情绪。第二，利用关键词承上启下。先在标题中放入关键词，再通过分析关键词，在文章的开头沿着关键词和情绪继续行文，让用户有兴趣阅读下去；或者一篇文章通过提供与现实形成巨大反差的信息，引起用户的注意。第三，给用户利益。在信息大爆炸的时代，可以开门见山，直截了当地给用户提供价值，节省用户的时间。第四，引导用户产生共鸣。站在用户角度，以朋友的身份和用户对话，说他想听的话，从而产生共鸣。

（3）用与用户相关的内容吸引用户。一个文案能够吸引用户，一定是它刺激到了用户的某根神经，让用户有所反应。用户可能不关心品牌、产品或服务，但是他们一定关心这个产品或服务能给自己带来什么，所以站在用户的立场非常关键。但是大多数的品牌介绍、产品介绍的内容却是一直在强调"我是什么""我有什么"。在内容写作中，与用户相关的内容包括以下几个方面。

① 与用户的利益相关。即直接说明产品或服务能够给用户带来的好处、利益或价值，换句话说就是用户不是买的产品或服务，而是买的产品或服务带给他的好处。

② 与用户的标签相关。在用户自定义的标签中可能有名字、个性、爱好等。与用户的标签一致可以引起用户的共鸣，尤其是针对年轻人的品牌，更愿意借助流行在年轻人中的标签来做广告，这样不仅可以表现品牌的独特风格，也可以打动年轻人的心。

③ 与用户的生活相关。与用户的生活相关的内容涉及生活的方方面面，大到生活的城市，小到生活细节，凡是与产品或服务的目标人群生活相关的都包含其中。

（4）用多样化的形式吸引用户。在自媒体内容中加入图片，可以从视觉上刺激用户并吸引用户的注意力。除了静态图片以外，还能通过留白、排版设计、动态 GIF、音频和视频来增强用户体验。想要用多样化的形式吸引用户，还可以用字符写作，如一篇文章全用歌名组成，一样能表达作者想要表达的意思。

2．营造内容的共鸣感

共鸣感指的是作品受众产生的和作品中的人物一样的感受，进而对作品传达的思想产生情感认同。在以营销为目的的内容创作中，共鸣感就是把受众带进一个特定的销售或运营的场景中。那么如何制造共鸣感呢？

（1）讲故事。内容创作者通过讲故事，可以快速地让受众沉浸在某个场景中。如江小白公众号打造全新的"表达瓶"产品，并且相应推出了一组表达瓶海报"我有一瓶酒·有话对你说"。表达瓶文案之所以每次都能说到人们的心坎上，让人看了以后自然进入某个场景，并产生转发的欲望，无疑是内容创作者深谙讲故事之道。讲故事的魅力就在于此，它能够让人立刻有共鸣感，从而产生心理认同。

（2）提问题。遇到问题，大部分人的本能反应就是去理解、回答。内容创作者通过提问，让用户自然而然地进入预先设置好的思考路径。这样，就能引起用户重视，并使其在理解的基础上做出反应。同时，提问题更容易让人有代入感，进而直接进入文案要表达的主题中去。

提问题的形式可以是选择题、填空题、反问式或者是陈述句加一个问号，一般适用于功能比较强的产品或服务介绍，品牌方通过提问题将目标人群带到需求的困扰点上，从而引出产品或服务。

（3）用情怀。情怀是什么？是一种心境、情趣和胸怀。在新媒体内容创作中，要用一切能用到的资源来营造这样的情怀氛围，如用有情怀的文案、图片、音乐等，将目标人群带到品牌所需要的氛围中去。

3．提升内容的信任度

自媒体内容创作的目的是在用户心中对应的位置上放上自己的广告信息，以影响他们日后的购买决策。内容创作最大的功能就是提升用户对品牌的信任度。那么如何提升内容的信任度呢？

（1）加权威。人们希望看到权威，在内容开头加入名人名言、权威研究报告，会让读者产生信任感。

（2）用细节。具体的细节能够帮助人理解和记忆，更容易让人产生信任。在营销活动中，细节就是更具体的信息和卖点，品牌方通过对每个细节进行展示，体现产品主要的卖点。

（3）用数据。人们常说"用数据说话"，在内容创作中，在必要的时候还要呈现最准确的数据，如美的空调的"一晚一度电"。用数据的原则是能用阿拉伯数字表述就不用中文数字，因为阿拉伯数字比中文数字传达的速度要快、无国界限制，可以"无阅读"直达用户大脑。

（4）有操守。无论什么类型的媒体，无论生产什么样的内容，如果只考虑收益，不注重内容质量，无异于饮鸩止渴、缘木求鱼。因此，身为自媒体人员，必须有一定的职业操守，尊重事实，理性传播，严格遵守法律与道德底线。这样，才能赢得用户的信任。

7.2.3 自媒体平台内容营销

社会环境在不断变化，流量碎片化的市场竞争已经到来，电商的营销方式也越来越多。在自媒体火爆的今天，内容营销也变成了时代的焦点，成为各大企业的营销新宠。

1. 增加阅读量

在自媒体平台要想文章阅读量高，了解平台规则是首要因素，现在大多数自媒体平台都是采用机器算法进行审核推荐的。

（1）注意分类及标签。文章分类都是作者在发文的时候自己选择的，分类垂直度越高，目标人群就更精准。文章标签主要靠机器识别，一般都是通过标题和内容的标签匹配兴趣用户，标签匹配度越高，用户越感兴趣。文章标签可以加上热点关键词、人名、地名等。

（2）重视推荐量。推荐量是系统把文章推送给了多少用户，阅读量是实际有多少用户点击并阅览了文章。在文章发布后，平台会进行初次推荐，然后根据用户反馈再决定是否进行二次推荐。此外，平台还会因规避文章内容的重复，出现不予推荐的情形。

（3）内容的安全性。这是指文章含有不良广告信息、虚假、敏感词、违禁词等违规因素会被下线、扣分，严重者会被直接封号。因此，文章一定不要出现一些敏感性题材或边缘性的灰色内容，内容创作者要多一些审慎克制，把打磨高品位、高质量作品作为唯一的价值追求，这样才能在自媒体浪潮中真正成长起来，真正实现社会效益和自身效益的双赢。

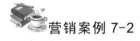
营销案例 7-2

抖音快速涨粉

自媒体省钱、有效的涨粉方式就是"爆款文章"。"爆款文章"基本上符合 2 个特征，要么抓住当下受众的心理，写出他们的心声，如公众号文章"北京有 2 000 万人假装在生活"，触动了很多在大城市打拼的人的心理，文章阅读量竟然达到 800 万次，帮助公众号涨粉 30 万人；要么能够紧跟实时热点话题，如"了不起的郭茨比"通过贴近郭敬明的话题，产生了很大的影响力。

2019 年 7 月，抖音上"灵魂当铺"一则"你真的关心过孩子吗？"视频的数据尤其突出。视频讲述了一个小朋友希望用自己的棒棒糖换取父母不离婚的故事，点赞数达到了 192.9 万次。当记者问作者为什么想到拍这样一个视频时，作者说："抖音用户中小朋友占的比例还是比较大的，我后台经常会收到很多小朋友诉说心事的私信，所以做了这个视频。"虽然账号的灵感和设定来自于电视剧，但视频内容还是来自于生活，评论中有不少用户表示："看哭""这个买卖不亏"。

从"灵魂当铺"目前已发布的 10 个作品来看，主题涉及爱情、亲情、生命等方面。就像作者说的，"没办法做到每一个故事都引起所有用户共鸣，只能力求拍出引起每一个年龄层都能共鸣的故事。"

评析：自媒体内容还是要带着情感讲故事，这样才能够让人产生共鸣感，从而产生心理认同，进而引发关注与转发。

2. 营销策略设计原则

自媒体内容营销是以用户为中心的，不是以产品为中心的，这是我们首先要明确的概念。尽管有多个不同的平台，各自的规则、要求也不尽相同，但是，自媒体内容营销策略设计方面有以下一些共性原则。

（1）突出个性，差别化运营。自媒体内容的价值在于其独特性，自媒体要找准自己的定位，表达观点要旗帜鲜明、言简意赅；内容要集中统一，如专门写体育资讯的自媒体整天发娱乐新闻内容肯定是不可行的；要注意内容的持续输出，只有持续输出有价值的信息，才能留住用户。

（2）紧跟热点，提升关注度。有时候一些热点、有争议的话题更能引起人们的关注，自媒体人可以有技巧地制造一些话题，促进用户的阅读与转发，但是要注意分寸，以免带来一些道德、法律方面的风险。

（3）掌握技巧，选择合适的内容。对于自媒体内容营销来说，原创是第一要义，如果能掌握独家资源信息无疑是更好的，"快"就是王牌。但如果没有，做不到"快"，就要"独""深"，选择不一样的角度，去写文章。

（4）学习借鉴，打造全新的内容。自媒体内容营销初期，很多人不了解其中的规律，花费大量的精力写出的文章的阅读量很低。这时候可以先去研究同行"大咖"，模仿他们的写文思路，借鉴他们的文章选题，自己再用素材填充，用自己的逻辑去表达，编排文章。

（5）不断完善，提升输出质量。各大自媒体平台都有后台统计功能，要学会利用此功能去分析文章数据，了解某篇文章为什么数据高，某篇文章为什么数据低，是标题原因、配图原因、排版问题、选题问题，还是其他问题，要知道错在哪儿，如何改进。放任问题不管，无视数据反馈，那可能永远都在原地踏步。

（6）把握规律，提高推荐量。自媒体营销平台都有推荐机制及规则，做自媒体内容营销应该熟知平台相关规则。如头条号采用智能化推荐机制，文章阅读量与平台推荐量息息相关，而推荐量与文章信息是否准确以及头条账号指数息息相关。

课堂测评

测评要素	表现要求	已达要求	未达要求
重点知识	能掌握自媒体内容的含义		
重点技能	能初步认识自媒体内容创作的要求		
任务整体认识程度	能概述自媒体内容营销创作的意义		
与实践相联系程度	能描述自媒体内容营销的实践意义		
其他	能描述本课程与其他课程、职业活动等的联系		

7.3 自媒体营销平台

自媒体平台营销的重要目标就是尽量扩大自己的影响力，让更多的人知道你的品牌。目前，自媒体平台非常多，不同的平台有自己的特点、变现手段与喜好，自媒体运营者可以结合自身资源优势，选择合适的自媒体平台。鉴于平台数量众多，下面主要介绍目前两个主流的自媒体平台。

7.3.1 今日头条

今日头条拥有广泛的用户基础，精确的推荐手段及丰富的激励措施，受到了越来越多自媒体的青睐。

1. 今日头条账号类别

目前，头条号支持 6 种不同类型的主体注册账号，包括个人、企业、群媒体、国家机构、新闻媒体和其他组织。

（1）个人。主要是以个人身份入驻，适合垂直领域的专家、意见领袖、评论家及自媒体人士申请入驻。

（2）企业。公司、分支机构等能够申请入驻。

（3）群媒体。以内容生产为主要产出的机构能够申请入驻，如 36 氪、果壳网等。

（4）国家机构。正规的国家机构能够申请入驻，如最高人民检察院等。

（5）新闻媒体。正规报纸、杂志、广播电视等相关新闻单位能够申请入驻，如新华社、时尚芭莎、北京青年报、大河报等。

（6）其他组织。各类公共场馆、公益机构、学校、公立医院、社团、民间组织等机构团体能够申请入驻，如石家庄市中乔养老院、天津市曲艺团等，但是不支持民营医院注册。

2. 今日头条的注册

以下的操作步骤以 PC 端界面演示为主。

（1）进入今日头条平台官网。方法一：百度搜索"今日头条"，然后单击今日头条链接进入，如图 7-1 所示。方法二：直接输入今日头条官方网址，单击进入。

图 7-1 │ 百度搜索"今日头条"官网

（2）进入今日头条注册界面。进入官网，单击左上角"登录头条号"，即出现登录界面。输入手机号码并获取验证码进行登录，若没有注册，就需要先进行注册，一个手机号仅能注册一个头条号。当然，也可以用其他社交账号登录，如 QQ、微信账号等。登录成功后，填写账号注册信息，选择账号入驻类型。今日头条登录界面如图 7-2 所示。

图 7-2 │ 今日头条登录界面

（3）填写入驻资料。今日头条规定，头条号名称为 2～10 个中文字符，且可直观反映头条号的特点，建议使用全中文名称。但是根据今日头条官方规定，在名称中含有"今日""头条"等字样的会被误认为今日头条的官方账号，将不予通过；在名称中使用没有具体含义的字母+数字组合，会被认为有假冒已有账号之嫌，可能会误导用户，所以不予通过；名称中不能有明显的营销推广目的的字眼；名称中不能有国家领导人姓名；以个人身份申请但是名称会让人误以为公司、媒体、政府的将不予通过。

另外，辅助材料字数控制在 10～300 个，可以是本人专栏、博客，或者微信公众号等其他媒体的链接地址。如果今日头条的工作人员无法确认所提供的辅助材料与申请人是否为一人，申请将不予通过。这时申请人在辅助材料账号上发布"入驻头条号"文章并将链接填写至辅助材料即可。

同时，一个头条号只能选择一个领域分类，如果申请时，在账号简介中表明账号定位于多个领域，一般不会被通过。今日头条支持两种身份认证方式：使用今日头条客户端急速认证，登录今日头条 App，在"我的"→"实名认证"中进行认证；在 PC 端进行认证，需要填写运营者姓名、身份证号，并上传身份证资料。

3．今日头条主要功能

（1）发表头条号文章。在头条号的个人主页，可以发表头条号文章。在发表文章的时候，刚注册的头条号具有设置功能，头条号作者可以设置是否投放广告。今日头条还有"定时发表"的功能，定时范围在 2～24 小时，以五分钟为一个时间节点，设置好定时发表的时间后，若文章通过审核，系统就会自动推荐给粉丝。

（2）管理头条号。刚注册的头条号有两个基础的管理功能，一个是内容管理，另一个是评论管理。在内容管理中，头条号作者可以查看"全部""已发布""未通过""草稿"和"已撤回"的文章。在评论管理中可以看到粉丝所有的评论内容，头条号作者可以多与粉丝互动，这样可以提升头条号的互动度，从而提升文章的推荐量。

（3）数据统计。数据统计板块有内容分析、粉丝分析两个基础功能。

内容分析功能主要包括概况、文章分析、视频分析和微头条分析。其中，在"概况"页面中，作者可以查看当天、7 天、14 天及 30 天内的文章统计情况；在"文章分析"页面中，作者可以按文章标题发表时间对文章进行详细的分析总结；在"微头条分析"页面中，作者可以查看当天、7 天、14 天及 30 天内的微头条统计情况，包括阅读量、评论量、点赞量、转发量等。

粉丝分析功能包括概况、粉丝属性、兴趣探索。在"概况"页面中能看到粉丝的增长情况：新增粉丝、取消关注、净增粉丝和累计粉丝，作者可以根据这些数据了解粉丝的状况、需求和兴趣，从而有利于头条号的推广与运营。

（4）自营广告和头条广告。头条号的一大优势是头条号作者可以开通自营广告和头条广告，自营广告申请的标准为：新手入驻>30 天，已经推荐文章数>15 篇，账号分值为 100 分。只要符合上述条件就可以在"设置"→"账号状态"中自助开通自营广告。头条广告对于个人自媒体而言，申请标准为：入驻时间>30 天，累计发文>20 篇，账号分值为 100 分。

（5）商品功能。当头条号满足粉丝 2 000 人以上、头条号指数在 600 以上时，即可开通商品功能。

📋 **重要信息 7-2**

头条运营推广技巧

（1）标题。标题党虽然依旧很常见，但一些言之无物、哗众取宠的标题反而会影响到文章的推荐，尤其现在头条的管理越来越严格，所以要拒绝标题党。只要适当地在标题中颠覆固有认知，让用户产生好奇，再结合一些当下的热词，也能很好地提高点击量和阅读量。

（2）文章内容。多图少字，多数人都是喜欢图文并茂的；文章不要太长；图片需符合文章的内容，活泼有趣，清晰度高。注意不要放二维码图片，否则很容易被扣分。

（3）发文时间。头条的推荐机制和监测数据显示：上午和晚上发文比中午要好，而晚上发文比上午要好，因为中午发布文章只有两个小时左右的高推荐量，之后就要等到晚上，距离文章发布的时间越久，推荐量就越低。所以我们得出结论：最好的时间是文章发布之后就是高推荐量时间，高推荐量时间越长越好；另外晚上因为用户的休息时间较多，文章阅读量会相应较多。

（4）发文频次。目前头条每天可发布的图文、视频等没有数量限制，但是如果发得过多，会被怀疑是营销号，我们建议每天发布一到两篇高质量的文章，这样不会影响用户的阅读体验。

7.3.2 百家号

百家号是百度旗下的内容生产平台，百家号通过百度资讯流、百度搜索和其他百度产品的流量矩阵，为自媒体人士在更大范围增加文章的曝光量。联合新榜研究院对外发布的《百家号内容行业研究报告》显示，截至2019年8月，百家号入驻账号已经超220万个，作品总量同比增长143.4%，同时百家号平台上的视频内容总数量已经超越图文，视频内容成为主要的内容形式。

1. 百家号的注册

申请百家号时有两个类别可供选择，分别是个人和机构。"个人"账号适合垂直领域的专家、意见领袖、评论家和记者等独立写作人士申请；"机构"账号适合媒体、企业或其他以生产内容为主的组织和团体申请。

（1）在PC端进入百家号平台界面。在百家号首页选择"登录"按钮，进入登录界面，然后输入自己的百度账号进行登录，若没有百度账号就需要先进行注册。而这里要注意，为了账号安全和管理方便，注册账号最好是本人的手机号码。百家号平台首页如图7-3所示。

图 7-3 | 百家号平台首页

（2）登录成功后，我们首先要选择百家号类型，若是个人注册，则选择"个人"选项，若选择其他非个人类型，需要相关资质证明。百家号注册类型选择界面图7-4所示。

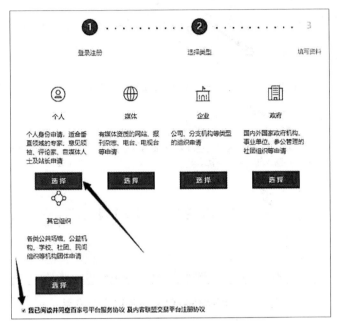

图 7-4 | 百家号注册类型选择界面

（3）填写资料。选择入驻类别后，需要填写百家号信息，如领域、百家号名称、百家号签名、设置头像，以及运营者信息等，如图7-5～图7-7所示。

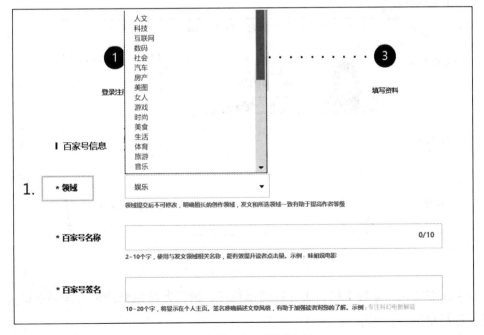

图 7-5 | 百家号领域选择

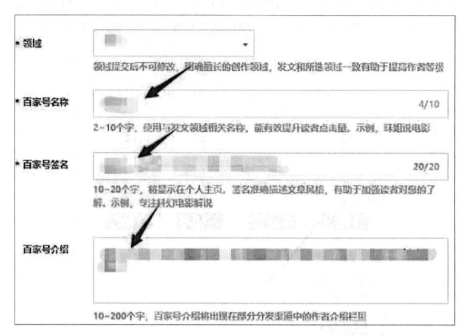

图 7-6 │ 百家号名称、签名和头像设置

图 7-7 │ 运营者信息填写

（4）提交资料，等待审核。账号通过审核后，运营者可以坚持每天按要求提交一篇文章，以尽早通过新手期。

2．百家号的主要功能

（1）发布功能。在"发布"模块下百家号有 2 个基础功能：发布内容和内容助手。

发布内容。百家号文章标题至少有 8 个汉字，最多为 40 个汉字，此外百家号提供了独有的编辑器。在发表文章时，作者需要给文章选择分类，便于百家号精准地把文章推送给精准的用户，以提升文章的阅读量。

内容助手。作者可以通过"内容助手"功能将其他平台的文章同步至百家号，目前，百家号支持微信公众号和头条号一键镜像。

（2）工具功能。在工具模块中有内容管理和评论管理 2 个功能。

内容管理。在内容管理中，作者可以查看全部、已发布、审核中、审核未通过、已撤回和已下线的文章。

评论管理。作者可以通过评论功能对用户的评论进行回复，高质量的回复有利于提升用户黏性，提升作者个人影响力。

（3）分析功能。在分析模块中主要有 3 个功能：文章分析、百家号指数和粉丝分析。下面主要介绍文章分析和百家号指数功能。

文章分析。文章分析中有两个关键指标，即独立访客数和页面点击量。独立访客数是指某个站点和网页被不同 IP 地址的人点击的次数，即点击的用户数。页面点击量是指当天文章被点击的次数。

百家号指数。百家号指数包括 5 个维度，即内容质量、用户喜爱、原创能力、领域专注和活跃表现。后台通过机器和人工评定的方式评估运营者近一个月的表现，每个维度的满分为 1 000 分，分值越高，说明运营者在该维度的表现越优异。

（4）账号等级。百家号将所有作者分为 4 个等级，即新手作者、初级作者、中级作者和高级作者，不同作者等级拥有的权限不同。账号等级不是一成不变的，也有上升下降的变化，这取决于运营者的百家号指数。

（5）收益功能。在"收益"→"收益广场"下可以查看百度广告收益情况，单击"收益"→"财务设置"可以设置个人银行信息。单击"收益"→"收益广场"→"查看数据报告/财务管理"→"财务管理"→"付款记录"，将看到百度广告的收益情况。

课堂测评

测评要素	表现要求	已达要求	未达要求
重点知识	能掌握自媒体的含义		
重点技能	能初步认识自媒体营销的主要策略		
任务整体认识程度	能概述自媒体营销与推广与传统营销的联系		

续表

测评要素	表现要求	已达要求	未达要求
与实践相联系程度	能描述今日头条、百家号的实践意义		
其他	能描述本课程与其他课程、职业活动等的联系		

任务 7　小结

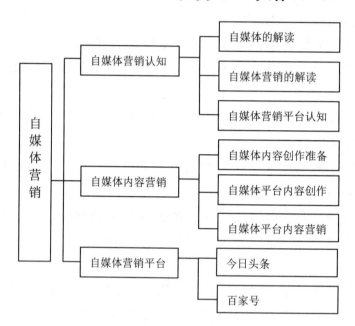

核心提示

教学做一体化训练

重要名词

自媒体　自媒体营销

课后自测

一、单项选择题

1. 如果无法有效（　　），自媒体就没有价值和意义。

　　A. 快速传播　　　　B. 互动　　　　　　C. 表达情感　　　　D. 降低成本

2. 简书是一款定位于写作者的（　　）。

　　A. 互动工具　　　　B. 专家论坛　　　　C. 写作软件　　　　D. 小助手

3. 自媒体文章的重复率和安全性会影响平台的（　　）。

　　A. 阅读量　　　　　B. 推荐量　　　　　C. 转化率　　　　　D. 安全性

4. 1 个身份证只能注册（　　）今日头条账号。

　　A. 1 个　　　　　　B. 2 个　　　　　　C. 5 个

　　D. 10 个　　　　　　E. 以上都不是

5. 自媒体用户年龄属于（　　　）。

    A. 用户属性　　　B. 用户概况　　　C. 用户兴趣

    D. 用户探索　　　E. 累计用户

二、多项选择题

1. 自媒体营销的特点包括（　　　）。

    A. 不受时空限制　B. 口碑效应　　　C. 互动营销

    D. 个性营销　　　E. 营销成本降低

2. 热点素材搜索平台有（　　　）等。

    A. 百度搜索风云榜　　　　　　　B. 网易新闻榜

    C. 百度百科　　　　　　　　　　D. 微博

    E. 乐观号

3. 如以个人身份入驻今日头条，适合（　　　）申请入驻。

    A. 垂直领域的专家　　　　　　　B. 意见领袖

    C. 评论家　　　　　　　　　　　D. 自媒体人士

    E. 官员

4. 今日头条内容分析主要包括（　　　）。

    A. 概况　　　　　B. 文章分析　　　C. 视频分析

    D. 微头条分析　　E. 二维码

5. 在百家号平台进行注册的"机构"包括（　　　）。

    A. 媒体　　　　　B. 企业　　　　　C. 其他以生产内容为主的组织

    D. 个人　　　　　E. 第三方接入平台

6. 微头条统计情况包括（　　　）。

    A. 阅读量　　　　B. 评论量　　　　C. 点赞量

    D. 转发量　　　　E. 活动参与度

三、判断题

1. 自媒体与传统媒体没什么区别。（　　　）

2. 与传统媒体相比，自媒体传播速度更慢一些。（　　　）

3. 企业在自媒体营销活动中不能够与用户开展互动。（　　　）

4. 自媒体营销属于社群经济的一部分。（　　　）

5. 自媒体内容可以随便写、随便发，只要平台通过就行。（　　　）

四、简答题

1. 什么是自媒体？

2. 自媒体营销的特点主要有哪些？

3. 自媒体内容创作准备包括哪些工作？

4. 自媒体内容营销原则有哪些?

5. 自媒体盈利模式有哪些?

五、案例分析题

自媒体由于其行业准入门槛低、传播快捷等特点,发展速度十分惊人。截至 2018 年年底,国内自媒体数量突破 3 000 万个。面对数量如此庞大、鱼龙混杂的自媒体"集团",如何才能做到脱颖而出呢?

成立于 2000 年的中国电信,发展速度很快。2018 年年底,中国电信在世界品牌实验室编制的《2018 世界品牌 500 强》排行中,排名第 245。如今,中国电信的实力自不必说。2017 年年底,传播易平台曾给其做过自媒体营销,具体策略如下。

(1) 分别在搜狐新闻、网易新闻、一点资讯、今日头条平台投放广告信息,以此来扩大信息传播范围,让更多用户能够看到推广信息。

(2) 将"不要再看'双 11'攻略了,这才是正确的下单方式"为标题的软文投放在首页或推荐栏上,让更多用户关注到这篇文章。

(3) 根据投放的实际情况,进行投放效果评估。

传播易平台为了增加曝光度,将这篇推广文章投入平台首页或推荐栏中,让用户很轻松就能找到这篇文章。所以说,占据重要或醒目的位置,是自媒体营销一项十分重要的内容。

投放结果显示,以今日头条的传播效果为最佳,其文章阅读量达到了 47 万。每个平台的平均阅读量为 25.2 万。

做自媒体推广如何把握用户心理?首先要学会在标题中留有悬念,其次是配图一定要醒目、清晰,能够吸引用户目光。当用户点击进去之后,就得看具体内容能否吸引用户驻足。

还有一点必须强调,做自媒体推广切忌标题党。如今,各平台的审核制度越来越严格,标题党不能满足用户的阅读或观看要求。而且,标题切忌低俗或出现与内容不符的情况。

阅读以上材料,回答下面的问题。

1. 文中提到的传播易平台所做的自媒体营销是怎样的?

2. 这个营销活动案例有什么独特的地方?

3. 你读完案例之后,最突出的感受是怎样的?

同步实训

实训名称:自媒体营销活动认知

实训目的:认识自媒体营销活动,理解其实际意义。

实训安排：

1. 学生分组，选择不同自媒体平台，搜集一些自媒体营销活动的案例，归纳分析活动过程设计、效果监测方法，选择一些你认为有趣的细节，并讨论分析，总结概括出这些活动能够给企业带来的影响。

2. 学生分组，收集身边的一些企业关于开展自媒体营销的具体形式，选取一个企业或个人作为案例，分析讨论并概括其营销分别针对的目标人群。

3. 分组将讨论成果做成 PPT 进行展示，并组织全班讨论与评析。

实训总结： 学生小组交流不同企业、行业的分析结果，教师根据讨论成果、PPT 演示、讨论分享中的表现分别给每组进行评价打分。

学生自我学习总结

通过完成**任务 7 自媒体营销**，我能够做如下总结。

一、主要知识

概括本任务的主要知识点：

1.

2.

二、主要技能

概括本任务的主要技能：

1.

2.

三、主要原理

你认为，自媒体营销策略与传统营销策略的关系是：

1.

2.

四、相关知识与技能

你在完成本任务中用到的知识与技能：

1. 自媒体营销的意义有：

2. 自媒体营销的特征有：

3. 自媒体营销策略的意义是：

五、成果检验

你完成本任务的成果：

1. 完成本任务的意义有：

2. 学到的知识或技能有：

3. 自悟的知识或技能有：

4. 你对自媒体营销活动的初步看法是：

任务 8
知识平台营销

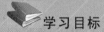

学习目标

1. 知识目标

能认知知识平台的类型

能认知知识平台的特征

能认识知识平台营销的策略

2. 能力要求

能分析知识平台营销的运作原理

能策划知识平台营销方案

能够评价知识平台营销策略

营销密语

随着生活节奏的加快，人们普遍产生了知识焦虑，知识付费因此诞生。知识付费平台从功能上可以分为流量型平台和工具型平台。得到 App 就是典型的流量型平台，知识分享者/内容输出者在平台内会获取到平台推荐机制所带来的流量，从而提高其知识产品的展示率。工具型平台是一个技术提供商，以短书为例，对于内容输出者来说，利用短书平台，可以一键创建一个专属于自己的"知识店铺"。在这个店里面，一切内容都是围绕内容输出者打造的，内容输出者还可以根据个人喜好对店铺进行装修，打造自己店铺的品牌感；对于付费用户来说，其使用模式类似于小程序，只需扫一扫（无须下载 App 或关注公众号），即可完成订阅、收听、购买等一系列操作。

 **任务解析**

根据网络营销职业学习活动顺序，这一学习任务可以分解为以下子任务。

8.1　问答平台营销

8.2　百科平台营销

8.3　知识付费平台营销

 **课前阅读**

近年来，各种借助移动互联网搭建的扁平化知识付费平台纷纷兴起，知乎 Live、千聊、有书共读、知识星球、一块听听、微博问答、喜马拉雅 FM、蜻蜓 FM……知识付费成为各知识分享平台甚至自媒体变现的重要方式，它们相继推出各种付费玩法，包括社区问答、直播、付费课程、产品订阅等多种形式。不少"大 V"也开始入驻各大知识付费平台，贩卖"知识"。

我国知识付费用户规模呈高速增长态势。前瞻产业研究院发布的《2019 年中国知识付费市场研究报告》显示，2019 年知识付费用户规模达 4 亿人次。为何知识付费的市场如此大？一些分析师认为，付费技术和付费观念逐渐普及，知识付费的时代即将到来。移动支付技术的逐渐成熟，为各平台在移动端实现"打赏"、付费等功能提供了便利；而为优质内容付费观念的形成，也促使大批优秀内容提供者开始进驻各大知识付费平台。一位网站创始人表示："在脱离系统学习的阶段之后，人们更多需要按需学习，即学即走。"还有人说，知识付费的兴起反映了许多人的知识焦虑。

腾讯研究院此前对用户知识付费意愿进行过调查，调查显示，消费有偿分享的知识的渗透率在网民中超过了一半，达 55.3%。从用户的付费内容偏好来看，"能提高工作效率或

收入的知识和经验"最被认可，占比 63.3%；"职业与学业的发展建议"也达到将近四成的付费意愿。也就是说，用户知识付费的目的更具投资性，用户希望听到的课程内容更具专业性，希望该课程为自己的工作、学业带来益处。

有观点认为，"知识付费产品大大节省了用户筛选和接收优质内容的时间，驱动了用户的付费行为"。不过，"付费的就是优质的"这一观点遭到了质疑。数据显示，在有过知识付费行为的用户中，有38%的用户表示体验满意，还会尝试；49.7%的用户表示一般；而 12.3%的用户表示不满意，对于付费得到的内容，自己本可以通过免费的途径来获取。另有用户表示，碎片化的内容都是他人思考的产物，"就像别人嚼过的甘蔗"，对建立自己的逻辑体系帮助不大。

还有观点认为，在这些火爆课程的背后，最火爆的并非真正的知识大家，而是一些自媒体商人，他们名为帮助用户，实为销售自己。另外一些"草根大V"，则可能只是借着知识经济的东风，拼凑资料，开专栏赚钱。

知识付费要想长远发展，考验的不仅仅是内容生产能力，还有平台运营水平。在精品内容的发掘与打造、留住"明星讲师"方面，各大知识付费平台还要下很大一番功夫。毕竟，用户为知识付费，优质内容才是用户的刚需！

读后问题：

（1）你听说过上文中提到的知识付费吗？

（2）你觉得知识付费营销活动成功的原因有哪些？

（3）你觉得知识付费营销发展的趋势是怎样的？

课前阅读

8.1 问答平台营销

在海量信息面前，面对自己的疑问，用户开始追求个性化、专业性、有效的解答。企业看到这里面的商机，于是建设若干词条并将其发送到相关平台，供用户搜索；与此同时，企业在词条中夹带自己的品牌信息，以达到推广的目的。这便是问答平台营销的基本方式。问答平台营销指的是什么呢？

8.1.1 问答平台的解读

今天，互联网普及率越来越高，网络空间已成为人们生产生活的新空间。人们除了了解最新的新闻信息、时事动态外，也会把一些自己在工作、生活中遇到的问题提交给互联网，希望能够寻求到权威的解答。因此，互联网问答平台应运而生。

1. 问答平台的含义

在互联网上，一些平台经营者看到了数亿网民答疑解惑的巨大需求，于是，开始组织一些专家以互动问答的形式，提供向他人请教、回答他人提问及贡献分享个人知识的服务，问答平台就此搭建了起来。那么，什么是互联网问答平台呢？

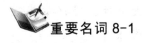 **重要名词 8-1**

问答平台

问答平台是集成了自动切分词、智能搜索、自动分类等一整套的自然语言处理和信息检索技术，为用户提供的一个交流平台，用户可以在这里得到专家和其他网民的帮助，同时也尽力给别的网民提供有效的帮助。

从本质上讲，问答平台是搜索引擎的一种内容呈现形式。随着 Web2.0 技术和多媒体传播技术的广泛应用，网络传播从注重海量信息的推送转变为注重个人个性化的信息需求和用户体验。在这种背景下，互联网互动问答平台得到了网民的广泛推崇和青睐。

2. 问答平台的类型

按照问答平台自身内容的涵盖范围，可以将其分为综合型问答平台和垂直型问答平台，分别发挥了综合性知识服务和专业性知识交流、共享的作用。

（1）综合型问答平台。此类问答平台涵盖各行各业，比较典型的平台包含百度旗下的百度知道、搜狐旗下的搜狐问答、天涯社区里面的天涯问答、新浪旗下的新浪爱问等，企业有任何宣传的需要，都可以在这些平台上去发布内容。

（2）垂直型问答平台。此类平台是有针对性的、专注于某个领域的问答平台，并且只涉及专门的行业，如健康行业里的 39 健康问答、专门针对建筑职业的搜房问答、母婴类的摇篮问答等。企业可以根据自身产品种类，选择相关的专业问答平台。此类平台里面的用户一般都带有一定的诉求，目标更明确，这会更有利于转化。

8.1.2 问答平台营销的解读

在互联网时代，人们遇到任何问题时，自然而然就会上网搜索答案。只要企业做好相关关键词的问答推广，当有人搜索到有关关键词时，企业提供的问题或回答就会被发现从而提升品牌知名度。可见，问答是一个有效的企业品牌推广方法，许多企业在问答平台发布的内容通过审核后，企业的业绩得到了明显的提升。

1. 问答平台营销的含义

问答平台营销，顾名思义主要包括两大部分"问"和"答"，这是一种以提出问题和回答问题来做企业品牌推广行之有效的方法。

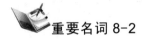 **重要名词 8-2**

问答平台营销

问答平台营销是指利用问答网站这种网络应用平台，以回答用户问题，或者模拟用户问答的形式进行宣传，从而达到提升品牌知名度、促进产品销售目的的活动，如百度知道、新浪爱问、天涯问答、搜狗搜索、知乎、360搜索等，如图8-1所示。

图 8-1 | 主流问答推广平台

问答平台营销是企业常用的一种互动营销推广方式，与其他的推广形式不同，它更倾向于"互动式"。企业与潜在用户进行互动，其传播的信息被用户所接受，而在互动的过程中，企业更容易把用户"转"为客户，树立品牌口碑，达到引流的效果。

2. 问答平台营销的优势

问答平台营销在网络推广手段中被广泛地运用，对于企业口碑能够起到立竿见影的效果，深受广大推广人员喜爱。问答平台营销具有以下优势。

（1）自然排名好。问答平台在各自的大平台里的资料搜索排名都比较好，用户比较容易在搜索引擎首页看到企业的问答内容。

（2）信息覆盖面广。信息投放平台覆盖了95%以上的互联网用户，受众比较广泛。

（3）品牌营销精准。问答平台上的解答阐述了用户想要了解的信息，企业可以把每个问题看作一个长尾关键词，把回复看作一个问题引导，企业就可以利用这个回答把用户精准地引导到品牌网站。

（4）快速建立良好的口碑。用户自己根据需求有针对性地提出问题，企业可根据用户的需求去做专业的回答。答案被采纳后，别人搜索类似问题时，就会看到该答案，这有助于企业增加品牌曝光度，建立良好的口碑。

（5）迅速提升品牌可信度。因为问答推广是在真实语境下进行的，提问者和回答者之间存在互动，而回答者一般是以"过来人"的身份去回答提问者的问题的，答案更具有可信度；同时，回答者代表的是企业品牌，其回复可以提升品牌的可信度。

重要信息 8-1

问答营销主要平台

（1）百度知道。百度知道是一个基于搜索的互动式知识问答分享平台，于2005年6月21日发布，并于2005年11月8日转为正式版。用户可以有针对性地提出问题，并通过积分奖励机制发动其他用户来解决该问题。同时，这些问题的答案又会进一步作为搜索结果，提供给其他有类似疑问的用户，达到分享知识的效果。百度知道的最大特点在于和搜索引擎的完美结合，让用户所拥有的隐性知识转化成显性知识，用户既是百度知道内容的使用者，同时又是百度知道内容的创造者，在这里累积的知识数据可以反映到搜索结果中。百度通过用户和搜索引擎的相互作用，实现搜索引擎的社区化。

（2）360问答。360问答平台于2012年9月22日上线，是360搜索旗下产品，由用户有针对性地提出问题，并由问答本身的奖惩机制发动其他用户来解决问题。同时，这些问题的答案又会进一步作为搜索结果，提供给其他有类似疑问的用户，达到分享知识的效果，以此营造"你问大家答"的良好氛围。同时，依托奇虎360公司强大的安全技术支持，360问答在"反作弊、反广告、反垃圾"方面一直成绩显著，致力于为用户打造一个干净、安全、可靠的问答环境。

（3）SOSO问问。SOSO问问（即搜搜问问），是腾讯旗下的搜索引擎——搜搜自主研发的互动问答社区，用户在SOSO问问平台上可以提出问题，解决问题，或者搜索其他用户沉淀的精彩内容，结交更多有共同爱好的朋友共同探讨知识等。

（4）新浪爱问。新浪爱问是新浪自主研发的搜索产品，充分体现人性化应用的产品理念，为广大网民提供全新的搜索服务。新浪爱问的宗旨是：用户可以在这个平台上无所不问，而新浪爱问的最终诉求则是做到有问必答。

（5）天涯问答。天涯问答是天涯社区旗下的社交问答平台，在这里用户可以根据自身需求提出问题、回答他人问题、关注感兴趣的话题、分享知识和经历，并与其他志趣相投的好友讨论和交流。天涯问答于2007年8月20日正式上线，2008年8月月底开始举办"答问题送话费"活动，迅速凝聚了大量人气，进入同类产品第一阵营。

（6）悟空问答。2017年6月，头条问答正式更名为悟空问答。用户通过悟空问答可以从数亿互联网用户中找到那个能为自己提供答案的人。作为一种获取信息和激发讨论的全新方式，悟空问答的使命是增长人类世界的知识总量、消除信息不平等、促进人与人的相互理解。

8.1.3 问答平台营销推广

在众多推广渠道中，问答营销推广依然很重要，企业需要以用户的角度去提问，这些问题的答案也是用户想要知道的，用户信赖感会更强；加上问答平台有着较高的权重，问答推广会让企业获得更好的排名，品牌曝光率会更高。当然要做好问答营销推广并不是简单的事，需要掌握一些技巧，问答内容才能不会被删除。

1．问答平台营销技巧

（1）选择优质的问答平台。问答平台有很多，要筛选权威的、用户关注度高的平台，如百度知道、360问答等；或者选择一些垂直门户问答平台，如土巴兔、太平洋家居、链家、美乐乐等，根据自己的行业需求选择问答平台，并进行注册。

（2）提高问答推广账号的等级。问答推广技巧不过关，问题就会被删除，严重的会被封号，前期一定不要发广告性质的信息，要去"养号"，每天做任务、回答问题、签到等，提高问答账号的等级。每个问答的账号资料一定要详细，不要添加广告成分，账号名称可以以品牌词出现。

（3）通过兴趣标签设置关注话题。每个问答账号背后都可以添加兴趣内容，利用标签来标注自己擅长的领域。在设置这个标签的时候，也有相关技巧，如做营销型网站的企业，在设置兴趣标签的时候，可以设置网站建设、网站优化、网站推广等，也可以针对领域细分，如关键词优化、免费网站推广、问答推广等。设置好兴趣标签后，问答系统就会根据后台设置，向账号推荐用户的相关提问。

（4）做好问答内容的收集。问答推广技巧做的就是长尾关键词推广，一定要收集用户关心的问题，做好问答内容的收集，如可以通过公司网销部来收集，分析潜在用户通常会咨询哪些问题，以此延伸；也可以通过百度关键词规划师，根据目标用户的搜索习惯，组合一些长尾关键词，得出用户关心的问题。收集好问题之后，根据企业的实际情况，写出专业的回答内容，在回答内容中要包含关键词，这有利于提升关键词排名，提升问答的权威性。

（5）回答问题要求高质量。只有优质的回答，才能解决用户的疑虑，推广企业品牌，引导用户访问自己的网站。如果回答的内容乱七八糟，那用户也不会去关注企业，也就失去了问答推广的意义，如可以参考百度问答的回答的标准：结构要清晰，步骤有序，具备专业性、全面性、真实性、可读性、可参考性等。

（6）设计问题回答的方式。问答的方式有两种，一种是自问自答，另一种是回答别人提问或把问题发给别人回答。在做问答推广之前，可以多准备几个账号，用其中一个账号认证机构行家。采用自问自答的方式时，需要准备一个换IP的工具，如果不换IP，很容易招致封号；采用自己提问找别人回答的方式时，可以找别人帮忙，可以将标签页发给别人，让对方在标签页里找到问题，这样能避免问答被删除。收到别人的回答之后，不要急着采纳最佳答案，可以再追问追答，隔一天再去采纳，然后不定期地去点赞。

（7）谨慎留下相关链接。在不管什么样的内容中都留下链接，这很明显是广告推广的一种方式，很容易受到相关平台的惩罚。所以，可以考虑在特定的回答或优质回答中留下链接，并不需要在每个回答中都留下链接；如果是追问追答，这种可以适当留下邮箱，但不要过于频繁。

2. 问答平台营销注意事项

（1）推广要持之以恒。一些主流的问答平台规定，平台用户在问问题和回答问题时不能带链接及联系方式，一旦在回答中高频出现这些字样，不但回答的问题会被删除，甚至这个账号都会被封禁。推广人员一般采用在回答中自然嵌入品牌关键词，引导用户通过搜索品牌关键词，到达企业官网，形成转化。所以，问答营销是持久战，坚持才会有效果。

（2）不要幻想有很高的转化率。问答营销的核心目的是企业反复进行品牌口碑的宣传，从而带动用户转化，企业推广人员要脚踏实地，坚持问答营销推广工作。

（3）高效跟进问题。当你编辑问题、提交问题、回答问题、采纳最佳答案后，要经常性地去看看相关的数据情况，如浏览次数、点赞次数、其他人怎么回答等，不定期去切换账号点赞评论，要保持一定的活跃度。

课堂测评

测评要素	表现要求	已达要求	未达要求
重点知识	能掌握互动问答平台的含义		
重点技能	能初步认识问答平台营销的特点		
任务整体认识程度	能概述问答平台营销的基本原理		
与实践相联系程度	能描述问答平台营销的实践意义		
其他	能描述本课程与其他课程、职业活动等的联系		

8.2 百科平台营销

互联网上有一句经典的话："人在做，百度百科在看。"的确，百度百科给我们带来了丰富的知识，很多词语都会被收录到百度百科中。对于网络推广人员来说，利用好百科平台会给我们的推广工作带来意想不到的效果。那么，什么是百科平台营销呢？

8.2.1 百科平台营销认知

当我们在搜索引擎中搜索某个词条时，百科往往排在搜索结果的前面，这是因为百科的内容大多以文字为主，更容易被搜索引擎收录。如在百度搜索引擎中搜索"公司"这个词汇，会发现其百度百科的搜索结果排在靠前的位置。

1. 百科平台营销的解读

现在很多企业都在利用百科平台做推广，其实说白了就是以建立词条的形式进行宣传，从而使企业达到提升品牌知名度的目的。大部分企业都认为百科的内容是很有权威性的，用户也比较相信百科上的内容，所以很多企业都比较重视百科推广工作。

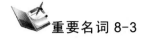

重要名词 8-3

百科平台营销

百科是指全部学科的意思。百科平台营销是指利用百科平台，以建立词条的形式进行宣传与推广，从而达到提升品牌知名度和企业形象等目的的活动。

2. 百科平台营销的特点

百科营销推广主要有以下三个特点。

（1）能够辅助进行搜索引擎推广。在百度中搜索各种名词（包括人名、企业名、产品名、概念术语等）时会发现，往往排在搜索引擎结果页前列的，是百科平台中该词条的信息。

（2）具有权威性。互联网上的百科网站，源于现实中的百科全书。而在传统观念中，能被百科全书收录的内容一定是权威的。而这种观念也同样延伸到了互联网中，大部分用户都认为百科收录的内容比较权威。

（3）有助于提升企业形象。随着互联网的普及，许多人在接触到陌生事物时，会先到互联网上进行检索。如用户与一家陌生的公司接触洽谈时，会先上网搜索该公司的背景、实力、口碑、用户信任度等，而如果该公司能被百科收录，就会大大提升企业形象，增加用户对企业的信任感。

3. 百科营销主要平台

百科平台对公众而言是一种知识获取途径，其知识不仅要具备有据可查、真实准确的属性，百科平台还需要保持客观的立场，以不影响用户的客观判断为准则，而以此为信条的百科网站有很多。

（1）维基百科。维基百科是一个基于维基技术的用多种语言编写的网络百科全书平台。在平台创立之初，维基百科的目标是向全人类提供自由的百科全书，并希望各地民众能够使用自己选择的语言来参与编辑条目。2018 年 12 月，维基百科入围 2018 世界品牌 500 强，位列第 90 名。

（2）百度百科。百度百科是百度公司推出的一个网络百科全书平台。其测试版于 2006 年 4 月 20 日上线，正式版在 2008 年 4 月 21 日发布，截至 2019 年 8 月，百度百科已经收录了超 1 600 万词条，参与词条编辑的网友超过 680 万人，几乎涵盖了所有已知的知识领域。

"世界很复杂，百度更懂你"，百度百科旨在创造一个涵盖各领域知识的中文信息收集平台。百度百科强调用户的参与和奉献精神，充分调动互联网用户的力量，汇聚用户的头脑智慧，积极进行知识的交流和分享。同时，百度百科实现与百度搜索、百度知道的结合，从不同层面满足用户对信息的需求，百度百科平台界面如图 8-2 所示。

图 8-2 | 百度百科平台界面

（3）互动百科。互动百科原称互动维客，是创建于 2005 年的商业中文百科网站。2010 年，互动百科首创"词媒体"概念，成为以"词"为核心传播内容的全新媒体形态，最大限度地加快了媒体对网络语言的传播和记忆速度。截至 2015 年年底，互动百科已经发展成为由超过 1 100 万用户共同打造的拥有 1 600 万个词条、2 000 万张图片、5 万个微百科的百科网站，新媒体覆盖人群超 1 000 万人，手机 App 用户超 2 000 万人，互动百科平台界面如图 8-3 所示。

图 8-3 | 互动百科平台界面

（4）360 百科。360 百科即原来的好搜百科，是专业的中文百科，秉承"让求知更简单"的理念，是 360 搜索的重要组成部分。360 百科测试版于 2013 年 1 月 5 日上线，内容涵盖了所有领域知识。其宗旨是帮助用户更及时、便捷地获得准确、权威的知识与信息，并且通过和 360 搜索的结合，以及同专业网站的合作，给予用户全面的服务。2014年 4 月 14 日，360 百科新首页正式上线，360 平台界面如图 8-4 所示。

图 8-4 | 360 百科平台界面

（5）搜狗百科。搜狗百科基于海量的互联网数据和深厚的技术积累，融合搜狗知立方结构化知识库和"语义理解"技术，为用户提供更直观、更全面的百科知识查询服务。作为新一代百科，搜狗百科较之传统百科，在技术架构、数据结构化、结果呈现等方面均进行了全面优化，在 2013 年腾讯搜搜百科的内容并入搜狗百科后，其信息量也更为丰富，搜狗百科平台界面如图 8-5 所示。

图 8-5 | 搜狗百科平台界面

（6）众享百科。众享百科是 2017 年 9 月 1 日推出的知识服务平台，该平台旨在打造更迅捷的百科服务平台。众享百科包含百科热点、人物百科、品牌百科、公司百科、人文百科、科技百科、旅游百科和时尚百科 8 个分类，每个分类都凝聚了众多知识爱好者对于其所熟悉的知识进行分类编辑的心血。平台拥有诸多特色功能用来满足用户的需求，同时，众享百科开通了"众享任务"栏目来配合百科爱好者发布其熟知的知识，并使其获得相应的奖励，如图 8-6 所示。

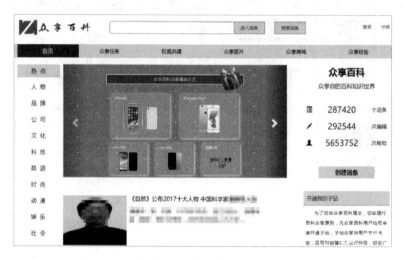

图 8-6｜众享百科

8.2.2 百科平台营销技巧

若在百度百科平台搜索不到想要创建的百科名称，那么就可以单击"我来创建"来创建自己想要创建的百科词条。如果你在百度百科建立了企业档案，将产品广告写进百科词条中，只要有用户搜索相关关键词，你创建的词条就会出现在百度搜索的第一页。这就是百科平台营销推广的意义所在。在进行百科平台营销时要注意下面一些技巧，才能收到理想的效果。

1. 百科平台营销前期策划

（1）选择合适的百科平台。现有的百科平台适用的范围都是不同的，百度百科面向的是所有的网民，要想在这样的大平台上去找精准目标用户是比较困难的。站长百科主要面对的是站长类的词条，这样的百科站点对站长来说更有针对性。企业要根据自己的企业性质去确定合适的平台，找到更多的精准目标用户，推广的效果才会更好。

（2）提交相关的关键词。企业提交的词条需要与站点关键词相关，这样才更容易加入自己的信息。

（3）合理添加链接。在一个词条中不能添加过多的链接，同一个链接只能提交一次，不然会很容易被当作广告删除。而且在编辑词条时，不要一开始就添加链接，然后再去编辑，链接最好留到最后再添加。对于已经被编辑过的词条，但是词条中并没有有价值的信息，可以去修改词条，在修改时不要只添加链接，还要对词条的内容进行修改，同时修改的理由也要认真填写。

（4）坚持创建词条。很多时候营销者发现提交的词条不容易通过审核，或是修改的词条不容易通过审核，这是因为词条通过审核的标准是不一样的，营销者要坚持词条创建工作，提升品牌口碑和知名度。

重要信息 8-2

百度百科词条创建

（1）创建词条时要做好分类。如果没有相关分类的话，就要新建相关分类。

（2）创建词条时要清楚编辑功能。大致的编辑功能有撤销、重做、加粗、斜体等，并且还要注意目录的分级，一级目录是百度百科分段的标志，二级目录是一级目录所包含的内容的分类。

（3）创建词条时会遇到一些常见的编辑解析。内链：这是满足用户的探索欲望的一个功能。参考资料：百度百科一切内容都需要参考证明，参考资料一般都是备案过的网站。参考资料一定要选择已曝光的内容或具有公信力的新闻，不然的话系统可能会认为内容为捏造。

（4）创建词条后一定要注意检查。词条创建完成后，必须着重检查文案是否有结构上的错误，如标点符号的运用错误、段落错位等，还要仔细检查是否存在错别字。可以进入预览模式以用户的角度进行检查，若无其他问题即可提交审核。

2．创建百科词条的技巧

百科推广的操作非常简单，第一是建立新的词条，第二是编辑已有的词条。不过，想让词条顺利通过管理员的审核并不容易。如何才能够建立有效的词条，并顺利通过审核呢？

（1）巧用编辑助手。创建的词条内容越专业，通过的概率就越高。那如何创建高质量的词条呢？百度百科为我们提供了"编辑助手"这个强大的辅助功能。在进入百度百科的创建词条页面后，单击导航中的"编辑助手"按钮，进入"目录模板"，根据我们要编撰的词条找到最合适的分类，然后参考系统给出的目录模板与示例词条进行编辑。

（2）词条内容要有可读性。词条的语言文字要有一定的专业性和可读性，要尽量制作一些知识性的内容信息。

（3）完善补充原有词条。若是编辑已有词条，内容应该是对原有词条的补充，如修改过时的内容、添加新的内容，且要比原内容更专业，更具有可读性。千万不要写一些与词条关联性差甚至风马牛不相及的内容。如果词条中有较明显的错误，通过率会非常低。最容易挑错的有两个地方：一个是错别字，另一个是排版。确保正确率才能保证通过率。

如果词条中没有图片，可以为其添加相关图片，则其通过率会较高。若营销者有一定美编功底，可以在图片上植入广告。注意：如果修改的词条中已有图片，则其通过率会降低。另外，还可以添加词条链接，即在内容中添加指向其他百科词条的网站内部链接，这种方式的通过率也较高。

（4）内容中不能有广告的信息。词条内存在明显的广告信息或疑似广告信息，几乎都不会通过审核。如在词条中过分地强调公司名、产品名、人名等。广告植入需要不露痕迹地进行，不能过于明显。也可以在词条的参考资料或扩展阅读中加入链接，但是链接的内容必须与词条高度相关。

（5）培养账号的等级。对于高质量的词条，只有账号的等级和通过率达到了一定指标才可以进行编辑，所以平常注意多培养几个高级别的账号，以此来提高词条通过率。

课堂测评

测评要素	表现要求	已达要求	未达要求
重点知识	能掌握百科平台营销的含义		
重点技能	能初步认识百科平台词条创建的要求		
任务整体认识程度	能概述百科平台营销的运作原理		
与实践相联系程度	能描述百科平台营销的实践意义		
其他	能描述本课程与其他课程、职业活动等的联系		

8.3 知识付费平台营销

知识就是财富，这句话在互联网时代表现得更加淋漓尽致，而且也更加直接，许多知识的获取都不是免费的，这就是网络上流行的付费知识。知识付费平台整合了出版、教育、传媒。知识付费平台营销又是如何进行的呢？

8.3.1 知识付费平台解读

从 2016 年开始，一系列标志性的事件让内容付费渐渐成为时尚。2016 年 5 月 15 日，付费语音问答平台"分答"上线。通过这一平台，用户可以快速地找到能给自己提供帮助的那个人，这个人可以用一分钟时间为用户答疑解惑，很多名人和各领域的专家也都开始体验分答付费问答模式。随后，罗辑思维创始人罗振宇全力打造"得到 App"，喜马拉雅 FM 创办知识付费"123 知识狂欢节"，知乎上线知乎 Live 栏目等。在注意力和优质内容越来越稀缺的时代，这些敏感的机构和个人"拎着"知识站在了互联网的又一个风口。

1. 知识付费的含义

通俗地讲，知识付费就是把知识变成产品或服务，以实现知识的商业价值。与人们熟悉的图书、报纸等"出售"知识的不同之处在于，活跃在这个领域的一大批公司、平台和"知识网红"，将自己的知识技能通过互联网，借助智能手机端进行变现。知识付费具有典型的互联网时代特色。

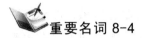

重要名词 8-4

知识付费

知识付费目前主要指知识的接收者为所阅览的知识付出资金的现象。知识付费让知识的接收者间接为知识的传播者与筛选者提供报酬，而不是让参与知识传播链条的人通过流量或广告等其他方式获得收益。

知识付费让知识的接收者为所获得的知识付出金钱，有利于补偿知识传播与筛选的成本，有利于让更多的人参与到知识的传播过程中。知识付费运作示意图如图 8-7 所示。

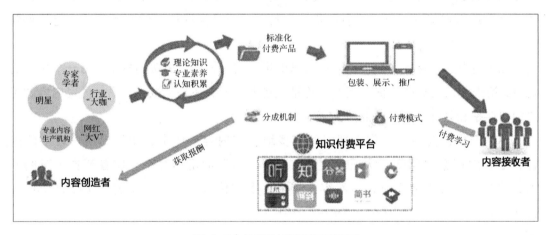

图 8-7 | 知识付费运作示意图

自 2016 年知识付费元年以来，中国知识付费用户规模呈高速增长态势，艾媒咨询《2018—2019 年中国知识付费行业研究与商业投资决策分析报告》数据显示，2018 年知识付费用户规模达 2.92 亿人。在移动支付工具日益普及、知识版权政策进一步落实、内容版权体系日趋完善的背景下，微信公众号、微博、知乎等更多主流平台添加了支持付费的功能，推动了知识付费市场的进一步扩大。

2. 知识付费的形态

知识付费的本质其实是出版、教育、传媒三者之间的结合，目前较为常见的知识付费形态有以下几种。

（1）图文。创作成本相对较低，具有索引性，使用户在进行阅读的时候，能更好地抓住重点，有效地提高阅读效率。

（2）音频。多为问答、直播的形式，互动性较强，具有一定的便捷性，多用于用户在路上或在休闲的时候使用，音频内容需简洁明了。

（3）视频。创作成本较高，同时表现力也非常强，适宜做技能教学、技能培训类知识的变现。

（4）社群。以"大V""KOL"、内容创作者为核心的知识内容服务体系，加入付费社群的成员可直接与其他成员进行互动。特点是双向的，用户和创作者之间可以有更密切的沟通。

（5）直播。在国内，大多是通过音/视频录播和用户互动答疑来完成的。

3．知识付费的优势

知识付费具有以下三点主要优势。

（1）收益稳定。内容付费的人群十分稳定，多为"愿意为优质内容付费"的优质用户。基本每天新增的用户和新增的收益是成正比例关系的，由于高质量文章的不断沉淀和积累，使后来者也愿意继续支付年费——也就是在收入方面具有长尾效应，创作的每一篇内容都发挥出它应有的价值。长尾效应是保证自媒体作者收益稳定的重要因素。

（2）用户的留存率和黏性高。在信息泛滥的时代，一个免费的资讯，另一个付费的资讯，用户会认为哪个更优质呢？无论是从逻辑上看，还是从数据上看，付费内容的用户的留存率和黏性，都远远超过普通免费内容的用户。

（3）产生正向循环。作者把时间更多地花在内容创作上，制作出用户喜欢的内容，更好地打造"你负责认证，我们负责帮你赢"的用户经济。作者节省了时间成本，产生的内容更加高质，自然容易带来更多的付费用户，这反过来又会给予作者正向的刺激。

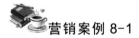营销案例8-1

知识付费涨粉技巧——团购

团购也是比较常见的知识付费获客方式，很多课程平台都用过这种方式。如许多知识付费平台会采用"3人成团，支付一元即可听课"的方式。其实这种做法很值得借鉴，在成本可控的情况下，1元课程成本对于学员来说很低，所以学员在支付的时候不会过多思考，团购方式往往参加人数较多，能为平台带来大量的流量。

评析："拼团"功能在这里起了作用，它既能引爆老用户社群，也能够向新用户扩散，最终完成平台涨粉任务。

8.3.2 知识付费平台营销

我国知识付费起步便有了较大的市场规模，2017 年市场规模达到 49.1 亿元，随着市场的不断增长，供给方和用户的规模不断扩大，预计到 2020 年市场规模将增长至 235.1 亿元。知识付费平台的用户也在与日俱增，这也意味着知识付费市场的竞争更加激烈，如何让知识付费平台在竞争中保持用户的持续增长，成为许多知识付费平台棘手的问题。

1. 知识付费平台认知

知识付费平台可分为知识电商类、社区直播类、第三方支持工具类、社交问答类、讲座课程类、付费文档类、内容打赏类、线下约见类等。2019 年中国知识付费行业图谱分布如图 8-8 所示。

图 8-8 | 2019 年中国知识付费行业图谱分布

目前，主流知识付费平台主要有以下几种。

（1）知乎。知乎是网上较流行的中文互联网知识分享平台。

（2）得到。得到是一个专栏订阅型知识平台，旨在为用户提供"省时间的高效知识服务"，于 2016 年 5 月上线，由罗辑思维团队出品，提倡碎片化学习方式，让用户短时间内获得有效的知识。

（3）喜马拉雅 FM。喜马拉雅 FM 是以音频为主的知识付费平台，喜马拉雅 FM 的音频种类有很多，用户可以轻松获取平台上的内容。

（4）创客匠人。创客匠人是一个教育培训行业的知识付费系统。创客匠人专注为培训讲师、机构、自媒体、出版社等内容创业者提供知识付费一站式解决方案。

（5）腾讯课堂。腾讯课堂是一个在线教育平台，平台上入驻了许多的教育机构和名师，并上线了很多行业及各个学科的知识内容。

（6）网易云课堂。网易云课堂是一个在线实用技能学习平台，网易云课堂上的课程数量庞大，涵盖的行业也很多，许多人都在上面学习。

（7）豆瓣时间。豆瓣时间是一个以音频、文字等形式为主的知识付费平台。

（8）有书共读。有书共读是一个结合语音领读的引导用户进行书籍精读的读书平台。

（9）百度问咖。百度问咖是一个从"百度知道"中孵化来的付费交流平台。

（10）樊登读书会。樊登读书会是一个在线付费问答平台，是一个结合了视频、音频、图文等的图书精华解读的平台，被称为基于移动互联网的学习型机构，是倡导"全民阅读"的先行者。

2. 知识付费平台选择

所谓"知己知彼，百战不殆"，在对平台进行选择之前需了解各个平台和工具的特点。知识付费平台可以分为流量型知识付费平台和工具型知识付费平台。

（1）流量型知识付费平台。流量型知识付费平台以 App 内容或网站内容为中心，如知乎 Live、得到、喜马拉雅 FM、分答、荔枝微课等，吸引各领域"大 V"入驻，进行内容变现服务，平台利用"大 V"吸引更多的流量，"大 V"利用平台进行个人品牌宣传及课程售卖。

对于"中小 V"和有知识但是没有流量的创作者来说，加入平台就意味着其曝光度会跟着增加，但是其获得的流量完全依赖于平台，用户黏性也依赖于平台。对于"大 V"来说，很多都会渐渐离开平台，建立属于自己的"知识店铺"，因为他们本身有流量，可以让用户支付年费，避免同质化竞争。

（2）工具型知识付费平台。工具型知识付费平台是基于微信平台的软件即服务（Software-as-a-Service，SaaS）型工具平台，支持嵌入微信公众号、微信群、App 等，代表有短书、小鹅通。这一类平台类似于有赞商城，为内容创作者建造"知识店铺"，几乎涵盖了所有内容付费的变现方式，除知识形态多样（图文音频专栏+语音 Live 直播+视频直播讲解）外，还可进行用户管理、付费转化、社群运营等。工具型知识付费平台一定程度解决了"流量依赖平台"的问题。对于"中小 V"、中小机构来说，更适合选择短书这样的工具型平台。H5 的页面更利于传播，用户只需点击进去就可以阅览，其实有很大占比的用户都是在下载 App 这一过程中流失的，而工具型平台节省了下载 App 这一环节，更加快捷方便。

工具型知识付费平台最大的优点是，一切内容都围绕创作者展开，用户不归属于平台，平台不会从创作者的收入中进行抽成。这也就决定了工具型知识付费产品的使用条件：创作者需要有个人的流量，创作的内容具有一定的影响力和吸引力。

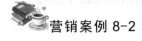

营销案例 8-2

喜马拉雅会员引流

2018 年喜马拉雅"123 狂欢节"的主题是"你来听，我买单，4.8 亿人一起的狂欢"。喜马拉雅首先将"会员用户"与"普通用户"的权益进行了对比，会员用户享受 3 000+免费有声书、300+免费专栏、免费听讲书、VIP 专享专辑、免去音频广告等权益，相比于普通用户的"节目 10 分钟，30 秒声音广告""买课无折扣，就等年终'123 狂欢节'"等捉襟见肘的权益，会员权益价值被无限放大。并且会员权益页面下方就有推荐会员免费听的精品课程，这些精品课程都是普适性的，定价也多为 199 喜点（1 喜点=1 元），199 元刚好也是一年期会员的价格，"123 狂欢节"更是有打折购买会员的活动。

评析：喜马拉雅会员权益恰到好处，精品课程页面又能继续刺激用户的购买欲望，课程价格又与会员价格相差不多，用户更大概率会选择充值会员，因为相比于直接购买课程，购买会员收获的权益更多。

3. 知识付费平台推广策略

知识付费平台推广策略主要有以下几种。

（1）打造自己的平台，实现用户沉淀。"中小 V"、中小机构创业者可以搭建属于自己的"知识店铺"，可以将吸引来的用户全部积累沉淀到自己的平台上，减少用户流失，打造出自己的品牌。

（2）全网打通，用户可以根据自己的喜好进入平台。知识提供者在打造自己的平台之后，可以通过公众号、小程序、App 等方式实现全网打通，用户想用哪种形式付费都可以，而且十分便捷。

（3）将内容做成多种模式。知识付费平台可提供多样化的内容服务形式，包括视频、音频、图文、知识套餐等，满足不同用户的学习偏好，而且这些课程支持免费试听试看，用户可选择试看后，再进行购买。

（4）利用营销功能。如创客匠人知识付费平台的营销功能里集合了各种互联网营销功能，包括代理批发、好友助力、拼团、邀请卡、购买赠送等，可以利用这些功能用部分用户带动更多的用户。

（5）直播。一些平台还集合了直播讲课的功能，老师可以定期开设现场培训的直播，学生支付老师设定的费用就能进入直播室。

课堂测评

测评要素	表现要求	已达要求	未达要求
重点知识	能掌握知识付费的含义		
重点技能	能初步认识知识付费营销的主要策略		
任务整体认识程度	能概述知识付费营销与传统营销的联系		
与实践相联系程度	能描述知识付费的实践意义		
其他	能描述本课程与其他课程、职业活动等的联系		

任务8 小结

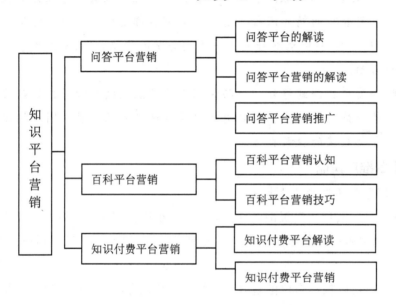

核心提示

教学做一体化训练

重要名词

互动问答平台　问答平台营销　百科平台营销　知识付费

课后自测

一、单项选择题

1. 从本质上讲，互动问答平台是（　　　）的内容呈现形式。

    A. 微博营销　　　B. 微信营销　　　C. 内容营销　　　D. 搜索引擎

2. 问答平台营销是企业常用的一种新型的（　　　）推广方式。

    A. 互动营销　　　B. 专家论坛　　　C. 写作软件　　　D. 小助手

3. 进行问答营销时，每个问答的账号资料一定要详细，不要添加（　　　）成分。

    A. 阅读　　　　　B. 推荐　　　　　C. 转化　　　　　D. 广告

4. 在百科平台做推广，其实说白了就是以建立（　　　）的形式进行宣传。

    A. 词条　　　　　B 网站　　　　　　C. 网店

    D. 平台　　　　　E. 以上都不是

二、多项选择题

1. 问答平台营销的优势包括（　　　）。

    A. 自然排名好　　　　　　　　　　B. 信息覆盖面广

    C. 品牌营销精准　　　　　　　　　D. 快速建立良好的口碑

    E. 迅速提高品牌可信度

2. 百科平台营销的特点有（　　　）。

    A. 能够辅助进行搜索引擎营销　　　B. 具有权威性

    C. 有助于提升企业形象　　　　　　D. 效果好

    E. 收益高

3. 知识付费的本质其实是（　　　）三者之间的结合。

    A. 出版　　　　　B. 教育　　　　　C. 评论

    D. 自媒体人士　　E. 传媒

4. 知识付费的优势包括（　　　）。

    A. 收益稳定　　　　　　　　　　　B. 用户的留存率和黏性更高

    C. 产生正向循环　　　　　　　　　D. 微头条分析

    E. 二维码

5. 知识付费平台又可以分为（　　　）。

    A. 媒体　　　　　　　　　　　　　B. 企业

    C. 流量型知识付费平台　　　　　　D. 工具型知识付费平台

    E. 第三方接入平台

6. 流量型知识付费平台包括（　　　）。

    A. 知乎 Live　　　B. 得到　　　　　C. 喜马拉雅 FM

    D. 分答　　　　　E. 小鹅通

三、判断题

1. 知识平台营销与社群营销没什么区别。（　　　）

2. 与传统媒体相比，知识平台营销传播速度更慢一些。（　　　）

3. 在知识平台营销活动中企业不能与用户开展互动。（　　　）

4. 知识营销属于内容营销的一部分。（　　　）

5. 知识营销最重要的是可以随便写、随便发，只要平台通过就行。（　　　）

四、简答题

1. 什么是互动问答营销？

2. 百科营销的特点主要有哪些？

3. 百科平台主要包括哪些？

4. 付费知识营销策略有哪些？

5. 付费知识盈利模式有哪些？

五、案例分析题

2019 年 1 月 22 日，奥斯卡提名公布，以《绿皮书》为代表的几部电影入围奥斯卡提名。当时知乎电影类话题中与《绿皮书》的相关问题大概只有 2~3 个，其中关注量最高的一个话题，下面的回答也不超过 10 条，最高赞的回答点赞量仅过百。在浩瀚的知乎话题里，这只算一个完全不受关注的小众问题。

因为入围本届奥斯卡的大部分影片国内未上映，奥斯卡提名公布后也并未引起太多关注。在提名公布后，此问题的关注量依然没有提升。抱着试一试的心态，2 月 1 日，我在知乎的问题"如何评价电影《绿皮书》"下随手写了一篇回答。

我看完电影后只花了半个小时撰稿，切的视角也比较小众。加上此问题关注人数极少，也没有刻意去运营。在回答后的将近一个月内，点赞量一直是 0，阅读量也一直是两位数。

2 月 25 日奥斯卡颁奖，不出所料《绿皮书》获得最佳影片奖。接着，3 月 1 日《绿皮书》开始在国内院线上映。知乎上那篇原标题为"如何评价电影《绿皮书》"的问题也被编辑为"如何评价奥斯卡最佳影片《绿皮书》"。

毫无悬念，随着奥斯卡颁奖，知乎上的这个问题的关注量和回答数量都在与日俱增，从我回答问题时的不到 10 个回答，上映短短几天内回答增加到 800 多个。

知乎的回答排序算法规则会导致一定的马太效应——对热门问题回答得越早，点赞越高，回答排序就会越靠前，进而进入良性循环，回答会收获更多的关注和点赞。反之越是排在尾部的回答，越难受到关注。

因此，我一个月前埋下的"种子"很快收到了回报——3 月 6 日，我收到知乎系统邮件，告知我的回答上了热门，并提供了一份热门内容传播分析报告。

阅读以上材料，回答下面的问题。

1. 文中提到的问题为什么会火？

2. 话题流量高峰为什么来得较慢？

3. 这次活动有什么独特的地方？

同步实训

实训名称：知识平台营销活动认知

实训目的：认识知识平台营销活动，理解其实际意义。

实训安排：

1. 学生分组，选择不同知识平台，搜集一些知识平台营销活动的案例，归纳分析活动过程设计、效果监测方法，选择一些你认为有趣的细节，并讨论分析，总结概括出这些活动能够给企业带来的影响。

2. 学生分组，分析身边的一些企业关于开展知识平台营销的具体形式，选取一个企业或个人作为案例，分析讨论并概括其营销分别针对的目标人群。

3. 分组将讨论成果做成 PPT 进行展示，并组织全班讨论与评析。

实训总结： 学生小组交流不同企业、行业的分析结果，教师根据讨论成果、PPT 演示、讨论分享中的表现分别给每组进行评价打分。

学生自我学习总结

通过完成<u>任务 8 知识平台营销</u>，我能够做如下总结。

一、主要知识

> 概括本任务的主要知识点：
>
> 1.
>
> 2.

二、主要技能

> 概括本任务的主要技能：
>
> 1.
>
> 2.

三、主要原理

> 你认为，知识平台营销策略与传统营销策略的关系是：
>
> 1.
>
> 2.

四、相关知识与技能

> 你在完成本任务中用到的知识与技能：
>
> 1. 知识平台营销的意义有：
>
> 2. 知识平台营销的特征有：
>
> 3. 知识平台营销策略的意义是：

五、成果检验

你完成本任务的成果：

1. 完成本任务的意义有：

2. 学到的知识或技能有：

3. 自悟的知识或技能有：

4. 你对知识平台营销活动的初步看法是：

任务 9

娱乐媒体平台营销

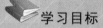

学习目标

1. 知识目标

能认知直播平台的特征

能认知微电影的特征

能认识音频平台的特征

2. 能力要求

能分析直播平台营销的运作原理

能策划微电影营销方案

能够评价音频平台营销策略

营销密语

娱乐媒体平台营销成为当今品牌不容忽视的营销方式之一。品牌如何通过明星和各大 IP 展开新的营销玩法，从而提升产品销量，成为品牌方关心的问题。2019年，品牌在借助娱乐元素进行引流的同时，还会注重选择与调性相近的娱乐元素合作，实现 1+1 大于 2。另外，多个品牌在同用户互动的形式上采用了创新的玩法，给用户带来全新的体验。可以说在 2019 年，品牌对娱乐媒体平台营销的探索发生了很大的变化，不仅沉淀了流量，还为用户提供了更个性化、人性化的营销服务。

 **任务解析**

根据网络营销职业学习活动顺序，这一学习任务可以分解为以下子任务。

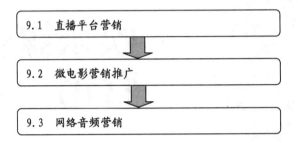

 **课前阅读**

快手大数据研究院发布《2019 快手直播生态报告》（下文简称《报告》），这是快手首次系统盘点直播业务。快手以此份报告为蓝本，深入复盘 2019 年快手直播的发展概况，或具有一定的行业参照意义。

从内容格局来看，快手具有"短视频+直播"的完整闭环。直播作为"后来者"，其用户从原始用户迁徙而来，快手将来自五湖四海的主播们容纳其中，并基于原有内容进行拓展。

经过近几年的沉淀，快手直播的内容生态基本形成，从 2019 年开始，快手直播在游戏、教育等垂直领域精准加码。快手直播通过在游戏这一垂直领域精准发力，所取得的成绩不容小觑。《报告》显示，截至 2019 年 11 月底，游戏直播日活跃用户达到 5 100 多万人，这是同类直播平台难以企及的。

在日活跃用户过亿的人流量里，主播们大都分享着与之相关的生活。《报告》显示，用户比较关注烹饪、宠物、唱歌及健康方面的话题，直播中出现最多的购物场景是超市、家具家居建材、便利店。因此，可以说，直播内容呈现了人们的生活本来面貌，通过直播这些生活碎片，普通人的生活图景被拼接成为当下的社会影像，展现了互联网视角下的"众生相"。

除游戏之外，快手还在持续挖掘有潜力的业务增长点，并提供了精细化的内容与流量支持。2019 年 11 月，快手上线了"快说车"频道，全力深耕汽车垂直类市场；推出虚拟形象 3D 直播，为"二次元"变现；在同城页推出"快手音悦台"，开启直播运营，使其成为快手音乐类直播的独立入口……很显然，在拓展垂直类市场的背后，快手正以试验田的模式逐一开发新的"掘金点"。

读后问题：

（1）你听说过上文中提到的直播营销活动吗？

（2）你觉得直播营销活动成功的原因有哪些？

（3）快手为什么要向游戏领域拓展市场？

课前阅读

 # 9.1　直播平台营销

直播作为全新的互动传播方式，带来了互联网新浪潮的同时，也给企业带来了新兴传播媒介——直播营销。与传统营销相比，直播营销拥有全新的视频展示方式，为企业带来更全面的潜在用户。那么，直播营销指的是什么呢？

9.1.1　网络直播的解读

随着自制综艺、5G 技术、虚拟直播等在线直播新浪潮的出现，在线直播平台用户规模持续上涨。CNNIC 发布的第 45 次《中国互联网网络发展状况统计调查》指出，截至 2020 年 3 月，我国网络视频（含短视频）用户规模达 8.50 亿人，较 2018 年年底增长 1.26 亿人，占网民整体的 94.1%；其中，短视频用户规模为 7.73 亿人，占网民整体的 85.6%。

1. 网络直播的含义

目前，我国直播行业逐渐进入了相对成熟的阶段，映客、虎牙、斗鱼等头部平台通过差异化发展在白热化的竞争中获得核心优势，陆续上市。2019 年上半年，各大直播平台又积极探索"直播+"模式，电商、短视频等平台也主动加入直播元素，以期带来更多流量与业务营收，网络红人直播带货持续火爆，各路明星也纷纷入驻直播平台进行直播卖货，"口红一哥"李佳琦实力带货、"小燕子"赵薇直播卖红酒……与电竞、教育、电商等相结合的"直播+"新模式为直播行业带来了新的发展动力。那么，什么是网络直播呢？

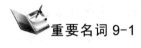

重要名词 9-1

网络直播

网络直播是指在现场架设独立的信号采集设备，并接入导播端（导播设备或平台），再通过网络将采集到的信号上传至服务器，发布至平台上供受众观看的活动。

从类型来看，直播主要分为视频直播与网络互动直播。

（1）视频直播。视频直播是指在现场随着事件的发生、发展进程，同时制作和播出视频的方式，相当于"网络电视"。

（2）网络互动直播。网络互动直播是指针对有现场直播需求的用户，利用互联网（或专网）和先进的多媒体通信技术，通过在网上构建一个集音频、视频、桌面共享、文档共享、互动环节于一体的多功能网络直播平台，企业或个人可以直接在线进行语音、视频、数据的全面交流与互动。

从本质上讲，网络直播是一种网络社交方式，用户可以通过网络在同一时间不同平台观看实时视频。网络直播受到欢迎，实际上也从另一个角度反映了网民的心理特点。网民通过对直播平台的关注，满足自己的心理需求，同时也丰富了自己的业余生活。

2. 网络直播的特点

网络直播更多以其成本低廉、互动性高、部署便捷、稳定可靠的优势，作为一种新兴的娱乐行业出现在人们的视线之中。概括起来，网络直播具有以下特点。

（1）占据互联网优势。利用视讯方式进行网上现场直播，企业可以将产品展示、相关会议、在线培训等内容发布到互联网上，利用互联网的直观、快速、表现形式好、内容丰富、交互性强、地域不受限制、受众可划分等特点，加强活动现场的推广效果。现场直播完成后，企业还可以随时为用户继续提供重播、点播服务，有效延长了直播的时间和空间，发挥了直播内容的最大价值。

（2）传播具有自主性。独立可控的音视频采集方式，可以对产品发布会、企业年会、行业年会、展会直播等电视媒体难以直播的场景进行直播。

3. 网络直播的盈利模式

网络直播是互联网时代发展的必然产物，巨大的潜力吸引了一大批希望"赚快钱"的人进入到这个行业，目前网络直播的盈利模式有以下 3 种。

（1）时薪。直播平台会根据主播每小时的直播人气支付薪水。如每小时的人气平均在 10 万以上的，需要支付多少薪水。就这种盈利模式来说，网络主播的收入跟人气成正比。也就是说，人气越旺，收入越高。

（2）礼物。这是指网友花钱买礼物送给网络主播，网络主播收取礼物分成。这种模式不依赖于人气，网络主播的个人魅力更加重要。

（3）衍生副业。衍生副业有接广告、代销产品等。

9.1.2 直播营销的解读

在互联网时代下，网络直播作为社交传播的方式之一，以其发布的实时性、现场的真实感、明确的受众目标、丰富的直播内容及互动性强等特点，深受人们的喜爱，也逐渐受到企业的重视，成为一种新兴的品牌营销方式。

1. 直播营销的含义

目前，直播已成为现阶段进行电商品牌建设的重要途径，互动式营销也逐渐成为新潮。网销平台以直播为引领，加上线上互动，并为用户提供红包、优惠券及店铺的链接，既方便用户购物，又能让用户体验到购买的乐趣。因此，继用户"打赏"、网红经济之后，网络直播营销也逐步成长为直播平台重要的收入来源之一。2019—2020 年中国直播电商用户常用直播平台 TOP10 如图 9-1 所示。

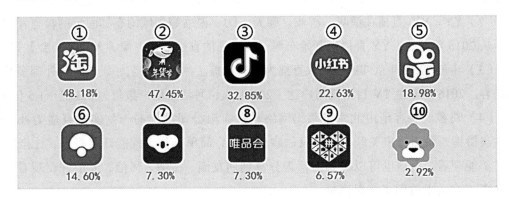

图 9-1｜2019—2020 年中国直播电商用户常用直播平台 TOP10

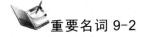

重要名词 9-2

直播营销

直播营销是指在现场随着事件的发生、发展进程同时制作和播出节目的营销方式，该营销活动以直播平台为载体，以提升企业品牌或产品销量为目的。

2. 直播营销的优势

与传统营销模式相比，企业直播营销优势尽显。

（1）直播营销是一场事件营销。除了本身的广告效应，直播内容的新闻效应往往更明显，引爆性也更强。制造一个事件或一个话题，就可以轻松地进行内容的传播，并引发大量关注。

（2）直播营销能体现用户群的精准性。在观看直播视频时，用户需要在一个特定的时间共同进入播放页面，但这其实与互联网视频所倡导的"随时随地性"是背道而驰的。但是，这种播出时间上的限制，也能够真正识别并抓住这批具有忠诚度的精准目标人群。

（3）直播营销能够实现与用户的实时互动。相较于传统电视，互联网视频的一大优势是能够满足用户多元化的需求，主播在直播时能够与用户实时互动。

（4）直播营销能够让用户进行深入沟通，产生情感共鸣。人们在日常生活中的交集越来越少，尤其是情感层面的交流越来越浅。直播，这种带有仪式感的内容播出形式，能让一批具有相同志趣的人聚集在一起，使他们聚焦在共同的爱好上，引发他们的情感共鸣。

3. 直播营销平台

（1）快手。快手的前身叫"GIF 快手"，诞生于 2011 年 3 月，最初是一款用来制作、分享 GIF 图片的手机应用。2012 年 11 月，快手从纯粹的工具应用转型为短视频社区，作为用户记录和分享生活的平台。后来随着智能手机的普及和移动流量成本的下降，快手在 2015 年以后迎来爆发。2019 年 5 月 29 日，快手日活跃用户已超过 2 亿人。

（2）YY。YY 直播在演唱、游戏、聊天、DJ、说书等领域均有其固定的参与者和粉丝；从 2015 年开始，YY 直播也开始布局了一系列的直播节目，像《大牌玩唱会》等。

（3）斗鱼 TV。斗鱼 TV 以游戏直播为主，涵盖了体育、综艺、娱乐、户外等多种直播内容。2016 年斗鱼 TV 日活跃用户达 1 200 万人，月活跃用户数量为 1.3 亿～1.5 亿人。

（4）映客。映客是由北京蜜莱坞网络科技有限公司推出的一款实时直播类社交软件，与微博、微信账户关联，用户只需拿出手机，简单操作，就能开始直播，让全平台用户都能观看。用户也可以将直播预告分享到朋友圈、微博、微信，邀请好友观看。映客在真正意义上做到了全民直播。

（5）虎牙。虎牙直播是致力于技术驱动娱乐的弹幕式直播互动平台。虎牙直播以游戏直播为主，涵盖娱乐、综艺、教育、户外、体育等多种直播内容。虎牙直播覆盖PC、Web、移动三端，投入核心技术与优质资源，为用户提供超清、极速、流畅的直播观看体验。与此同时，用户还可以文字弹幕的形式与主播实时互动，享受社交乐趣。2018 年 3 月，虎牙直播拥有约 9 290 万月平均访问用户，移动端月平均访问用户约为4 150 万人。

（6）花椒。2015 年 6 月，花椒直播正式上线，致力于以强硬的技术实力和优质的内容，打造一个具有强明星属性的直播平台，吸引了大量优质用户。花椒直播是国内具有强属性的移动社交直播平台，聚焦"90后""95后"的生活。已有数百位明星入驻花椒直播，用户可以通过直播了解明星鲜活、接地气的一面。

（7）抖音。抖音于 2016 年 9 月上线，是一款音乐创意短视频社交软件，是一个专注年轻人的 15 秒音乐短视频社区。用户可以通过这款软件选择歌曲，拍摄 15 秒的音乐短视频，形成自己的作品。

9.1.3 直播营销推广

在直播营销推广中，首先要结合自身资源、针对的目标人群、所要达成的营销推广目标，进行平台选择。直播平台种类多样，根据属性可以划分为不同的几个领域，选择正确，会带来意想不到的流量。完成平台选择后，还要进行直播营销推广策略的设计。

1．直播营销平台选择

作为主播，选择直播平台时，重点考虑的是平台流量、平台收入和平台运营能力。

（1）平台流量。平台流量分为百度排名及用户的关注度。对于大多数进入直播行业看直播的用户而言，都会有自己长期关注的主播和平台。从平台人数、日活跃主播的数量、新增主播数量，可以看出斗鱼、企鹅电竞、触手等都是很抢手的平台，其主要领域以游戏直播为主。一些以社交为媒介的直播平台，如一直播、NOW 直播、陌陌直播、火山直播常常自带流量。在选择平台时，还可以考虑平台新入驻主播的数量，平台越火热，新入驻主播越多，但这会带来巨大的竞争。因此，平台流量不是唯一的考虑因素，如内容型的主播，可以选择社交媒介的直播平台，或有内容可做的直播平台，方便自己作品的传播，便于自己受到更多人的关注。

（2）平台收入。平台收入主要分为新人政策及平台收入分成两个部分。其中新人政策很多平台都有，如主播进行直播的时间长短决定了其收入的多少，或者主播的粉丝数量的多少决定了其收入的多少。

（3）平台运营能力。一个好的平台，加上好的运营就能够孕育出高质量的主播。平台的运营水平直接影响的是主播开展直播活动的效率和曝光率。好的有经验的运营团队，会针对主播定制特有的活动，来吸引平台的用户。

2．直播平台营销策略

除了平台选择外，直播平台营销策略包括以下几个方面。

（1）打赏和广告。直播平台与主播签约，在直播中，主播收到用户"打赏"，平台会通过分成来赚取利益。在这种情况下，优质的主播便理所当然成了加强主播和用户互动的关键因素，直播平台也常常会利用用户对主播的喜爱，在直播过程中植入一些产品广告，这样的宣传也的确取得了良好的营销效果。

（2）垂直营销。垂直营销是指用户可以在观看直播的同时通过发弹幕提问等方式与主播进行直接的沟通和交流，了解更多产品信息，形成互动。如以"明星+公益""直播+淘宝"为切入点的直播形式，已成为越来越多的直播平台获取收益的方式。这种营销手段一方面激活了用户的体验需求，加强了主播与用户间的交互，另一方面从动态的角度向用户展示产品，让用户形成更直观、更全面的感官印象。

（3）技术营销。近几年，虚拟现实、人工智能等技术正处于突飞猛进的发展态势，许多直播平台利用这些技术，对网络直播进行了从视觉到听觉的一系列改进，提升了用户的体验效果，缩短了用户与平台之间的距离，在短时间内吸引了大量用户围观，为直播平台带来了更多的潜力和发展空间。但值得注意的是，在直播过程中主播应把关注的核心集中在与用户的互动上，而非技术层面的视觉、听觉效果上。

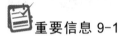
重要信息 9-1

直播平台分类

（1）综合类平台。综合类平台一般指集游戏、娱乐、户外等功能于一体的平台，目前这类平台在网络直播行业还是比较有优势的，这得益于它的粉丝群体比较大。这种类型的平台目前知名度比较大的有虎牙、斗鱼、熊猫3家平台，如图9-2所示。

图 9-2｜虎牙、斗鱼、熊猫3家平台

（2）秀场类平台。秀场类平台主要分为移动端和PC端2种平台，目前，相对PC端，移动端的秀场类平台发展得更好一些。这种类型的平台主要以主播与用户聊天和唱歌表演为主，主流秀场类平台有花椒、映客、来疯等平台。这种类型的平台内容形式包含于综合类平台中。移动端直播平台有个特有的直播功能叫"附近的人"，这个功能对新人主播来说很重要，排不到前面展示位的新人主播通过这个功能也可以吸引很多用户。

（3）游戏类平台。游戏类平台主要是直播游戏电竞的平台，这种类型的平台主要有企鹅电竞、触手TV等，选择这种类型的平台时主要应考虑平台用户总数量。

（4）购物类直播平台。主流购物类直播平台有淘宝直播、苏宁直播等，还有很多电商平台已经上线了直播购物平台或正在研发上线。

（5）短视频类平台。主流短视频类平台包括抖音、快手等，这种类型的平台门槛比较低。

课堂测评

测评要素	表现要求	已达要求	未达要求
重点知识	能掌握直播平台的含义		
重点技能	能初步认识直播平台营销的特点		
任务整体认识程度	能概述直播平台营销的基本原理		
与实践相联系程度	能描述直播平台营销的实践意义		
其他	能描述本课程与其他课程、职业活动等的联系		

9.2 微电影营销推广

　　在受众紧张的快节奏生活中，微电影能够满足受众的精神需求。每一种互联网商业模式的出现，都会带来一股冲击力。人们越来越熟悉微电影了，微电影营销也逐渐成为很多企业的营销重点。那么，什么是微电影营销呢？

9.2.1 微电影认知

　　微电影早期就是电影短片，随着技术、认知、传播方式、涉及领域的变化，微电影得以正式成名。与电影的巨大投资相比，微电影不论是在拍摄设备、资金、团队、流程等方面都有较低的要求，适合许多创业者、自媒体从业者的实际操作需求。

1. 微电影的解读

　　随着网络视频业务的发展壮大，互联网已成为一个重要的影视剧播放平台，企业广告的演变离不开媒介形式的演变，影视技术的普及让更多的人尝试微电影的制作、发布，这也正是微电影能够发展壮大的直接驱动力。没有影视技术的进步普及，就不可能有微电影，这是微电影制作的现实的物质基础。

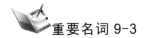重要名词 9-3

微电影

　　微电影是指在各种新媒体平台上播放的、适合在移动状态和短时休闲状态下观看的影视作品。

　　微电影内容融合了幽默搞怪、时尚潮流、公益教育、商业定制等主题，可以单独成篇，也可系列成剧。它具备电影的所有要素：时间、地点、人物、主题和故事情节。微电影形式简单，短小精悍，恰好在"体型"上契合了受众即时消费的诉求，它既可以满足时间上的"碎片化"需要，也可以满足传播上的"碎片化"需求。人们可以充分利用各种时间"碎片"，包括坐车、等人、排队等闲暇时间，用 4G 或 5G 手机看完一部"微电影"，引发一场关于青春和梦想的共鸣，旁观一场海枯石烂的爱情。

2．微电影的类型

微电影主要有以下一些类型。

（1）搞笑型。该类型微电影的表现手法大都以叙事形式讲述产品，然后加入幽默搞笑等大量效果元素，使原本无奇的故事增添了生趣，另外该类型的微电影在场景选择和人物形象选择上都偏向"草根型"，符合一般用户的生活特点，容易引发用户共鸣，如《七喜广告——"七件最爽的事"》。

（2）青春爱情型。该类型微电影的主题为爱情，一般系列的微电影都是表现爱情青春美好的一面，然后在故事情节的基础上，将品牌植入。而这一品牌一般都是作为微电影中的道具，或者是某个重要场景。这种类型的电影的表现手法大都采用叙事的形式，在场景布置上致力于营造温馨浪漫的环境，来衬托出爱情这一主题，如《诺亚方舟》。

（3）励志奋斗型。该类型微电影的主题是励志奋斗，而这一类型的微电影在人物选择上会偏向奋发向上的年轻人，而品牌的特性也是偏向励志方面。这种类型的电影的表现手法也是以叙事为主，但是影片在风格上更为自然、真实，以真实、感人的故事引起观众的共鸣，如《梦想到底有多远》。

（4）感人亲情型。该类型微电影的主题是亲情，亲情是一种朴素而深厚的情感，这一类型的微电影，讲述的是父母与子女之间，或者是配偶之间的感情故事，而品牌在这些感情中具有重要的意义。感人亲情型的微电影是最具感染力的微电影类型之一，因为每个受众都有自己的亲情故事，受众在观看微电影的时候容易产生共鸣，而达到影片的最佳效果。在表现手法上，这种类型的微电影在场景的选择上以温馨为主，而人物的语言对话也富有感情和内涵，如《空巢老人》。

（5）唯美风景型。该类型微电影的特点是将唯美、令人向往的风景作为微电影内容的一个特色，有时候美丽的风景也会令人印象深刻。在表现手法上，这种类型的微电影着重风景的展现，以唯美清新的画面吸引受众眼球，并在其中穿插人物的爱情、生活故事等，如《再一次，心跳》。

 营销案例 9-1

微电影《重义气的湖南人》

《重义气的湖南人》是由一个湖南品牌在 2020 年 1 月 7 日推出的短片。该微电影内容和湖南人能吃辣、重情义的特点建立起一种联系。

故事一：男主角亲人住院急需钱，第一时间向其兄弟求助。可惜兄弟因为自己的债务无法提供帮助。见男主角向其他人求助无果后，兄弟毅然卖掉自己新买的车，帮助男主角渡过难关。

故事二：男主角因主动照顾兄弟留下的遗孀和女儿，在双重压力下，从黑发到白发，为了她们的生活不停止地奔波。男主角在经济拮据时，宁可委屈自己的孩子，也要保护兄弟孩子的梦想。

故事三：一个普通的团队，在知道有冠军团队想挖自己的队友后，兄弟们便主动谋划一出背叛戏码。

三个故事，"手术费怎么来的？""为什么有两个家？""为什么要背叛兄弟？"从悬念到最后的反转，故事中有冲突、有起伏，有让人惋惜的时刻，也有令人恻隐的时刻；有让人敬佩的角色，也有令人感动的角色；有让人心灰意冷的情节，也有令人血脉贲张的情节。影片源于生活而高于生活，传达出感人至深的奉献精神和兄弟情义。

评析：该微电影优势在于，广告定位的选择和微电影叙事策略，解决了最基本的品牌识别问题，解决了更深层次的用户共鸣和认同问题。

9.2.2 微电影营销认知

微电影具有区别于电视广告、电影和网络视频的独特属性，带来了一种新的电影艺术传播模式。视频网站用户群高速扩张、自媒体覆盖面日益广泛、智能手机市场占有率节节高升、"碎片化"信息接收方式的日趋成熟，决定了微电影将是企业的一种新的营销方式，并将在企业营销中发挥更大的作用。

1. 微电影营销的含义

对企业来说，微电影营销是完全为企业而定的影视营销。这点与影视植入广告相同，只不过它没有采用广告的生硬的宣传方式，而是采用了一种更柔和的、使品牌融入故事本身的叙事风格，使观众在潜移默化中接受企业品牌。

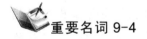

重要名词 9-4

微电影营销

微电影营销是指通过拍摄短片，轻松自然地将品牌信息融入故事情节中，通过故事主人公的"事与情"升华、突出表现主题，引发受众的情感共鸣，达到其品牌理念推广与品牌精神传达的目的。

微电影既是加长版的广告片，也是精华版的电影，它在进行广告宣传的同时，也传递了电影的剧情。微电影不同于商业化的影视大片，也不同于视频短片，它的营销手段和效果评估与微博等形式类似，是介于代表大众言论的微博与商业影视作品中间的一个新媒体网络化的营销手段。

2. 微电影营销的优势

微电影作为新的营销传播方式，一方面带给受众全新的感受，易于被受众接受；另一方面，好的微电影使受众得到精神上的愉悦，是一种良好的视听体验，能够快速建立起受众与品牌之间的信任。微电影营销的优势有以下 4 个方面。

（1）推广软性化。微电影没有广告那样的生硬推广方式，不是一味地向受众传递噱头，而是采用了更柔和的宣传方式，除去赤裸裸的宣传，公关色彩更强，它通过故事情节来打动受众，从而让受众在非常愉悦的心情下接收企业的相关信息。微电影以其特有的传播手段，开创了新的营销模式，为品牌传播提供了新的方式和空间。

（2）成本低廉化。传统广告主要用于电视投放与植入电视或电影，其广告投放费用较高，所以广告的时长受到明显限制，因为广告多一分钟就意味着多一分钟的制作成本，同时也意味着多一分钟的投放成本；微电影的"微"同时也体现在微投资上，一部微电影的投资从几千元到上万元不等。

（3）传播便捷化。微电影对于受众来说，最重要的功能是娱乐，有趣的创意会被人们不断地转发和分享，近似于网络病毒式营销。微电影的魅力在于短小而有悬念，容易吸引受众主动且多次观看，而受众自发撰写的微电影影评，可以达到持续传播和强化品牌冲击的效果。

（4）广告电影化。微电影作为一种全新的电影文化，能更好地诠释品牌理念，未来有可能会取代电影植入。微电影有明确的营销传播诉求点，诉求方式更加坦诚、自然、直接。微电影在情节上完全可控，这为广告创意提供了巨大的空间。

营销案例 9-2

微电影《别乱花》

泰康人寿在 2020 年春节年前夕打造了微电影《别乱花》。主要情节：过年回家，妈妈已经将热腾腾的饭菜端上了桌。看到除夕当天才到家的你，妈妈总是会忍不住说一句："每年都赶除夕饭点才回来，你们公司不能早点放假么？"当你拿出给妈妈买的新年礼物时，她也总是一边高兴着一边"抱怨"着："又乱花钱，都说了不让你买东西回来。"

这是许多人在过年回家时都会经历的一幕，泰康人寿春节微电影《别乱花》正是用这样一个大多数人都经历过的生活场景，成功抓住了受众的眼球。随后，镜头转到小时候：父母给我们零花钱时总不忘嘱咐一句"别乱花"；但在给我们请家教、买营养品时，他们却花得毫不手软。长大工作后，我们有了赚钱能力，父母依然不忘在电话里嘱咐一句"别乱花"；逢年过节回家，带了礼物给父母，他们也总不忘在高兴之余嘱咐我们"别乱花"……

评析：泰康人寿微电影《别乱花》另辟蹊径，没有使用春节营销中铺天盖地的"春节+回家+催泪"套路，反而在"别乱花"的表象下，向许多头疼"春节回家带什么礼物"的年轻人提供了新的思路——为家人买一份安心，为未来买一份从容。

9.2.3 微电影营销策略

微电影蕴含的情感的表现形式多种多样，为品牌广告的营销宣传带来了多种表达方式。如今，微电影成为各大品牌推荐新品、开拓市场、积累用户、处理公关事件的营销新手段，通过拍摄手法、情节设定来控制品牌的情感表现，与用户产生情感呼应，提升品牌形象，增强用户黏性。

1. 微电影营销策划准备

企业在推出微电影的同时，结合广告元素，将品牌理念以更隐秘、更柔软的方式传递给受众。特别是微电影围绕同一主题、中心人物、事物或环境，形成系列化的视频短片时，往往能够达到强化品牌传播的效果。那么，微电影营销策划应该注意什么呢？

（1）产品背后有什么样的故事？每个群体都有属于他们自己的兴趣点、生活方式、沟通方式等，产品要从群体的这些特点出发，把控好能够让他们精神为之一振的营销点，这样必然能够引起他们情感上的共鸣，并且能够形成良性的口碑传播。

（2）故事该讲给谁听？每一部微电影都要思考的问题是：产品的受众是谁，他们本身有着怎样的故事，他们记忆里最深层的感动来源于哪里。产品本身的属性还是要回归到用户身上，只有这样才能找到更多的共鸣点。如果不搞清楚"故事该讲给谁听"这个问题，就很容易失去正确的方向。

（3）受众听完故事后印象最深刻的是什么？一部成功的微电影要具备三点：一是一部能让人记住的电影；二是一个让人耳目一新的广告；三是关注植入产品的属性。如果一部微电影拼命地自卖自夸，肯定不会受到受众的欢迎。微电影通过产品属性的传递和与受众需求的对接，使第一批受众感动就能形成第一轮的营销传播。

2. 微电影营销策划策略选择

（1）故事情节与企业文化完美对接。从传播的角度来看，微电影必须通过内容取胜。既然要以故事内容取胜，就不能停留在过去传统电视广告和影视剧的层面，而要更关注受众的内心需求，引起受众情感的共鸣。微电影内容应该与企业文化气质相符合，将受众生活的细节作为故事的引线，让受众在看的时候，自己对号入座。这种形式不仅巧妙地宣传了产品，还恰到好处地获得了受众的好感。

（2）积极打造立体网络传播模式。和传统的电影相比，微电影制作周期短、成本低、投放快，无票房回收压力，用户可在移动终端上随时随地观看微电影。由于受众媒体逐渐碎片化，打通各个营销渠道对微电影传播有着非常重要的作用。在未来，新媒体平台播放将对传统的电视媒体、院线媒体产生强烈的冲击，微电影应该抓住这一大好时机，结合新媒体与传统媒体的特点，充分利用各自的优势，展开交叉立体传播，才能取得更好的效果。

（3）针对细分市场，开发多样化微电影品牌。微电影品牌意识建立的关键应该是建立以"受众需求"为导向的商业模式,将"受众研究"真正融入微电影中,可以用人口学(年龄、性别、教育程度)、心理学(价值观、文化取向)和行为学(消费行为模式、一般行为特征)的指标来定义或标示出不同受众群体的特点。

课堂测评

测评要素	表现要求	已达要求	未达要求
重点知识	能掌握微电影营销的含义		
重点技能	能初步认识微电影营销的优势		
任务整体认识程度	能概述微电影营销的运作原理		
与实践相联系程度	能描述微电影营销的实践意义		
其他	能描述本课程与其他课程、职业活动等的联系		

9.3 网络音频营销

现代人的生活节奏很快,一般来说,人们只有在闲暇的时间才会看文字内容,其他的时间还是会看视频或听音频,如人们在下班回家的路上,会选择音频作为学习和提升知识的主要手段。那么,网络音频营销是怎么回事呢?

9.3.1 网络音频的解读

2019 年,随着各地融媒体中心建设不断推进,媒体融合正式步入下半场。如今除了拥抱短视频外,音频发展也成为媒体融合的重要试水渠道。2018 年 12 月底《南方都市报》在南都 App 改版时上线音频频道,一年以来更新音频节目近 7 000 期,单条音频稿最高收听量达 170.5 万次,收听量达 10 万+次的音频数量超过 2 000 条。比起短视频与社群媒体等视觉及情感类媒体产品,新媒体时代的"耳朵经济"发展似乎才刚刚开始。

1. 网络音频的含义

人们的娱乐需求自线下转至线上,这让短视频、音频平台迎来了短暂的增长。娱乐内容增长的同时,越来越多的企业也开始在线上音视频平台进行商业推广。2020 年春节期间,不少企业在千聊等平台开起了"线上沙龙",有的企业干脆把业务搬到线上,如乐刻在抖音、快手等平台做线上"健身直播",线下教育机构则纷纷在音视频平台开展"线上授课"。

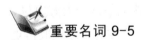

重要名词 9-5

网络音频

网络音频有广义与狭义之分,广义的网络音频是指通过网络传播和收听的所有音频媒介内容；狭义的网络音频是指音频节目（播客）、有声书及广播剧、音频直播和网络电台等形式。

声音作为一种特定的内容承载媒介，其内容的呈现形式十分丰富，既有依据话题划分的音频节目，又有根据章节，由主播演绎的有声书和广播剧，以及主播进行的实时在线音频直播。基于泛文化发展的内容趋势，音频内容类型的多样成为泛文化内容的重要载体，从而涌现出海量优质内容，这不仅给了用户更多的选择，也推动了用户收听习惯的培养和收听行为的常态化，成为音频营销的重要基础。

2. 网络音频的特征

相较于移动视频、移动阅读行业，通过音频载体输出内容的在线音频行业呈现出更快的发展势头。目前，网络音频行业主要可以分为网络听书、知识付费和音频直播等业务，满足了不同年龄阶层的受众的需要。

在互联网飞速发展的今天，网络音频能够应用的场景越来越多，其内容也在不断扩充，从在线音乐到有声读书，从音频课程到网络电台，从音频博客到声音社交，网络音频正呈现出多样化的特征。

虽然与其他信息获取方式手段相比，音频目前仍算不上主流，但不可否认的是，音频内容在观众数量、认可度和产业链发展上都有了很大的进步。而面向未来，无论是具有更多可能性的商业模式，还是随着车载设备、智能音箱等硬件设备和人工智能技术的发展应运而生的更多应用场景，"耳朵经济"的发展远景不可限量。

9.3.2 网络音频营销解读

移动互联网时代，信息的传播变得更加便捷与实时。用户也在快速适应快节奏的城市生活，习惯利用日常的碎片化时间获取信息。电台 FM 形式的音频媒体成为当下受广大用户欢迎的一类媒体形式。

1. 网络音频营销的含义

目前一些主流的电台类 App 有喜马拉雅 FM、蜻蜓 FM、荔枝 FM、阿基米德等，其中喜马拉雅 FM 仅用了 1 年半的时间就拥有 1.4 亿的听众用户。不难想象，当用户资源积累得如此庞大，且用户范围覆盖了主流消费群体的时候，音频分享平台也将成为品牌主的重点关注渠道之一。

重要名词 9-6

网络音频营销

网络音频营销就是以网络音频为载体进行的营销活动。或者更通俗地说，网络音频营销是指在网络音频平台及其提供的内容中进行推广和营销的活动，是一种新兴的新媒体营销模式。

马丁·林斯特龙在《感官品牌》一书中曾提到"声音是塑造品牌五感的重要元素之一"。我国许多企业已经意识到音频营销的重要性，并开始了积极尝试。2018年喜马拉雅联合舍得酒业出品的《舍得智慧讲堂》，特邀名嘴曹启泰担任主播，在音频端采用区别于视频渠道的独立嘉宾、独立话题模式，以脱口秀、音频直播、嘉宾访谈等多种形式，将品牌理念、产品同步无缝输出的同时，为当代社会精英解读"中国智慧"这一全新命题下的舍得智慧，并结合喜马拉雅优势传播、分发资源，成功触达了大量高端用户群体。

2．网络音频营销的优势

在快节奏的都市生活中，音频作为唯一一个不受场景限制，能时时刻刻给予用户信息补充、帮助人们实现认知突破和自我丰富的媒介，其营销价值得到空前的放大。

（1）代入感。代入感是指网络音频营销不但能够将情感的演绎与表达以深入人心的方式传递给用户，还能让品牌以拟人化的形态进行广告营销活动。与其他新媒体营销方式相比，音频营销的优势在于声音能够清晰地呈现品牌形象，使品牌更加个性化，从而加深用户对品牌的记忆和理解，并提升品牌忠诚用户的认同感。

（2）伴随性。网络音频的另一大优势在于它是伴随性媒体，而且这种伴随属性是全场景式的。开车、通勤、家务、运动、睡觉乃至上班等各类场景中，用户都可以用手机收听音频节目。对广告主而言，这样的多场景使用特点也使得他们有了更多的投放选择。广告界有句名言：我知道我的广告费有一半浪费了，但我不知道是哪一半被浪费了。传统数字类广告的问题就在于此，曝光不等于被受众接受，电视观众会在广告时间去看手机，网页上的广告也很容易被用户直接忽略掉。与此相反，音频广告具有独占性的特质，用户在收听节目时不会漏掉广告内容。因此，移动音频的贴片广告相比其他移动广告更有价值，曝光量几乎就等于接收量，这也是网络音频作为伴随性媒体的最大优势。

（3）延续性。艾瑞网《2019年中国车载音频营销价值研究报告》显示，有64.3%的活跃车载音频用户还会在其他场景收听移动音频App。而在传统调频广播方面，相关数据显示，非行车场景下的收听占比呈现出下降的趋势，从而更加突显出网络音频的收听延续性优势。

用户收听的延续性推动了用户媒介使用黏性的提升，也体现了网络音频伴随式的媒介使用场景特征。网络音频从行车场景延展到用户其他的使用场景，不同场景的差异性也为广告营销创意的发挥提供了更多空间和可能性。

3．网络音频营销平台

（1）喜马拉雅FM。喜马拉雅FM的内容非常多，是一个综合性平台，而且内容覆盖面很广，从人文到儿童读物、从科技到娱乐、从流行到古典，应有尽有，在这里用户可以找到自己喜爱的音频。和其他平台一样，喜马拉雅FM的主播也可以申请加V，但前提是内容质量要优秀。而且喜马拉雅 FM 还签订了一系列的明星自媒体的合作版权和独家的主播节目，如郭德纲、高晓松的音频节目等。

（2）荔枝 FM。荔枝 FM 主要走文艺路线，文艺氛围很浓厚，画面很精致，界面也都是小清新类型，主要以情感类的电台为主。荔枝 FM 的口号是：人人都是主播。这和斗鱼直播平台、全民直播平台有些相似，门槛相对来说也是很低的，用户可以直接通过手机客户端上传节目。

（3）蜻蜓 FM。蜻蜓 FM 主要做在线直播，与很多的传统电台都有合作，几乎就是一个收音机。收音机在 20 世纪曾风靡一时，人们可以随身带着收音机听音频节目，但是其用户体验却不是很好。因为收音机内容容易断，广告也多，用户主要处于被动收听状态。在技术上，蜻蜓 FM 相对于其他平台来说要落后，它就如同一个可移动的手机加强版收音机，但这也是蜻蜓 FM 独特的地方。

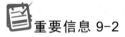 **重要信息 9-2**

音频的营销价值

（1）音频形式让广告变得更聚焦。音频内容的收听设备可以来自手机、智能音箱等可携带设备、车载终端等。并且大部分用户会在上下班的路上，在休息时如午休、睡前收听音频内容，而在这样的场景下，用户更能集中注意力接收音频内容。

（2）用户的多元化，精准的媒介接触。音频媒体平台的受众人群非常多元化，以喜马拉雅 FM 为例，研究人员发现 70% 的喜马拉雅用户是主流消费人群，20～39 岁群体占所有用户的 73%。而针对不同年龄的人群，用户的收听内容的需求也非常多元，如脱口秀、情感、汽车、财经、英语等。因此，针对用户多元化的需求，平台也可实现更垂直与精准的人群划分与媒介投放。

（3）在常开模式下与品牌的目标用户进行互动。除了精准的广告触达之外，使用常开模式的营销，将平台上的用户转化为自己的品牌粉丝也是音频电台的营销价值之一。品牌可以通过打造自己的品牌电台或与已经聚集大量听众的知名主播合作，与用户进行长期的沟通。值得注意的是，在喜马拉雅 FM 上，用户的评论互动也非常活跃，平均每秒就有 100 次互动（关注、评论、点赞、转发）产生。

9.3.3 网络音频平台入驻

近年来，我国各音频平台纷纷在国内的广告营销大赛上崭露头角，也充分体现了业界对网络音频营销价值的肯定和认可。那么作为自媒体人，应该如何利用这些音频平台呢？

1. 网络音频盈利模式

作为自媒体人，入驻平台后，主要可采用以下一些网络音频盈利模式。

（1）广告收入。自媒体人只要在平台上传一定音频，达到条件之后，加 V 主播就可以获取广告收入。

（2）付费专辑。当自媒体人获得一定的粉丝数量之后，就可以推出付费专辑，付费专辑是需要用户付费才能收听的。用户付费之后，平台会给音频作者分成。

（3）引流变现。自媒体人可以通过上传音频，然后获得粉丝的关注，同时也可以在个人简介上引导粉丝关注公众号，在公众号上链接上商城，这样也可以引导一部分粉丝进行付费。

2．网络音频平台运营

（1）平台登录。以喜马拉雅 FM 为例，在 PC 端打开平台官网，单击右下角"未登录"图标，打开未登录页面中的"立即登录"，这时可以看到喜马拉雅 FM 共有验证码登录、密码登录以及微信、QQ、微博等多种登录方式；在验证码登录模式下，输入手机号码，并单击"发送验证码到手机"，就会收到相应的验证码（如未注册，须先注册），最后，只需要按提示输入验证码，即可完成喜马拉雅 FM 的登录。

（2）音频内容定位。根据自己擅长的领域，确定音频类型。和视频类一样，尽量不要太冷门，可以参考排行榜上的热门收听类型（但也不要太追求热门，因为竞争激烈）。还可以直接去很多自媒体平台或公众号上找高质量文章，将文章加工之后，转换成音频，或者在百度上看到一些好的文章也可以拿过来做素材。

（3）运营技巧。第一，如果对自己的声音有自信，可以自己进行录制，这样有利于打造个人 IP；或者可以找专业的播音员，把要录制的内容发给他，并给他提要求，如要带有一些情感色彩；音频录制完成后，即可上传。第二，注意上传时间。上传的时间大多选择早上 7 点、中午 12 点、晚上 8 点或 10 点，可以根据所选择的领域及用户群体来进行时间的调整，而且要保持一定的更新频率，如每日一更、每周一更，而且要选择相同的时间进行上传，如都在早上 7 点上传，或者中午 12 点，这样可以让用户记住你。第三，学会引流。如果想要你的粉丝数上升，那你就要学会引流，提高你的播放量。要学会蹭热点，看看目前搜索度最高的词是什么，然后就可以在自己的标题上加上这个词。第四，打广告。注册后，一定要在自己的内容简介上放上微信号、公众号之类的信息，因为这是专属天然的广告位。还可以在音频开头、结尾或中间留下联系方式，但最好是在已拥有一定数量粉丝后再操作。

课堂测评

测评要素	表现要求	已达要求	未达要求
重点知识	能掌握网络音频营销的含义		
重点技能	能初步认识网络音频营销的主要策略		

续表

测评要素	表现要求	已达要求	未达要求
任务整体认识程度	能概述网络音频营销与传统营销的联系		
与实践相联系程度	能描述网络音频营销的实践意义		
其他	能描述本课程与其他课程、职业活动等的联系		

任务 9　小结

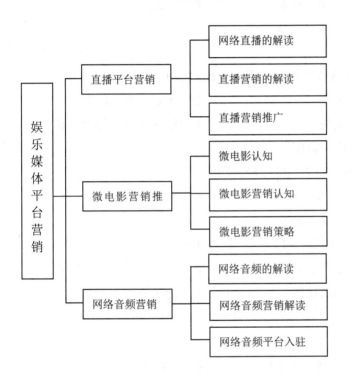

核心提示

教学做一体化训练

重要名词

直播平台　直播平台营销　微电影　微电影营销　网络音频　网络音频营销

课后自测

一、单项选择题

1. 视频直播是指在现场随着事件的发生、发展进程，同时制作和播出视频的方式，相当于（　　）。

　　A. 网络电视　　　B. 网络视频　　　C. 现场解说　　　D. 线上视频

2. 直播营销就是一场（　　）。

　　A. 事件营销　　　B. 专家论坛　　　C. 写作营销　　　D. 小助手营销

3. 对于企业来说，微电影营销是完全为企业而定的（　　　　）。

　　A．影视营销　　　B．产品营销　　　　C．服务营销　　　　D．品牌推广

4. 微电影不同于商业化的影视大片，也不同于视频短片，它的营销手段与效果评估也与（　　　　）等类似。

　　A．社群　　　　　B．自媒体　　　　　C．微信

　　D．微博　　　　　E．以上都不是

5. "耳朵经济"指的是（　　　　）营销与推广。

　　A．视频　　　　　B．音频　　　　　　C．社群

　　D．微信　　　　　E．微博

二、多项选择题

1. 作为主播，选择直播平台时，重点考虑的是（　　　　）。

　　A．更大的平台流量　　　　　　　B．更好的平台政策

　　C．更多的用户关注　　　　　　　D．快速建立良好的口碑

　　E．迅速提高品牌可信度

2. 综合类直播平台目前知名度比较大的有（　　　　）。

　　A．虎牙　　　　　B．斗鱼　　　　　　C．熊猫

　　D．花椒　　　　　E．知乎

3. 一部成功的微电影要具备以下（　　　　）3点。

　　A．一部能让人记住的电影　　　　B．一个让人耳目一新的广告

　　C．关注植入产品的属性　　　　　D．自媒体点击率高

　　E．票房较高

4. 网络音频盈利模式有（　　　　）。

　　A．广告收入　　　B．付费专辑　　　　C．引流变现

　　D．红包　　　　　E．打赏

5. 喜马拉雅FM的内容非常多，包括（　　　　）。

　　A．人文　　　　　B．儿童读物　　　　C．科技

　　D．娱乐　　　　　E．流行

6. 网络音频营销的优势有（　　　　）。

　　A．代入感　　　　B．伴随性　　　　　C．延续性

　　D．可视性　　　　E．互动性

三、判断题

1. 直播营销与社群营销没什么区别。（　　　）

2. 与传统媒体相比，娱乐媒体平台营销传播速度更慢一些。（　　　）

3. 企业在娱乐媒体平台营销活动中不能够与用户开展互动。（　　　）

4. 娱乐媒体平台营销中发布的内容不是很重要。（　　）

5. 音频平台营销最重要的是可以随便写、随便发，只要平台通过就行。（　　）

四、简答题

1. 什么是网络直播？

2. 直播营销的特点主要有哪些？

3. 微电影营销的特点包括哪些？

4. 音频平台主要有哪些？各自有哪些特点？

5. 音频营销的策略有哪些？

五、案例分析题

当今，房地产、汽车、零售等多个行业纷纷学习"李佳琦"，宣布将开始直播卖货。此外，也有不少投资者在追问公司是否有直播的计划，催促公司赶紧把直播做起来。

（一）房企汽车商场　线上直播搞起来

《证券日报》记者从济南龙湖某销售人员处得知，春节期间，公司7个在售项目每天都会进行至少两场直播活动，单场在线人数多达2万人。"现在不少房企都在做线上直播。这种面对面、一对多的交流方式更符合现在买房人的需求，客户观看直播时可以留言互动，主播进行现场解答，买卖双方得以双赢。"上述销售人员向记者表示。

西单大悦城工作人员向《证券日报》记者介绍，为了保持客户黏性，维护品牌影响力，提升品牌方信心，购物中心在丰富小程序线上商城的商品品类的同时，启用商场+品牌联合在线直播的方式，邀请各大品牌的导购在线分享、带货，然后将小程序线上商城和店长微信群作为后续商品售卖、服务的渠道。

"目前系列直播在有节奏地推出，以辅助消费需求释放和拉动商品销售，同时维护品牌影响力。"西单大悦城工作人员介绍。2020年2月10日，西单大悦城推出了首场雅诗兰黛抖音专场直播，其他系列直播将相继推出。

与此同时，车企也纷纷尝试线上直播"卖车"。宝马官方宣称，自2020年2月10日起，宝马互动平台将被植入宝马中国、宝马客户服务中心微信公众号。同时，宝马同步推出专场直播的互动形式。

《证券日报》记者粗略统计，开启线上卖车模式的还有长城汽车、小鹏汽车、蔚来、北汽、一汽等多家车企。

（二）传统行业赶新潮

实际上，早在2019年，看到直播卖货如火如荼，美的、格力、海尔、TCL等家电品牌也纷纷开启家电直播卖货的探索之路，在自家官方旗舰店开起直播间，开展在直播赛道上的全新探索。

"我们正在加快营销的线上转型，正在研究出台有针对性的销售政策，用创新手段去开拓市场。"北汽公司有关人士向《证券日报》记者表示。

阅读以上材料，回答下面的问题。

1. 直播带货是指什么？

2. 这些营销活动有什么独特的地方？

同步实训

实训名称：娱乐媒体营销活动认知

实训目的：认识娱乐媒体平台营销活动，理解其实际意义。

实训安排：

1. 学生分组，选择不同娱乐媒体平台，搜集一些平台营销活动的案例，归纳分析活动过程设计、效果监测方法，选择一些你认为有趣的细节，并讨论分析，总结概括出这些活动能够给企业带来的影响。

2. 学生分组，收集身边的一些企业关于开展直播、微电影、音频媒体营销的具体形式，选取一个企业或个人作为案例，分析讨论并概括其营销分别针对的目标人群。

3. 分组将讨论成果做成 PPT 进行展示，并组织全班讨论与评析。

实训总结：学生小组交流不同企业、行业的分析结果，教师根据讨论成果、PPT演示、讨论分享中的表现分别给每组进行评价打分。

学生自我学习总结

通过完成任务 9 娱乐媒体平台营销，我能够做如下总结。

一、主要知识

> 概括本任务的主要知识点：
>
> 1.
>
> 2.

二、主要技能

> 概括本任务的主要技能：
>
> 1.
>
> 2.

三、主要原理

> 你认为，娱乐媒体平台营销策略与传统营销策略的关系是：
>
> 1.
>
> 2.

四、相关知识与技能

你在完成本任务中用到的知识与技能：

1. 娱乐媒体平台营销的意义有：

2. 娱乐媒体平台营销的特征有：

3. 娱乐媒体平台营销策略的意义是：

五、成果检验

你完成本任务的成果：

1. 完成本任务的意义有：

2. 学到的知识或技能有：

3. 自悟的知识或技能有：

4. 你对娱乐媒体平台营销活动的初步看法是：

任务 10
新媒体营销写作

学习目标

1. 知识目标

能认知新媒体内容标题特征

能认知新媒体内容图片特征

能认识新媒体正文特征

2. 能力要求

能设计新媒体内容标题

能选择新媒体内容图片

能够对内容正文进行编排

营销密语

新媒体营销写作最成功的方式是什么？答：爆款文章。对于爆款文章，新媒体内容写作者应该怎样看待呢？爆款文章的阅读量可以是百万级的，发布爆款文章的新媒体平台一天能够涨粉几万人，也就意味着爆款文章在发表后，很快就会被大范围传播。那么，如何找到爆款点呢？第一要学会抓住突发热点；第二要盯住粉丝痛点；第三要概括出直击灵魂的标题；第四用"观点+现象+分析+结论"设定好文章的框架。这样，一篇爆款文章就在孕育之中，等合适的时间引爆。

作为新媒体运营的支撑核心，内容从根本上决定了其粉丝规模与用户忠诚度。可以说，凡是能被用户眼睛看到、耳朵听到、心灵感受到的内容，都是可以用来进行新媒体运营的素材。

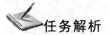 **任务解析**

根据网络营销职业学习活动顺序，这一学习任务可以分解为以下子任务。

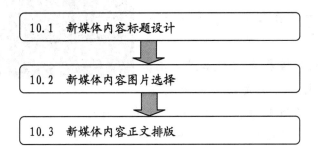

```
10.1  新媒体内容标题设计

10.2  新媒体内容图片选择

10.3  新媒体内容正文排版
```

 **课前阅读**

2019 年 6 月 22 日，微信公众号"星球研究所"上的一篇文章《什么是云南》，刷爆了云南人的朋友圈，12 小时点击量就突破 200 万次。

"星球研究所"创意总监杨叙说，《什么是云南》这篇爆款文章出自一个 6 人的执行团队，团队成员全部都是"90 后"。推文从 5 月下旬开始准备，到 6 月 21 日推送，历时将近一个月。

杨叙谈到，"星球研究所"当时决定做云南的推送之后，打破了用户看云南的常规视角，不再是"追逐风花雪月"或"逃离北上广的目的地"。从纯地理的角度来解读云南，是以前没有人做过的。文章内容系统梳理了云南的全貌，文章发布后不只是云南人争相转发，很多旅游行业从业者也在刷屏。

杨叙说，《什么是云南》从一个云南的全貌思维出发，把云南的多样性解释得通俗、有趣。团队成员在确定了选题之后，与"星球研究所"合作的摄影师也提供了大量图片供创作时选择，这些"自带流量"的图片也是文章成为爆款的关键。在内容创作阶段，团队成员在通读了云南的通史后，进行了专业的梳理和分析。文章成型后，专家团队对文章进行了审核，以确保内容的专业和准确。

"这个文章写得挺好的，我朋友圈很多人都转了。"滇池中学杨老师说，《什么是云南》科学性强，照片美，层次清晰，逻辑性强，给大家呈现了一个气势磅礴、五彩斑斓的云南。

这篇文章用"空间折叠""时间折叠"两个很吸引人的概念，把云南地形地貌的多样性、气候的多样性、生物的多样性、风土人情的多样性与众多美景结合起来，给我们展示了一个多彩的云南。《什么是云南》这篇微信公众号里的内容通俗易懂、比较全面，用来给公众做科普文章，还是相当不错的。

科普工作者刘光裕表示，《什么是云南》成为爆款文章很大程度上是因为它激发了云南人或在云南工作的人的家乡自豪感。文章里有几个小错误，但瑕不掩瑜，总体上不影响这篇文章的磅礴气势和人们对云南的热爱之情。

最后，《什么是云南》文章的创作经验包括：内容运营者在写作时需要高瞻远瞩，具备异常丰富的知识，能在文理之间自由穿梭；文章内的图片也需要经过精挑细选；示意图的制作，必须有专业的制图师；动图的制作，还得有动画师。这篇文章让更多的人愿意了解云南，会爱上云南。

读后问题：

（1）你看到过上文中提到的《什么是云南》吗？

（2）你觉得这篇文章成为爆款文章的原因有哪些？

（3）从中你可以得到什么启示？

课前阅读

10.1 新媒体内容标题设计

新媒体内容最先吸引浏览者的是什么？毋庸置疑是标题，好的标题才能引起浏览者注意，让浏览者点进去阅读文章，让浏览者变为读者。因此，掌握一些标题创作技巧，也就成了每个营销运营者必须掌握的技能。

10.1.1 新媒体内容标题设计准备

内容运营者在给文章拟写标题之前，需要注意以下 4 个方面。

1. 明确文章标题的作用

日常生活中，我们在利用手机浏览各种文章时，也不免被一些文章的标题所吸引，然后点开文章开始阅读。先不说这些文章内容质量的好坏，仅凭它能吸引浏览者点击进去阅读这一点，这篇文章就成功了一半。

对于运营者来说，能够吸引浏览者点进去看你发布的文章，就相当于收获了一定的文章阅读量、点击量。文章的标题在今日头条平台上显得尤为重要，据众多在今日头条上推送文章的媒体人反映，该平台上文章阅读量的多少，在很大程度上是由文章标题的优劣决定的。

一个好的文章标题，主要具有以下几个方面的作用，如图 10-1 所示。

图 10-1 | 文章标题的作用

在信息爆炸时代，读者面对海量资讯，变得越来越没有耐心，读者要从标题中就能够看出内容的大概；同时，内容运营者要想让读者打开文章，就得给读者强烈的刺激。普通的标题吸引不了大众，有爆点的标题才能第一时间抓住受众眼球，提高文章阅读量，进而圈定目标读者，提高文章转发量。

2. 熟悉文章标题创作原则

设计一个好的标题还应遵循一些原则，才能取得更好的效果，从而获得 10W+ 的阅读量。文章标题创作原则如表 10-1 所示。

表 10-1　文章标题创作原则

用户角度	拟定文章标题的时候，不能仅仅站在自己的角度去想要推出什么，而是要站在读者的角度去思考，也就是说将自己当成读者，思考如果你作为读者想了解什么问题、会用什么搜索词搜索这个问题的答案。这样写出来的文章标题就会更接近读者心理，文章搜索排名也就会更靠前
新颖原创	运营者在平台上发表文章后，平台需要对文章进行审核才能决定是否通过，而平台在审核时会对全网的文章进行查重，如果文章标题跟其他文章的标题相同，那么就会被平台判定为非原创，文章就可能会无法通过审核
网站收录	一篇文章被网站收录，才有被传播的可能。运营者一定要根据网站收录原则对自己平台上的文章标题进行全新创作，在力求新颖的同时，还要紧跟时事、热点、流行语，这样才能被网站快速收录

续表

分段设计	如果运营者在文章中阶段性地嵌入了一些自己经营产品的软文广告，那么就要考虑读者在不同阶段搜索该文章中涉及的产品的关键词是不同的；运营者在撰写文章标题的时候也要针对读者所处的阶段在标题中加入不同的关键词，这样才能达到精准网络营销的效果
关键词嵌入	关键词是文章引流的制胜法宝，如在各个公众平台上，那些利用多个关键词作为标题的文章，通常有更高的阅读量；只有单个关键词作为标题的文章，它的排名影响力不如有多个关键词作为标题的文章好

3. 紧紧把握文章主旨

文章主旨是指运营者在文中表现的中心意思（包括运营者的观点、情感、态度等）。标题体现文章主旨，就是让读者从标题上就能够看出文章的思想内容。

奥美创始人大卫·奥格威曾经有一条广为流传的理论：读文章标题的人数是读正文人数的 5 倍。如果一个标题不能使读者在看见它的第一眼时就明白它想要表达的内容，那么读者很可能认为该文章不具有继续阅读下去的价值，因此在很大程度上会放弃阅读。

所以，在碎片化、浅阅读的时代，文章标题一定要拒绝空洞、无价值的"标题党"，而要体现出有价值的文章主旨，才能赢得读者信任，也才能紧紧抓住读者。标题是否体现文章主旨如图 10-2 所示。

体现主旨	有价值，读者信任，引发阅读，参与转发
不体现主旨	博眼球，与内容无关，读者跳过，甚至取关

图 10-2 | 标题是否体现主旨

4. 添加关键词

与网店推广中商品标题的制作一样，新媒体文章标题也需要巧妙地加入"关键词""热搜词"。这样，人们利用搜索引擎进行搜索的时候，看到的结果就是网页的标题和一个对内容的简单描述。一个好的标题才能吸引人的眼球，标题中加入关键词才能增加文章的"曝光率"。

一般来讲，运营者编写的文章除了供已关注运营者平台的读者阅读外，另一个目的是为了吸引那些潜在的读者，只有能持续吸引潜在读者的注意，才能形成稳定的人气增长。因此，在创作文章标题的时候，运营者需要充分考虑怎样去吸引那些潜在的读者。

运营者在运用关键词时，应该考虑关键词是否含有词根。词根指的是词语的组成根本，只要有词根就可以组成不同的词。只有在文章标题中加入有词根的关键词，才能提高文章的搜索率。

例如，一篇文章标题叫"十分钟教你快速学会手机摄影"，这个标题中"手机摄影"就是关键词，而"摄影"就是词根，根据词根我们可以写出更多的与摄影相关的标题，这就是关键词的妙用。

▌10.1.2 新媒体用户心理需求分析

新媒体的出现，使内容载体发生了巨变，内容传播出现了新的特点，用户的阅读心理也在发生变化，我们只有清楚地知道用户的阅读心理，满足用户的心理需求，才能更好地为用户做好内容服务。

1. 新媒体用户阅读心理分析

在信息泛滥的今天，许多用户在阅读时也就更依赖于标题所传达的信息，新媒体内容的标题成为决定用户是否会读取这一内容的"窗口"。同时，用户浏览内容无非是为了了解最新、最快的新闻资讯，好的新闻标题更容易满足用户的心理和情感等需求，会形成一种良性的在线阅读心境。新媒体用户阅读心理如图 10-3 所示。

图 10-3 │ 新媒体用户阅读心理

2. 用户对标题的心理需求分析

一个好的标题能成功吸引到用户的一个重要原因，就是能满足用户的需求。好的标题可以满足用户以下几种需求，如表 10-2 所示。

表 10-2　用户对标题的心理需求

好奇需求	大部分人都是充满好奇的，对未知、刺激的事物有探索欲望。运营者在写文章标题的时候就可以抓住用户的这个特点，将标题写得充满神秘感，满足用户的好奇需求，这样就能够获得更多的阅读量。阅读的人越多，文章被分享与转发的次数就会越多
情感需求	一个成功的文章标题需要做到能满足用户的情感需求，打动用户，引起用户的共鸣

续表

私心需求	满足用户私心需求其实就是指满足用户的关注与自己相关事情的行为的需求。运营者可以利用人们的私心需求进行标题创作，这样就更易于引起用户的关注
娱乐需求	那些传播搞笑、幽默内容的文章会比较容易满足用户的娱乐需求，如冷笑话、幽默与笑话集锦这一类公众号。这一类文章的标题能让用户感到开心、愉快
价值需求	可以满足用户价值需求的文章，用户会自主地转发文章让身边更多的朋友知道。能满足用户价值需求的文章，用户从标题上就可以看出文章中所包含的价值
关怀需求	现代社会，人们生活节奏快，很多人养成了从文字中寻求关怀与安慰的习惯，当他们看见那些传递温暖、含有关怀意蕴的文章时，都会忍不住点开阅读。运营者在写标题时，可多用一些能够温暖人心、给人关注与关怀的词语，满足用户被关怀的需求

10.1.3 新媒体内容标题的拟写

新媒体文章标题的重要性不言而喻，学会拟写内容标题是非常有必要的，有吸引力的内容标题才会给运营项目、运营平台带来更多的读者和流量。

1. 新媒体内容标题常见写法

无论是微信公众平台、今日头条、一点资讯，还是其他新媒体平台，运营者想要撰写好的标题，可以从多个角度来思考。常见的新媒体内容标题写作方法主要有以下几种。

（1）吸引法。运营者可以在拟写标题时采用吸引法，让标题看起来让人觉得不可思议，给人以夸张的感觉，从而吸引人们的注意力，让人产生强烈的一窥究竟的欲望。运用吸引法拟写的标题主要包括警告型和数字型两种类型。

警告型标题是一种充满力量又严肃的标题，就是指用标题给人以警醒作用。警告型标题通常是指将警告事物的特征、功能、作用这3个部分的内容移植到微信公众号文章标题中，如"请远离那些不断消耗你能量的人"。

数字型标题是指在标题中嵌入具体的数字，因为数字通常能给读者带来最直观的感受，一个巨大的数字能让人们产生心灵的触动，很容易让人产生惊讶的感觉，往往人们看到数字就会想要了解数字背后的内容，如"采访了3 000名大学生，我们总结了考满分的7种方法"。

（2）引导法。引导法是指通过设计引人注目的标题，如阅读这篇文章能带来什么好处，引导读者去阅读文章；或者以资深人士、专家的形象来阐述文字的内容，采用这种方法写出的文章标题会给人比较专业、靠谱的感觉。运用引导法时，需要掌握以下几种类型的标题，如表10-3所示。

表 10-3　运用引导法创作文章标题的类型

经历型	经历型标题是指运营者通过实践得出经验然后进行分享，这类标题吸引到的读者的可信度较高，这类文章对读者的参考性较强	登上珠穆朗玛峰，你会看到什么？99.9%的人未曾见过
情感型	情感型标题是指运营者将个人的生活情感融入标题之中，从而与读者产生共鸣	那些年，我们的"六一"儿童节
情景型	情景型标题是指在标题中融入生活中的景与境，景与境包含生活情景、工作环境等，有利于在读者脑中营造一副美好的画面	什么是云南
故事型	故事型标题比较常见，也是比较能吸引人眼球的类型之一。广大读者都冲着故事二字而来，故事型标题一定要有开始和结尾	他为什么能做到这么好？因为他经常做这些事
玄机型	玄机型标题有点类似标题党。这类标题表面上告诉读者有什么东西，但具体是什么东西却埋下了伏笔，吸引眼球，留下悬念	1 小时读完一本书的秘籍竟然是
对比型	对比型标题重点是将两个参照物进行对比，否则就不可能称为对比型标题	为什么你的年薪只是别人的月薪

（3）表达法。表达法是指通过标题就能够把文章的主题思想传达给读者。运用表达法创作文章标题的类型主要有以下几种，如表 10-4 所示。

表 10-4　运用表达法创作文章标题的类型

悬念型	将文章中最能引起读者注意的内容，先在标题中做铺垫，在读者心中埋下疑问，引起读者深思，从而吸引读者去阅读文章内容。在设置悬念型标题之前，需要提前将答案设置好	想要拥有精致的生活，做这件事就够了
隐喻型	在文章标题中采用比喻的手法进行标题的创作。隐喻型标题有很多妙处，能够使文章更新颖、更具创意，从而给读者留下深刻的印象，引起读者阅读的兴趣和好感	国内新媒体营销培训"七宗罪"
问题型	以提问的形式进行标题的创作，读者可以从提出的问题中知道文章内容是什么，一般来说问题型标题有 6 种模板，包括"什么是""为什么""怎样""当你遇到……""有哪些诀窍""有哪些秘籍"	怎样才能 1 年读完 100 本书

2．几种实用的标题拟写技巧

以下这些拟写实用标题的方法不仅适用于微信公众平台，也适用于今日头条、一点资讯等新媒体平台的文章标题创作。

（1）"体"字法。"体"字法是指运营者在编写文章标题时，创作的标题的类型可以归纳成以"体"字结尾。常见的"体"字法标题有以下几种，作者如果要运用"体"字法创作文章标题，就必须掌握这几种标题的写法，如表 10-5 所示。

表 10-5　运用"体"字法创作文章标题的类型

急迫体	"急迫体"的标题有一种类似于催促读者赶快阅读的意味在里面，它能够给读者传递一种紧迫感，让读者尽快阅读文章，让读者产生现在不看等会儿就看不了的感觉	趁乱赶紧看，没准后半夜会删除
如何体	"如何体"的新媒体文章标题是指在文章标题上会有"如何"的字样出现，这种标题能让读者一眼分辨出文章内容是否自己想要的，从而决定是否继续阅读该文章	一个人在大城市，如何过得精彩
福利体	"福利体"在标题上向读者传递一种阅读这篇文章你就赚到了的感觉，让读者自然而然地想要去阅读文章。福利体标题有直接表达与间接表达之分	女人要想不衰老，就选花青素
借势体	"借势体"标题是指在文章标题上借助社会上一些时事热点、新闻的相关词汇来给文章造势，增加点击量。时事热点有一大批关注者，而且传播的范围也会非常广，新媒体文章的标题借助这些热点就可以让读者轻易地搜索到该篇文章	向世界上最帅的"逆行"致敬
流行体	"流行体"标题就是拿网络流传的热门语言作为标题噱头，来吸引读者的注意力。这种朗朗上口的流行语言，可以给人们一种深刻的印象，引起人们的注意	都 9012 年了，你还在相信电子产品的这些谣言

（2）"性"字法。"性"字法标题是指运营者在创作标题时，创作的标题类型可以归纳成以"性"字结尾。最常见的"性"字法标题类型有解释性、专业性、趣味性三种，如表 10-6 所示。

表 10-6　运用"性"字法创作文章标题的类型

解释性	解释性标题是指将标题分为两部分，在标题的前面部分先给出一个总结，然后在后面的部分针对这个总结进行详细的解释。解释性的标题能够给读者一些神秘感，引导读者对这种神秘感进行探索	新媒体内容运营技巧：如何做一名优雅的标题党
专业性	专业性标题是指在标题中嵌入某个方面的专业性词语，让文章看起来更专业。专业性标题能够吸引那些对专业名词感兴趣的读者，从而达到精准吸粉的目的	严肃财经网站——财富号
趣味性	趣味性标题是指在标题中使用一些有趣、可爱的词语，让整个标题给人一种轻松、欢快的感觉，就算文章的内容是产品宣传的广告，也不会让读者很反感	最高级的浪漫，就是柴米油盐鸡毛蒜皮

（3）"式"字法。"式"字法是指运营者在编写文章标题时，创作的标题的类型可以归纳成以"式"字结尾。常见的"式"字法标题类型有以下三种，如表 10-7 所示。

表 10-7　运用"式"字法创作文章标题的类型

集合式	集合式标题是指在标题上对文章中所涉及的内容进行总结分类，并直接在标题上写出分类后的具体数字，能给读者带来较强的视觉冲击力	爆款标题必读，7 个类型给你 10W+新媒体爆款文章
半遮掩式	半遮掩式标题是指通过标题向读者传递文章内容，但只透露部分，并不说完全，给读者留下小悬念，引起读者的兴趣又不直接告诉读者	不要那么愤怒，这个世界不欠你的
揭露式	揭露式标题是指一种为读者揭露某件事物或不为人知的秘密的标题。大部分人都会有好奇心，而这种标题则恰好可以抓住读者的这种心理	微博所有的传播规律，都在这个链条里

课堂测评

测评要素	表现要求	已达要求	未达要求
重点知识	能掌握新媒体内容标题的意义		
重点技能	能初步认识新媒体内容标题的特点		
任务整体认识程度	能概述新媒体内容标题创设的基本原则		
与实践相联系程度	能描述新媒体内容标题的实践意义		
其他	能描述本课程与其他课程、职业活动等的联系		

10.2　新媒体内容图片选择

文字信息要能够被读者理解，需要读者具备一定的文化水平；相对来说，读者在对图片的阅读理解上，门槛要低很多，人们总是能或多或少地理解图片所传达的信息。因此，图片是一门"国际语言"，不同地域的人们都能通过同一张图片获得相同或相似的信息。

10.2.1　新媒体内容图片分类

新媒体运营配图很重要，图片比文字更有感染力。图片是运营者在进行网络营销推广时的利器，一张合适的图片有时胜过千言万语，可简单直接地吸引读者关注。图片能给读者带来视觉体验，也能为平台上的文章锦上添花。

新媒体内容图片设计主要包括公众号头像、文章主图、文章侧图三个方面。

1. 公众号头像

一个优秀、吸引人眼球的头像能够胜过千言万语，它能带给读者视觉上的冲击，达到文字所不能实现的效果。下面以微信公众平台为例，来说明头像设计的作用和技巧。

（1）头像设计的作用。对于想要做一个优质公众号的运营者来说，公众号的头像是给读者留下第一印象的关键。一个优质的公众号头像，可以第一时间向读者直观地传达公众号的内容方向、特性、专业程度等信息，帮助读者快速判断：这个公众号是不是我想要的，我要不要关注等。好的头像通常具备适合公众平台、图片清晰、辨识度高等特点。

（2）头像设计的技巧。不同的公众号头像有不同的效果，设计公众号头像时可以考虑使用以下 3 种图片：企业 Logo 图片、产品图片和其他类型图片。

① 企业 Logo 图片。对于企业微信公众号来说，使用企业的 Logo 作为公众号头像是一个很不错的选择。这样能够让读者每次看见公众号的时候就看见企业的 Logo，能够加深企业在读者心中的印象，"keep" 公众号的头像设计如图 10-4 所示。

图 10-4 | "Keep" 公众号的头像设计

② 产品图片。运营人员还可以选择采用企业或个人经营的产品图片作为微信公众号的头像。使用产品图片作为公众号头像可以使产品更多次数地出现在广大读者的眼前，增加产品的曝光率，从而达到宣传、推广产品的效果。

③ 其他类型图片。对于有些自媒体人的微信公众号来说，他们可能没有自己的公司 Logo，也没有自己经营的产品，在设置自己公众号头像的时候就可以选择其他类型的图片，如自己生活中的日常照片，各种跟公众号有关联的照片等。

2. 文章主图

在公众号上推送文章时，都会配一些图片。文章所配的图片的大小也会不一样，只有头条文章所配的图片比例是最大的，这张图片被称为文章主图。

文章主图的设置会影响到读者点开文章阅读的概率，一张有特色、清晰的主图能瞬间吸引读者的眼球，从而让读者有兴趣进一步阅读。在选取文章主图的时候，需要考虑的是图片的大小、比例是否合适。图 10-5 所示为"星球研究所"微信公众号发布的"登上珠穆朗玛峰你会看到什么？"文章中的主图。这篇文章于 2016 年 11 月发布，被人民日报等多个大号转载，阅读量达到 291 万。除了文章内容确实打动人心外，主图就让读者感叹"像跟着图片体会了一次珠峰登顶的残酷与壮丽"。

图 10-5 ｜ "星球研究所"微信公众号主图

好的主图具备以下几个方面的优点。

（1）吸引读者阅读。大部分人都是视觉派，看见漂亮的东西就会忍不住多看两眼，对于漂亮的图片也不例外。当读者在点开某一公众号之后，如果它的文章主图有特色，具有非常吸引人的独特亮点，相信很多读者都会忍不住点开文章进行阅读，从而增加了文章流量。

（2）缩短加载时间。当读者点开某一个微信公众号的文章列表时，如果其主图设置得过大，那么只加载该图片就会耗费读者很多的时间，而一张大小适宜的文章主图能够缩短图片的加载时间。加载主图所耗的时间会在一定程度上决定读者是否继续阅读这篇文章，并不是每一个人都愿意耗费时间等待。

（3）节省读者的流量。主图过大，就会导致读者在加载该图片时除了需要花费更多的时间外，还需要耗费流量。有的读者在流量紧张的情况下，为了节省费用，就不会看微信公众号。如果读者不看微信公众号，那么微信运营者推送的文章就无法获得该有的阅读量和点击量。

3. 文章侧图

文章侧图是指除了头条文章之外的文章所配的图片。虽然文章侧图所占的比例比较小，但是也不可以忽视它的作用，好的文章侧图有着跟好的主图一样的效果，能提高文章的阅读量，并且能够给读者带来良好的阅读体验。

10.2.2 新媒体内容图片设计

以微信公众号为例，运营者如果想要让自己公众号上的图片变得吸引人，达到一图胜却千言万语的效果，从而达到吸引读者眼球的目的，在图片设计方面可以从以下几个方面下功夫。

1．颜色搭配要合适

图片颜色搭配合适能够给读者一种赏心悦目的感觉，需要做到以下两点。

（1）图片色彩明亮。在没有特殊原因的情况下，微信公众号的图片要尽量色彩明亮，这样的图片能给公众号带来更多的点击量，很多读者在阅读文章的时候希望能有一个轻松、愉快的氛围，不愿在压抑的环境下阅读，而色彩明亮的图片就不会给读者压抑、沉闷的感觉，恰好能给读者带来轻松的阅读氛围。

（2）与文章内容相适宜。微信公众号运营者在选择图片的时候，需要考虑图片是否与公众号所发表的文章的内容相适宜，如果公众号推送的内容是比较沉重、严谨的，就需要选择与内容相适应的颜色的图片，而不可使用太过跳跃的颜色，因为这样会让人整体感觉不协调。

2．图片尺寸要适宜

在选择微信公众号中的每一张图片的时候都要仔细斟酌，要选择尺寸大小适宜的图片。编辑人员应尽量将单张图片的存储容量控制在 1.5～2MB，并在这个存储容量限制下，选取效果最佳的图片格式进行图片制作。

同时，公众号编辑人员可以根据公众号定位、读者的阅读时间对图片的大小做调整。

之所以说要选择合适大小的图片，就是从读者的阅读体验出发的，不想让过大的图片耗费读者大量流量和图片加载时间。如果公众号定位的读者一般习惯在晚上八、九点阅读文章，而这个时间段人们基本上都待在家里，读者可以使用 Wi-Fi，那么编辑人员就可以适当地将图片的存储容量放大一些，为读者提供更清晰的图片，让读者拥有更好的阅读体验。

但是如果公众号定位的读者大部分都是在早上七八点阅读文章，那么读者使用手机流量上网的可能性就会比较大，这时候如果公众号发送文章的话，就需要将图片的存储容量控制在 1.5～2MB，为读者节省流量。

3．图片数量要恰当

图片的数量可以从以下两个方面来理解。

（1）推送的图文的数量。推送的图文的数量是指一个公众号每天推送的文章的多少。细心的读者会发现，有的公众号每天推送好几篇文章。公众号推送的图文越多，所用的侧图就会越多；推送的图文越少，所用的侧图也就越少。

（2）文章排版所用图片的数量。每个公众号都有属于自己的特色，有的公众号在对文章内容排版时会选择使用多图片的形式。但是，有的微信公众号在进行文章内容排版时，选择只使用一张图片。

4．图片美颜多应用

编辑人员在使用图片给公众号增色的时候可以通过一些方法给图片美颜，让图片更加有特色，吸引到更多的读者。

给图片美颜的方法主要有以下两种。

（1）图片拍摄时美颜。微信公众号使用的图片来源是多样的，有的公众号使用的图片是编辑人员自己拍摄的，有的是从专业的摄影师那里购买的，还有的是从其他渠道免费获得的。

对于自己拍摄图片的这一类微信公众号编辑人员来说，只要在拍摄图片时，注意好拍照技巧，以及拍摄场地布局、照片比例布局等，就能达到给图片美颜的效果。

（2）图片后期美颜。编辑人员在拍完照片后对图片不太满意，或者对从其他地方得到的图片不太满意，都可以通过后期修改来给图片美颜。

现在用于图片后期处理的软件有很多，如强大的 Photoshop、众所周知的美图秀秀等，编辑人员可以根据自己的实际技能水平选择图片后期处理软件，通过软件让图片变得更加夺人眼球。

5．长图文要有冲击力

长图文也是一种使微信公众平台的图片获得更多关注的好方法。长图文将文字与图片融合，借文字描述图片内容的同时用图片使文字要表达的意思更生动、形象，两者相辅相成，配合在一起，能够使文章的阅读量大大提高。

6．GIF 格式更生动

很多的微信公众号在放图片的时候都会采用 GIF 动图形式，这种动起来的图片确实能为公众号吸引不少读者。GIF 格式让图片更有动感，相对于传统的静态图，它的表达能力会更强大。静态图片只能定格某一瞬间，而一张动图则可以演示一个动作的整个过程，效果自然会更好。

7．给图片打标签

要想让微信公众号的图片吸引读者的眼球，给图片打个标签也是编辑人员需要注意的问题。给图片打标签的意思就是给公众号的图片加上专属于该公众号的水印。此操作可以直接在微信公众平台的后台进行。

8．制作多彩二维码

在现实生活中，二维码营销已经成为一种很常见的营销方式。二维码对于微信公众平台来说也是非常重要的一种吸引读者的图片，同时它也是微信公众平台的电子名片。因此，企业或个人在运营自己的微信公众号时，可以采用制作多种类型的二维码的方式进行平台推广与宣传，吸引不同审美类型的读者。二维码有很多种，具体有黑白二维码、指纹二维码、彩色二维码、Logo二维码、动态二维码等。

10.2.3　新媒体内容图片策略

在新媒体营销与运营活动中，图片的力量是不可忽视的，一篇图文结合的文章对读者的吸引力肯定是一篇纯文字的文章所不能比拟的。要想图片成为打动读者的强有力的武器，编辑人员可以做以下策略选择。

1. 利用图片，加深与读者的互动

在进行平台运营的时候，编辑人员应根据自己的公众号的文章内容选择合适的图片，使文章内容与图片之间搭配和谐，从而达到借助图片加深与读者之间的互动与交流的目的，帮助公众号凝聚读者，从而培养公众号的忠实粉丝。

2. 鼓励晒图，提升用户信任度

编辑人员在微信公众号发布文章的时候配上图片，能够给读者带来最直观的视觉感受。企业在微信公众平台上推送带有产品广告的文章时，配上图片是进行产品推广最有效的方法之一。如果能配上购买者对产品的使用感受图或效果图，则能获得更优的效果。因为大部分人都是愿意相信自己所看见的，有时候企业说再多产品的好处，也抵不过购买者的一句使用感受。

3. 图片为王，提升用户产品信赖度

读图时代，图片传达的内容不仅包含画面信息，还有品牌理念。相较于深层次的文字风格，图片风格更容易让人理解并产生深刻的印象。无论是企业账号、品牌账号还是个人账号，优质的公众号配图都能够优化读者的阅读体验，增加现有粉丝的留存率。

4. 体现情怀，提升用户对企业文化的认同度

企业不仅仅是产品、服务的提供者，更是这个社会文化的构成部分，每一个企业都应该有自己的企业文化，并且将这种文化传递到所能触及的每一个人。在未来的发展中，企业公众号图文制作将承担起这一部分的作用。有的公众号只用图片就可以胜过千言万语，能够让读者感受到公众号隐藏的情怀。

重要信息 10-1

图片具有的 4 种功效

（1）展示产品详情。企业在微信公众平台上进行产品推广、宣传的时候，在推送的文章中可以通过图片展示产品详情，再配上相应的文字描述，可以达到不错的宣传效果。

（2）软性植入广告。在微信公众平台上，企业可以用图片的形式将相关的产品

信息放到平台上，以实现产品推广的目的。

（3）让读者产生代入感。企业在平台推送的广告宣传文章中放入顾客购买产品的交易对话图、顾客收到产品的晒单图以及产品使用感受图，就能够让其他的读者融入交易过程中并产生一种代入感，将自己当作顾客。其实这就是图片让读者产生代入感的功效。

（4）产品效果可视化。图片给人传达的信息是直接的，能够深入人心。企业在自己的微信公众平台推送的产品宣传、推广文章中嵌入与广告文案相适应的图片，能够让读者直观地看见产品的样子，并提前看见使用该产品的效果。

课堂测评

测评要素	表现要求	已达要求	未达要求
重点知识	能掌握新媒体文章图片的类型		
重点技能	能初步进行新媒体图片设计		
任务整体认识程度	能概述新媒体图片营销的运作原理		
与实践相联系程度	能描述新媒体图片营销的实践意义		
其他	能描述本课程与其他课程、职业活动等的联系		

10.3　新媒体内容正文排版

一篇排版舒适的文章会让读者愿意往下读，试想一下，如果一篇文章排版杂乱无章，大概我们都会失去阅读兴趣，放弃往下阅读吧！在新媒体平台运营中，将你的文字排版设计好，保证高质量的输出，这样才可以持续吸引读者关注。

10.3.1　新媒体内容编排形式

运营者在进行内容运营的时候，其编排内容的形式可以是多样的，而且每一种内容形式都有自己的特点，因此，运营者要掌握每种形式的内容的特点，从而让自己平台上的内容更有吸引力。

1. 文字内容编排

这种情形是指平台内容除了运营者在文章中嵌入的邀请读者关注该公众号的图片或文章末尾的公众号二维码图片之外，其他内容全部是文字。

微信公众平台上有这种形式的内容存在，但是不常见。在这种情形下，如果字数很多，篇幅很长，就容易引起读者的阅读疲劳及抵触心理。所以，运营者在推送文章的时候，应尽量少用这种形式来传递内容。

2. 图片内容编排

这种情形是指平台推送的整篇文章中，其内容都是以图片形式表达的，没有文字或文字已经包含在图片里面了。微信公众平台上图片式的内容形式新颖、直观性较强，同时也能给读者较强的刺激与想象空间。许多美食、旅游类公众号多选用图片内容编排形式。

3. 图文内容编排

这种情形是指图片跟文字相结合，一篇文章中有图片也有文字。这种内容的呈现形式可以是一篇文章只放一张图，也可以是一篇文章放多张图。如果运营者推送的是一张图的图文式文章，那么读者在这篇文章中从头到尾就只能看见一张图和文字。如果运营者推送的是多张图的图文式内容，那么读者看见的就是一篇文章中配了多张图片和文字。

4. 语音内容编排

这种情形是指运营者将自己要向读者传递的内容信息通过语音的方式发送到公众平台上。例如，"罗辑思维"的特色就是每天推送一条 60 秒的语音式内容。

5. 视频内容编排

这种情形是指运营者把自己要向读者传达的信息拍摄成视频，发送到公众平台上。例如，微信公众平台"美食台"就会在自己的平台上经常推送视频式内容的文章。

6. 混合内容编排

混合式内容，顾名思义就是运营者将上述的 5 种形式中的几种综合起来，运用在一篇文章里。需要注意的是，以混搭形式向读者传递内容并不是指在一篇文章中要出现所有的形式，而是文章只要包含三种或三种以上的形式，那么就可以被称为是混搭式内容。

10.3.2 新媒体内容编辑技巧

一篇优秀的文章肯定离不开文章排版，视觉效果也是很重要的。对于文章排版我们可以借助一些线上排版工具，这样既能节省时间，又能提高工作效率。

1. 打造语言风格

基于新媒体的特点，其内容应该更加短、平、快。从语言风格上来讲，新媒体具有新颖前卫的特点，经常使用网络新词、流行语、缩略词、方言、谐音等，生动活泼、新鲜有趣，风格更轻松、更自由、更开放。合适的语言风格能给公众平台的读者带来优质的阅读体验，运营者应该找准定位，坚持打造属于自己风格的语言。

2. 创建优美封面

封面是文章非常重要的一部分，一个精美和充满吸引力的封面给平台带来的阅读量是巨大的。

3．重视摘要价值

在编辑消息图文的时候，在页面的最下面有一个撰写摘要的部分，这部分内容对于只有一张图的消息来说非常重要，因为发布消息之后，这部分的摘要内容会直接出现在推送的消息界面中。

运营者要将摘要尽量写得简洁明了，摘要写得好，不仅能激发读者对文章的兴趣，还能激发读者的第二次点击阅读的兴趣。如果微信运营者在编辑文章内容的时候没有填写摘要，那么系统就会默认抓取文章的前 54 个字作为文章的摘要。

4．要点吸引读者

微信公众平台的文章想要吸引读者的眼球，就需要有一定的内容要点，运营者需要站在读者的立场，抓住读者的需求，从而抓住读者的眼球。

5．掌握广告植入的技巧

微信如果强推广告，不仅达不到预期的效果，反而会引起读者不满。运营者要想在微信中植入广告，必须要把握两个字："巧"和"妙"。那么具体如何做到这两点呢？运营者可以采用以下几种广告植入内容类型。

（1）故事型。故事因为具备完整的内容和跌宕起伏的情节，所以读者关注度相对较高。提及故事，不少人充满期待，因此运营者在植入广告时，可以充分借用这一方法，改变传统的广告硬性植入方式。

（2）图片型。相比纯文字的信息，图片加软文的方式更加受读者群欢迎。通过加入图片来描述品牌，会更容易收到营销效果。

（3）段子型。将幽默好玩、新鲜有趣的段子结合广告植入进行内容创作，是一个非常不错的选择，因为有趣的段子总能给人留下深刻的印象，而且对于段子高手来说，能够将广告信息毫不突兀地植入进去，往往让人赞叹其精妙创意。

（4）视频/音频型。可以在微信软文中加入一段运营者的视频或语音，这种宣传效果要比文字的宣传效果更好。

（5）热搜型。运营者可以借助热点事件，撰写微信公众平台的内容，然后巧妙地将广告植入进去。

6．开启原创声明

随着微信公众平台各项准则的完善，原创内容越来越受到重视，为此，微信公众平台还推出了"原创声明"这一功能。对于开通了原创声明功能的平台，一旦发现有人转载其内容没有注明出处，微信公众平台会自动为转载的内容注明出处并给予通知。当运营者发送的是自己的原创内容时，应设置这一功能，在保护自己权益的同时，也用原创文章为自己的公众平台带来更多的读者。

7. 用好原文链接

在微信公众平台中，有一个地方可以添加外链，那就是"原文链接"，把握好"原文链接"功能，能够很好地进行平台导流工作。具体的操作方法是将文章的一部分内容放在公众平台上，如果读者想要查看全文，就必须单击"原文链接"按钮，才能查看到全文。

8. 学会主动求赞

如果读者对微信公众平台发送的某一篇文章内容很喜欢，就有可能会点赞，点赞功能在微信内容的最下方。很多读者在阅读完文章后，不会有意识地去进行点赞，所以，微信运营者应该主动提醒读者去点赞，也就是主动求赞，这样往往能够收到意想不到的效果。

重要信息 10-2

平台文章推送准备

在编辑好内容后，还要做好文章推送准备。

（1）在正确的时间用正确的方式推送信息。编辑微信内容之后，运营者面临的下一个难题就是把握微信信息发送的时间。在什么时候发送信息比较合适？哪个时间点的文章阅读率最高？

众所周知，用户在获取公众号信息的时候，公众号中的显示顺序和信息发送时间顺序相反，即谁最后更新，谁就排在最上面，因此，根据读者阅读习惯设置推送信息显得尤其重要。

（2）先预览再推送信息。不管微信运营者是运用什么软件对文章内容进行编辑的，都必须对文章进行预览。运营者在预览的时候，需要检查以下几个方面的内容：检查是否有错别字、排版是否美观清晰、文章结构是否完整、原文链接是否完整，以及检查文章中的其他细节问题。

10.3.3 新媒体内容正文写作

新媒体运营人员一般都有这样的感受，自己不是在做选题，就是在写稿的路上，搜集了很多素材却茫然无措，仿佛回到了当年写高考 800 字作文时。怎么切入文章，怎么开篇，怎么安排文章顺序，怎么突出用户痛点，都是运营者需要思考的问题。

1. 内容整体构思

在进行内容写作之前，许多人迫切想要找到一个套路、一个模板，能从千头万绪中找到一条创作通道。一般可以借鉴巴巴拉·明托所著的《金字塔原理》里面提及的思维与表达路径。金字塔原理主要包括核心思想、达到效果、基本结构、具体做法，如图 10-6 所示。

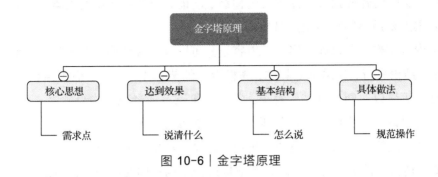

图 10-6 | 金字塔原理

简单来说，金字塔原理是以思考的逻辑、表达的逻辑、演示的逻辑为核心的，一个挖掘受众需求点、确定想要说清的内容、选择基本结构进行规范动作的过程，这和新媒体文案写作有异曲同工之妙。由此可以确定新媒体文案写作逻辑，如图 10-7 所示。

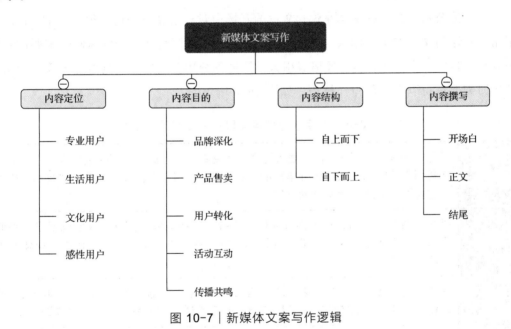

图 10-7 | 新媒体文案写作逻辑

（1）内容定位。新媒体以用户为导向，用户需要什么，运营者就写什么，但针对不同的用户，输出的内容也会不一样，当内容众多时，要以用户的主需求点为主。如给专业用户推送干货知识、给生活用户推送生活常识、给文化用户推送文化信息、给感性用户推送心灵鸡汤等。

（2）内容目的。要明确新媒体文案的写作目的是什么，最终想要达到的效果是什么。新媒体的文案目的大致分为以下几类：品牌深化、产品售卖、用户转化、活动互动、传播共鸣，对于不同的目的，内容重点也不同。如在品牌深化的内容中要增加品牌的曝光度，产品售卖的内容要围绕产品相关的情绪、功能、益处等一系列因素展开，用户转化的内容要重点要描述能够给用户带来的利益等。

（3）内容结构。新媒体文案关于内容划分可以有两种结构。其一为自上而下结构：以上统下，结论先行，先总结后具体，先框架后细节。其二为自下而上结构：归类分组，逻辑递进，可以以时间为顺序，第一、第二、第三；或者以结构为顺序，杭州、绍兴、宁波；也可以以程度为顺序，最重要、次要、最次要。

（4）内容撰写。文章一般包括开场白、正文、结尾部分。开场白非常重要，主要运用 SCAQ（情景、冲突、疑问、回答）结构进行布局；同时在正文的构建中，可以采用自上而下结构或自下而上结构，运用 MECE（不重叠、不遗漏）原则，确保各分论点相互独立，完全穷尽。

2. 内容正文写作

（1）正文开场白的写作。

对微信公众平台上的文章来说，文章的开场白对一篇文章来说是很重要的，它决定了用户对这篇文章的第一印象。在微信公众平台上，在撰写文章开场白时一定要做到以下 4 点：紧扣文章主题、语言风格吸引人、陈述部分事实、内容有创意。一篇好的文章开场白需要具备以下 5 种写作技巧，如表 10-8 所示。

表 10-8　一篇好的文章需具备的 5 种写作技巧

想象	运用一些夸张的写法，但不要太过夸张，基本上还是倾向于写实或拟人，能让用户在看到文字的第一眼时展开丰富的联想，猜测在接下来的文章中会发生什么，从而产生强烈的继续阅读文章的欲望
叙述	撰写文章开场白时，把一件事情或一个故事有头有尾、一气呵成地说出来，平铺直叙，也有人把这样的方式叫作流水账式。这种方式更多的还是运用于媒体发布的新闻稿中
直白	在文章首段就将自己想要表达的东西都写出来，不隐藏。使用这种方式创作时，可以使用朴实、简洁的语言，直接将自己想要表达的东西写出来，不要故弄玄虚
幽默	在文章开头以幽默、有趣的故事做开场白，吸引用户的注意力
名人	使用名言名句做开场白的文章，一般会更容易吸引用户的目光。因此，运营者在写公众号文章的时候，可以多搜索一些跟文章主题相关的名人名言或经典语录

（2）正文中间的写作方法。

微信公众平台的一篇文章，正文中间部分常规的写作方法有以下几种。

① 情感型。一篇有情感价值的文章往往能够引发很多用户的共鸣，从而提高用户对品牌的归属感、认同感和依赖感。运营者主要可通过对文字、图片进行组合，打造出

一篇动人的情感内容文章，再通过情感内容引起用户的共鸣。

② 故事型。故事型的公众平台文章是一种容易被用户接受的文章题材。一篇好的故事文章，很容易让用户记忆深刻，拉近品牌与用户之间的距离。生动的故事容易让用户产生代入感，对故事中的情节和人物也会产生向往之情。运营者如果能写出一篇好的故事型文章，就会很容易找到潜在用户，并提高运营者的信誉度。

对于运营者来说，如何打造一篇完美的故事型文章呢？首先需要确定的是产品的特色，将产品关键词提炼出来，然后将产品关键词放到故事线索中，贯穿全文，让用户读完之后印象深刻。同时，故事型的文章写作最好满足合理性和艺术性两个要点。

③ 技巧型。所谓技巧型的文章，是指文章以向用户传授一些有用的小知识、小技巧为中心主题，如某类软件使用方法、生活中某类需要掌握的小知识等。一般来说，技巧型的文章好写又好用，在网络上随处可见，它内容简短，写作耗时少，实用性高，所以很受运营者的追捧。

④ 悬念型。所谓悬念，就是作者通过悬念的设置，激发用户丰富的想象力和阅读兴趣，从而达到吸引用户注意力的目的。文章的悬念型布局方式，是指在文章的故事情节中设置悬念，如在人物命运处于关键时刻时设置疑团，并且不及时作答，而是在后面的情节发展中慢慢解开，或是在描述某一奇怪现象时不急于说出产生这种现象的原因。这种方式能使用户产生急切的期盼心理。

也就是说，悬念型文章就是运营者将悬念设置好，然后嵌入到情节发展中，让用户自己去猜测，等到文章吸引了用户的注意力后，运营者再将答案公布出来。

（3）正文结尾的写作方法。

一篇优秀的文章，不仅需要一个好的标题、开场白及中间内容，同样也需要一个符合用户需求、口味的结尾。结尾通常可采用以下手法。

① 抒情型。抒情型手法通常用于写人、记事、描述的微信公众平台文章的结尾中。运营者在用抒情型手法进行文章收尾的时候，一定要将自己心中的真实情感释放出来，这样才能激起用户情感的波澜，引起用户的共鸣。

② 祝福型。祝福型手法是很多运营者在文章结尾时会使用的一种方法。这种手法能够给用户传递一份温暖，让用户在阅读完文章后，感受到运营者对其的关心与爱护，这也是一种非常能够打动用户内心的文章结尾方法。

③ 号召型。运营者如果想让用户加入某项活动中，就需要使用号召型手法对文章进行收尾，很多公益性的文章会使用这种方法进行文章的结尾。使用号召型手法结尾的文章能够让用户阅读完文章内容后，对文章的内容产生共鸣，从而产生更强烈的加入文章中发起的活动中去的冲动。

课堂测评

测评要素	表现要求	已达要求	未达要求
重点知识	能掌握新媒体内容编排的类型		
重点技能	能初步认识新媒体内容正文写作的技巧		
任务整体认识程度	能概述新媒体内容写作对于平台的意义		
与实践相联系程度	能描述新媒体内容编辑的实践意义		
其他	能描述本课程与其他课程、职业活动等的联系		

任务 10 小结

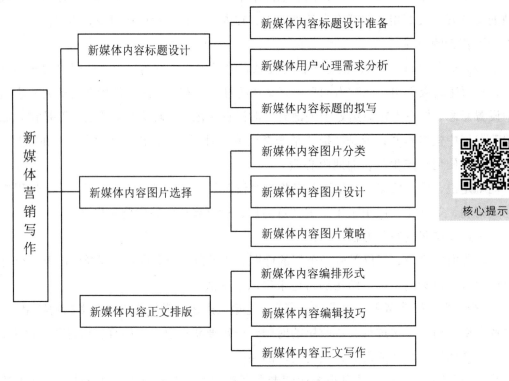

核心提示

教学做一体化训练

重要名词

文章主旨 关键词 金字塔原理

课后自测

一、单项选择题

1. 新媒体平台内容中，最先吸引用户浏览的是（　　　　）。

　　A. 正文开场白　　B. 正文中间　　　　C. 正文结尾　　　　D. 标题

2. 今日头条在审核文章时，如果判定为（　　），就不会通过。

 A. 不够新颖 B. 不够流量 C. 非原创   D. 非营销

3. 一篇文章有可能被网站收录，其中重要的一点就是（　　）。

 A. 视频好 B. 产品好 C. 服务好 D. 原创

4. （　　）可以增加文章的"曝光率"。

 A. 社群 B. 自媒体 C. 微信

 D. 微博 E. 关键词

5. 一个优秀的、吸引眼球的（　　）胜过千言万语。

 A. 头像 B. 音频 C. 社群

 D. 微信 E. 微博

二、多项选择题

1. 微信公众号运营的关键点包括（　　）。

 A. 公众号头像   B. 文章主图

 C. 文章侧图   D. 快速建立良好的口碑

 E. 迅速提高品牌可信度

2. 图片比文字表达的情感更深入人心，主要表现为（　　）4个方面。

 A. 与用户加深互动 B. 提升用户信任度

 C. 增强用户信赖感 D. 显现情怀

 E. 打造产品卖点

3. 图片内容的特点包括（　　）。

 A. 形式新颖 B. 直观性较强

 C. 给用户一定的想象空间 D. 自媒体点击率高

 E. 票房较高

4. 原创声明可以（　　）。

 A. 保护自己权益 B. 获得平台支持 C. 引流

 D. 植入硬广告 E. 打赏

5. 语音式内容可以（　　）。

 A. 与用户形成互动 B. 拉近与用户之间的距离

 C. 使用户感觉亲切 D. 更直观形象

 E. 更新颖

6. 公众号平台头像设置可以有（　　）。

 A. 企业 Logo B. 产品图片 C. 其他类型图片

 D. 文字 E. 语音

三、判断题

1. 悬念式内容的文章就是人们常说的"标题党"。（　　　）
2. 与传统媒体相比，新媒体内容更活泼、更轻松一些。（　　　）
3. 故事型内容也不能改变硬广告的植入方式。（　　　）
4. 新媒体平台营销最重要的是可以随便写、随便发，只要平台通过就行。（　　　）

四、简答题

1. 新媒体内容标题的作用有哪些？
2. 新媒体内容标题创作的原则主要有哪些？
3. 新媒体用户阅读心理有哪些？
4. 新媒体用户心理需求有哪些？各自有哪些特点？
5. 金字塔原理是怎样的？

五、案例分析题

对于孩子的教育，必须有惩戒，甚至是严厉的惩戒，特别是独生子女。

1. 白眼狼，都是父母辛苦培养出来的

如果问父母：你希望自己的孩子是白眼狼吗？父母的回答：不希望。然而，很多父母在不知不觉中培养出了白眼狼。

男孩弄坏了店家的东西，找妈妈帮自己赔款，妈妈唠叨他几句，男孩居然跟妈妈争吵起来。

一家三口逛街，女儿想喝饮料，妈妈觉得饮料喝多了不好，没有答应给女儿买。结果，女儿立马发脾气，抬脚朝着妈妈狠狠踢过去，妈妈却没有制止。

一名小学生发帖子说，自己的成绩很优秀，滑轮、围棋、奥数等都拿第一名，觉得自己太优秀了，嫌弃自己的父母配不上如此好的自己。

一名中学生在家长会上发言："我努力让自己变得优秀，是为了早日脱离这个无知的原生家庭。"

以上的种种事例，真的让人觉得很悲伤，父母千辛万苦栽培，却培养出一个不懂得感恩的孩子，孩子再优秀有什么用，简直是白眼狼。

2. 管孩子要趁早，长大再管就晚了

"孩子还小，别老管着他。"这句话出自无数父母的口中。

我身边一位朋友的孩子天天玩手机，只要父母不迎合他，他就会要死要活的。孩子的爸爸看到这样，马上妥协，孩子要什么就给什么，不要闹就行。殊不知，父母无底线的"护犊"，最后会让孩子变得越来越放肆，越来越目中无人。2018 年 4 名 17 岁的少年联合杀害了自己 16 岁的同学，最终接受了法庭的判决。而令人惊讶的是，他们杀害同学的动机，是因为自己没钱去上网。相关研究人员表示"如果孩

子小时候的培养问题没有解决，孩子长大后家长就管不了了。"

3. 孩子要严管，长大才有未来

"严管"是爱，"放纵"就是害。小时候被严管的孩子会很委屈，但孩子长大后会感激你。不少老师找我反馈说，往往那些很调皮、经常被我打骂的孩子，毕业后最感谢我。一位班主任说："担任班主任 15 年，就遇到一位移居海外的学生专门飞回国看我，当面跟我说声感谢。"那位班主任说："当时，他不爱学习，经常在课堂上捣乱，玩手机、睡觉，还经常打架。全班 43 名学生，就他最难管，也是我管得最狠的一个。他上课迟到，我会罚站；他打架犯错，我会让他当着全班人的面检讨，还跟家长反馈。后来，他收敛了心思，努力学习，考上大学，出国读研，有了一份体面的工作。"管你的老师，爱你最深。家庭是孩子第一所学校，更应该如此。

4. 如何正确管教孩子

父母是孩子的第一任老师，对孩子一生的发展十分重要，正确教育孩子的方法则是其中的关键。那么，如何正确管教孩子呢？

有规矩。规矩决定成功，规矩不可破，制度不可无，无规矩不成方圆。在《我们天上见》这部影片中，孙女犯错，爷爷就会让她自己去拿戒尺，双手呈上准备挨打。爷爷这一套"家法"，孙女很清楚，而且也明白自己为什么会挨打。爷爷这一规矩让孙女存有敬畏之心。这样就达到了"管"的效果。

不要总是满足孩子。无节制的孩子，吃喝玩乐只要说一声，父母随时都能满足，孩子完全不需要付出就能得到想要的东西，那么在孩子看来，所有得到的东西都是理所当然的，提的要求会越来越多，因此更不会感恩。家长对孩子的要求，要有选择性地进行满足，对于不恰当的要求要坚决拒绝。有原则的父母，才能培养出一个懂得控制欲望的孩子。

做孩子的榜样。董卿说：你想让孩子变成什么样子，自己就得先变成什么样子。孩子就像一张白纸，父母是第一个下笔者，父母的样子就是孩子的样子。托尔斯泰曾说："全部教育，或者说千分之九百九十九的教育都归结到榜样上。"这就是育人先育己的道理吧。古语有云："养而不教，父母之祸；教而无方，父母之过。"**优秀的孩子是管出来的，而每个熊孩子的背后，都有一个丢掉戒尺、无原则袒护他的父母。**

阅读以上材料，回答下面的问题。

1. 你觉得这篇微信公众号文章开头的写作怎样？

2. 从结构看，这篇文章怎么样？

3. 这篇文章吸引人的地方在哪里？主要目标人群是谁？

同步实训

实训名称：新媒体营销写作认知

实训目的：认识新媒体营销写作，理解其实际意义。

实训安排：

1. 学生分组，选择不同新媒体平台，搜集一些平台营销活动写作的案例，归纳分析其内容及写作方法、推送时间、推送效果，选择一些你认为有趣的细节，并讨论分析，总结概括出这些活动能够给企业带来的影响。

2. 学生分组，收集身边的一些企业公众号写作的具体形式，选取一个企业或个人作为案例，分析讨论并概括其写作的思路、实现的目标。

3. 分组将讨论成果做成 PPT 进行展示，并组织全班讨论与评析。

实训总结：学生小组交流不同企业、行业的分析结果，教师根据讨论成果、PPT 演示、讨论分享中的表现分别给每组进行评价打分。

学生自我学习总结

通过完成任务 10 新媒体营销写作，我能够做如下总结。

一、主要知识

概括本任务的主要知识点：

1.

2.

二、主要技能

概括本任务的主要技能：

1.

2.

三、主要原理

你认为，新媒体营销写作与营销策略的关系是：

1.

2.

四、相关知识与技能

你在完成本任务中用到的知识与技能：

1. 新媒体营销写作的方法有：

2. 新媒体营销写作的技巧有：

3. 新媒体营销写作的意义是：

五、成果检验

你完成本任务的成果：

1. 完成本任务的意义有：

2. 学到的知识或技能有：

3. 自悟的知识或技能有：

4. 你对新媒体营销写作的初步看法是：